JN280894

融ける境 超える法❶
個を支えるもの

渡辺 浩／江頭憲治郎──［編集代表］
岩村正彦／大村敦志──［編］

東京大学出版会

Dissolving Borders, Transcending Law 1
Support for the Individual
Masahiko IWAMURA and Atsushi OMURA, Editors
University of Tokyo Press, 2005
ISBN4-13-035041-2

刊行にあたって

　古代ローマ以来，ヨーロッパのさまざまな思想潮流の中で鍛えあげられてきた「法」的な関係の特徴は，無限の多様性を包含する具体的人間関係・社会関係を人為的に細分化・分節化し，それぞれ独自の構造原則を有する「法的関係」として構成する点にある．法律家の活動は，つねに「ナマの」現実との矛盾・緊張関係を鋭く感じながら，社会関係のたゆまぬ法的分節化を進めるという，きわめて創造的でダイナミックな営為であった．

　非西欧諸国にも導入され，普遍化したこのような西洋法の思考の中核には，「峻別」・「境界づけ」という契機がある．「公法」と「私法」の峻別，諸「契約」類型の峻別，「故意」と「過失」の峻別，「主権国家」内部関係と「国際関係」の峻別といった具合に，無数の「境界（ボーダ）」が引かれることにより，社会関係が法的に分節化された．

　しかし，現代社会においては，上に述べたようなさまざまなレベルの「境界」の急速な相対化・流動化が，しかも各レベルにおける変化が相互に原因となり結果となるかたちで生じている．たとえば，経済の国際化は，「国境」という「境界」を流動化させるだけではなく，従来相互に区別されてきた国内のさまざまな法的領域（たとえば「官」と「民」の領域の区別，「業界」の垣根など）の相対化をもたらした．また，安全保障における非国家主体の重要性の増大や，人と情報の移動の活発化とそれに伴う移動を可能にする基盤的システムの脆弱性の拡大は，国際的な安全保障と国内の刑事法システムとの部分的融合を生んでいる．コンピュータ・ネットワークで複数の法主体を連鎖的につなぐ継続的取引システムは，当事者と法的関係の個別化を前提とした従来の債権法的取引関係の根本的な再構築の必要性を示唆する．そして，科学的知識の持つ本質的不確実性や急速な技術的発展は，明確な「境界」を求める法システムに根本的に挑戦するとともに，生命科学の発展は，「ヒト」とは何かといった基本的「境界」問題を再提起しつつある．

　こうした既存の「境界」が流動化し「融ける」現象を直視し，その相互

の関連性を正確に把握し，それらが全体として持つ意味を明らかにすることが，現代の法律学における基礎的作業として求められている．そして，このような基礎的作業を行う上では，法制度という基幹的制度をより広い文脈に位置づけて考察することを求められている政治学の寄与し得る役割も大きい．さらに，その次のステップとしては，「（既存の）境が融ける」状況に対し小手先の対処をするのではなく，変化した現実との矛盾・緊張関係を意識しつつ，現代的な条件の下で新たな法的関係・形式（新たな「境界づけ」）を構想し，それに基づく法システムを再構築することが，法律学には要請されていると考える．

　本シリーズは，こうした視点に立った，政治学を巻き込んだ法学研究の成果の第一弾として，「境が融ける」現象の多方面な分析を試みるものである．すなわち，人権・家族・労働などの状況を取り扱う「個を支えるもの」（第1巻），安全保障と刑事法を取り扱う「安全保障と国際犯罪」（第2巻），経済・金融・財政問題の変化を取り扱う「市場と組織」（第3巻），情報の領域を取り扱う「メディアと制度」（第4巻），科学技術が人間・環境に及ぼす影響を取り扱う「環境と生命」（第5巻）の五冊のシリーズである．

　本シリーズの各章は，それぞれの執筆者の責任で書かれているが，共通の問題意識の下に執筆者が各巻ごとに頻繁に研究会を持って議論を闘わせた成果が反映されている．また，全巻の執筆者が一同に会した泊まり込みの研究会，および，外国の研究者を招聘して行った濃密な内容の国際シンポジウム（2003年12月7日・8日，於・東京大学「山上会館」）の成果も反映されている．

　本シリーズは，学術振興会・学術創成プロジェクトの一つである「ボーダレス化時代における法システムの再構築」（研究代表者・渡辺浩）の中間的な成果公表でもある．そのプロジェクトは，2001年からの5年間を研究期間とするものであり，本シリーズの各執筆者は，目下，最終的な研究成果すなわち「新たな境界づけ」の構築を目指して，継続して研究に取り組んでいることを付言したい．

渡　辺　　浩
江頭憲治郎

序

　「刊行にあたって」にも示されているように，本シリーズを構成する五つの巻は五つのサブ・グループの研究活動と対応している．私たちのグループには，「社会」というラベリングがなされ，その内実を示すために「個人，家族，社会保障，労働」という項目が挙げられていた．では，「社会」とはいったい何を示すのか．あるいは，「個人，家族，社会保障，労働」という列挙から何を導けばよいのか．2001年度の研究会の立ち上げにあたって，メンバーはいささか困惑気味であった．このことは，他のグループに与えられた「経済」「安全」「情報」「環境・人間」といったラベルと比べていただければ，ご理解いただけよう．しかし，私たちはあえて，「社会」の名によって何を論ずるかを予め定めることをせず，メンバーの専門と関心に応じて，「社会」を語りあい，そこから共通のテーマとアプローチを見つけることにした．

　そうした考え方に立って，「社会（個人・家族・社会保障・労働）」研究会は，下記の通り，2001年・02年度にわたり合計5回開催されることとなり，毎回，活発な議論が展開された（以下，敬称は省略）．

　第1回　2001年11月10日　福田素生（岩手県立大学）「保育サービス供給システムとサービスの実態」

　第2回　2002年2月2日　末廣啓子（厚生労働省外国人雇用対策課［当時］）「外国人労働者の現状と政策課題について」

　第3回　2002年3月25日　大村敦志（東京大学）「フランスの『人と家族の法』：2001年の断面―同性・異性カップルの共同生活に関するパクス法を中心に―」

　第4回　2003年1月11日　大串和雄（東京大学）「ペルーの人権擁護団体」

　第5回　2003年2月27日　久保野恵美子（東北大学）「児童虐待問題か

ら見た親権法制—イギリス1989年児童法典を参考に—」

また，2003年12月7日・8日両日に開催された第1期の国際シンポジウムにおいては，「社会（個人・家族・社会保障・労働）」グループでは，「民法・労働法における契約化」というテーマを設定して，下記の4名が報告を行った（使用言語は日本語・フランス語）．

民法における契約化

  フランスにつき：Nicolas Mathey（Université d'Auvergne Clermont I）

  日本につき：大村敦志（東京大学）

労働法における契約化

  フランスにつき：Jean-Pierre Laborde（Université Montesquieu Bordeax IV）

  日本につき：水町勇一郎（東北大学）

その後，活発なパネルディスカションが行われ，岩村正彦（東京大学）による総括がなされた．

なお，以上のような研究会・シンポジウムのほかに，大村敦志（東京大学）の監修の下で，西希代子・小島彩（いずれも当時は東京大学大学院）による「フランス家族法邦語研究文献一覧」が作成されHP（http://www.j.u-tokyo.ac.jp/legalsys/kiroku-syakai2.htm#sono1）において公開されているほか，その縮約版が『日仏法学』23号（2005）306-333頁に掲載されている．

本書は，以上の共同研究の成果である．

社会主義の崩壊とグローバリゼーション・情報化の急速な進展の中で，経済・政治・外交のシステムは大きく変化しつつあるが，同時に，個人とそれを支える様々なシステム，あるいは，それらの背後にある諸観念も大きな変貌を遂げつつある．一方で，個人の自律・自立にとっての砦となる「人権」の観念は，今日，第三世界や旧社会主義圏にも大きな影響を及ぼしているが，その母国である西欧諸国においても，また，日本においても，新たな問題を惹起している．他方，巨大なシステムの中で，個人の自律・自立を図るには様々な制度的なしくみ・しかけによる支援が必要不可欠となるが，20世紀を通じてそうしたしくみ・しかけの代表格であった「近代家族」や「社会保障制度」は大きな揺らぎを見せ始めている．

上記の研究会・シンポジウムを通じて，このような認識が次第に共有さ

れるようになったため，私たちのグループは，「社会（個人・家族・社会保障・労働）」を「『個』と『個を支えるもの』」という形でとらえることにした．すでに一言したように，「社会」は一義的に定義するのが難しい言葉ではあるが，そこには，経済以外の領域における人々の関係の組織の仕方，あるいは，取引ルールの適用の前提およびその結果の当否に対する視線が内包されていると言えるだろう．こうした関心を，「個を支えるもの」＝「個人の日常生活と尊厳を確保するために用いられる諸観念・諸制度」という観点から再構成してみようというわけである．繰り返しになるが，その際に軸としたのが，一方で人権の観念（もちろん制度を伴う）であり，他方で家族・社会保障といった制度（もちろん観念を伴う）であったが，いずれに関しても，同時に国家の役割が再検討に付されていることを付言しておこう．

　もっとも，本巻においては，伝統的な人権のリストに新たな項目を書き加えるような試みがなされるわけではない．また，家族・社会保障のほかに新たな制度を構想しようというわけでもない．本巻においては，個々の人権ではなく，人権保障のあり方を論ずることから出発する（第 I 部）．続いて，個人の自律・自立と国家の介入・援助の交錯が典型的に現れる児童福祉の問題をとりあげる（第 II 部）．この問題は，今日，緊喫の社会問題の一つである少子化問題と密接にかかわることは言うまでもない．最後に，個人に対する支援と抑圧の両面を持つ家族につき，様々な新しい考え方をとりあげて検討する（第 III 部）．そこには，従来とは異なる仕方で国家が家族に関与するための制度的な工夫が現れているとともに，家族に対する観念の更新に向けられた発想転換の契機が含まれていると言えるだろう．

　第 I 部「個人をまもる」は，人権擁護団体の役割に着目する大串論文と，障害者の人権・外国人の人権を扱いつつ，立法・行政の役割に及ぶ大村論文・末廣論文の 3 編からなる．

　大串和雄「ペルーの人権 NGO—その組織と活動—」は，発展途上地域における人権の保護・促進をはかる人権運動・団体の役割に注目し，もっとも成功した例とされるペルーの例につき，2 度にわたる現地調査をふまえ詳細な報告を行っている．4 つの団体のケーススタディがなされた上で横断的な考察が加えられている．

大村敦志「障害児の出生をめぐる法的言説―ペリュシュ論議における民法学説の位相―」は，障害児の出生に関するフランス破毀院判決の当否をめぐって，判決が下された2000年11月から，これに関連する立法のなされる2002年3月までの間に，新聞・法律雑誌で展開された論争の様子を紹介する．特に，民法学説のあり方に関心が寄せられている．

末廣啓子「外国人雇用の現状と政策課題」は，厚生労働者の担当課長としての経験に基づき，日本における外国人労働者の受入れ問題を歴史・比較を含めて総合的に検討し，政策の方向・具体的課題を提示する．政策のあり方が，日本に居住する外国人の日常生活の諸側面に大きな影響を及ぼすことが窺われる．

第II部「子どもを育む」は，児童虐待の防止にかかわる横田論文と保育サービスの提供にかかわる福田論文の2編を含む．一方は子どもを危害から救うための介入，他方は子どもの保育サービス提供による援助という異なる局面に光をあてるものである．

横田光平「児童福祉における介入と援助の間」は，児童虐待への対処の実効性を強化すべしという論調をふまえて，児童福祉行政と司法警察の権限調整のあり方に関心を寄せつつ，その前提としてドイツ法における「親の権利」「援助の優位」などの考え方を紹介する．結論として，無責任な介入，援助の介入への転化に対する警告がなされている．

福田素生「保育サービスの供給システムとサービス供給の実態―家族政策としての保育政策を考える―」は，子育て支援策の一つとして重要な位置を占める保育サービスにつき，その供給のシステム・実態をデータに基づき紹介し，諸外国のシステムと比較しつつ，今後の改革の方向を探る．利用者本位・効率性が説かれるが単純な民営化論ではない．

第III部「家族を開く」には，4編が配置されている．碓井論文・久保野論文では，直接に給付や介入を行うのではない手法がとりあげられている．また，大村論文・岩村論文では，同性カップルの法的保護，社会保障における受給単位という問題を通じて，家族の観念が再検討に付されている．

碓井光明「行政組織を通じた養育費の取立て」は，最近の民事執行法改正による強制執行の方法の改善などによって一部は応答がなされている養

育費の取立ての実効化の要請に対して，裁判所ではなく行政が関与する制度を導入する可能性を検討する．詳細な比較法的研究により，養育費そのものの性質にも光が当てられている．

久保野恵美子「児童虐待への対応における裁判所の役割―イギリスにおける被ケア児童との面会交流問題を素材に―」は，イギリス法を素材にして，児童虐待に関して裁判所のはたす役割を検討する．その上で，イギリスの制度を支える背景事情の一つとして，裁判所役割論が抽出されて，日本の議論へと接続される．

大村敦志「パクスの教訓―フランスの同性カップル保護立法をめぐって―」は，国内の世論を二分する大論争の後に成立したパクス法の立法の過程と社会的な反応を紹介した上で，立法学・解釈論の双方の観点から，この立法を評価する．パクス法は，家族観だけでなくフランス社会のあり方にも大きな影響を及ぼした立法であったことが示唆される．

岩村正彦「社会保障における世帯と個人」は，進行中の社会保障改革に関する諸論点の中から，世帯単位・個人単位のどちらで制度設計をするかという問題をとりあげ，現行制度には世帯単位のものが多く，それには一定の合理性があることを指摘する．同時に，公的年金制度の個人化の背景を明らかにしている．

大半の原稿は2004年の初頭までに脱稿されていたが，諸般の理由により刊行が大幅に遅れた．何人かの方々は脱稿後に原稿を補訂して下さったが，それにも限度があるので，必ずしも最新の事案・情報・文献等に言及されていないこともある．また，長期にわたってお待たせしたために，いったん他に発表していただいた上で本巻への再録をお願いしたものもある．以上の点については読者および執筆者のご寛恕をお願いする．

岩 村 正 彦
大 村 敦 志

目　次

刊行にあたって ……………………………………………………………… i
序 ……………………………………………………………………………… iii

I　個人をまもる

第1章　ペルーの人権NGO ……………………………………大串和雄　3
　　──その組織と活動
　1　はじめに　3
　2　APRODEH　4
　3　IDL　14
　4　FEDEPAZ　26
　5　CODEH-ICA　31
　6　4団体の組織と活動の考察　41

第2章　障害児の出生をめぐる法的言説 ………………………大村敦志　59
　　──ペリュシュ論議における民法学説の位相
　1　発　端　59
　2　論　争　62
　3　展　開　66
　4　結　末　70

第3章　外国人雇用の現状と政策課題 …………………………末廣啓子　77
　1　はじめに　77
　2　外国人労働者受入れの基本方針と受入れをめぐる近年の議論　78
　3　諸外国の受入れ制度の状況　93
　4　外国人労働者に関する日本の雇用対策等の概要　97
　5　政策課題　98

II　子どもを育む

第4章　児童福祉における介入と援助の間 …………横田光平　115

1　問題の所在　115
2　援助の優位　117
3　援助過程における侵害　126
4　まとめ　135

第5章　保育サービスの供給システムとサービス供給の実態
──家族政策としての保育政策を考える ………………………福田素生　141

1　はじめに　141
2　保育サービスの供給システム　141
3　保育サービス供給の実態　150
4　家族政策から見た先進諸国の保育政策　155
5　今後の方向　161

III　家族を開く

第6章　行政組織を通じた養育費の取立て ……………碓井光明　169

1　問題の所在　169
2　オーストラリア・ニュージーランドの場合　172
3　アメリカ合衆国の場合　181
4　英国の場合　185
5　カナダの場合　190
6　論点の抽出　193
7　おわりに　203

第7章　児童虐待への対応における裁判所の役割……久保野恵美子　211
──イギリスにおける被ケア児童との面会交流問題を素材に

1　序　211
2　イギリス1989年児童法と同法への発展過程　214
3　イギリスにおける裁判所の役割を画する背景要因　226
4　まとめ　236

第 8 章　パクスの教訓 ……………………………………大村敦志　241
　　──フランスの同性カップル保護立法をめぐって
　　1　はじめに　241
　　2　パクス立法の紹介　242
　　3　パクス立法の評価　248
　　4　おわりに　253

第 9 章　社会保障における世帯と個人………………………岩村正彦　261
　　1　はじめに　261
　　2　現行諸制度の様相　263
　　3　若干の考察　276
　　4　おわりに　284

I

個人をまもる

第1章

ペルーの人権NGO

その組織と活動

大串 和雄

1 はじめに

　個人の人権は，特に発展途上地域において危険にさらされている．最低限の健康な生活を送れない人が多いだけでなく，政府による拷問，誘拐，虐殺の犠牲になる者も少なくない．ラテンアメリカでは主として1970年代の後半から，人権の保護と促進を目的とするNGOが設立された．中でもペルーの人権運動・団体は，最も成功したという評価を受けている．

　しかしこれらの人権NGOの実態については，きわめて情報が少ない．日本語は言うに及ばず，スペイン語においても，その情報は各団体がドナーに提出する報告書などに埋もれており，外部には断片的にしか伝わってこない．そこで本章では，近年重要なアクターとして登場してきたペルーの人権NGOの組織と活動の実態を紹介する．

　ペルーの人権NGOは，予算の規模，スタッフの人数と教育水準，活動内容において多様である．本研究では，4つの人権NGOを調査対象に選んだ．首都リマのIDL（Instituto de Defensa Legal，法的弁護協会），APRODEH（Asociación Pro Derechos Humanos，人権擁護協会），FEDEPAZ（Fundación Ecuménica para el Desarrollo y la Paz，開発平和エキュメニカル財団），およびイカのCODEH-ICA（Comité de Derechos Humanos - Ica，イカ人権委員会）がそれである．

IDL と APRODEH はペルーの人権 NGO の中で最も知名度が高い，代表的な存在である．ともに 1983 年という比較的早い時期に設立され，スタッフの数も最も多い．FEDEPAZ の規模は 10 人以下と小さいが，ほぼ全員が弁護士という特徴があり，法的分野においては APRODEH や IDL に並ぶ重要性を持ってきた．もう 1 つの特徴は，世俗左翼出身者が主体となって設立された APRODEH と IDL に対して，FEDEPAZ がカトリック系の活動家によって設立されたという点である．CODEH-ICA を選択したのは地方の団体を調査に含めるためである．ただし，地方には予算もスタッフも少ない小さな人権団体が多いが，CODEH-ICA は大手であり，最も活発な人権 NGO の 1 つである．

　筆者はこれらの 4 団体について，2002 年の 7 月から 8 月にかけて 6 週間の現地調査を実施し，文書資料の調査やスタッフへの聞き取りを行なった．ドナーへの報告書が利用可能な直近の 3 年間（すなわち 1999～2001 年）の活動を中心に調査したが，本章では必要に応じてそれ以外の期間の情報も交えて叙述する．また 2004 年 7 月から 8 月にかけては，若干の補足的調査を行なった[1]．

2　APRODEH

1　起　　源[2]

　APRODEH は，その創設以来 2002 年に CNDDHH[3] 事務局長に転出するまで所長を務めたフランシスコ・ソベロン（Francisco Soberón Garrido）

---

1) 各団体に関する記述は主として，各団体がドナーに提出する報告書や計画書などの一次文献と，スタッフとのインタビューに基づいている．各団体の一次文献に関しては，団体名と丸囲み数字で表記する．たとえば「APRODEH①」とあれば，APRODEH の組織図を意味する（章末の文献表を参照）．インタビューで得られた情報は文献情報と照合するように努めたが，文献情報が少ないために全面的にインタビューに頼っている部分もある．そのような箇所には，記憶違いによる事実の誤りがある可能性もある．

2) APRODEH の起源については以下の資料に依拠している．Soberón インタビュー 2002. 8. 5; 2002. 8. 7; 2002. 8. 29; 2004. 8. 11; APRODEH⑤⑥⑩; Jiménez インタビュー 2002. 8. 5; Panizo インタビュー 2004. 7. 21; Valdez, 1991 : pp. 63-66.

3) Coordinadora Nacional de Derechos Humanos（ペルー人権団体連合会）．1985 年に設立されたペルーの人権団体の連合体．

が中心になってきたNGOである．1968～1980年の軍事政権の後，1980年7月に民選議会が復活して下院に人権委員会が設けられた．1981年頃，副委員長のハビエル・ディエスカンセコ（Javier Diez Canseco Cisneros）に近かった数人の者によって，人権委員会の仕事を支援するチームが作られた[4]．しかしまもなく，仕事が非常に多く，需要が大きいと感じられたので，1982年に独立の団体として活動するようになった．法的に正式に設立されるのは1983年9月である[5]．

発足当初からAPRODEHには，法，資料情報，広報の3部門が存在したが，職員はソベロンを含めて4～5人に過ぎず，社員で実際に勤務したのはソベロンだけであった[6]．APRODEHとして独立した後も下院人権委員会の仕事は継続したが，以前は下院人権委員会に集まってくる事件だ

---

4) ディエスカンセコはソベロンと同じ1948年生まれで，共にリマのカトリカ大学の学生運動で活躍し，両者の関係は親密であった．また，ディエスカンセコは新左翼「革命前衛」（Vanguardia Revolucionaria）の中心的存在でもあり，ソベロンもカトリカ大学卒業後に一時革命前衛の党員となっていた．しかし，ソベロンとそのチームはディエスカンセコ個人のためではなく，下院人権委員会全体のために仕事をした．なお，リマのカトリカ大学はサンマルコス大学と並んでペルーで最も水準が高い総合大学である．人権NGOのスタッフにもこの両大学の出身者が多い．

5) 設立社員（asociado）となったのは，ソベロンのほか，リリアーナ・パニソ（Liliana Panizo Muñiz），フェルナンド・ロスピグリオシ（Fernando Rospigliosi Capurro），マルタ・ヒラルド（Marta Giraldo Alayza），マヌエル・ピケーラス（Manuel Piqueras Luna）の4人である．ロスピグリオシは大学時代からソベロンの友人であり，元革命前衛であったが，1970年代にすでにマルクス主義を放棄して中道左派的立場に移行していた．パニソはディエスカンセコの議員秘書で，ディエスカンセコの2番目の妻となった．ピケーラスはキリスト教左翼の立場であった．

なお，ペルーでは法人格の取得はきわめて簡単である．ペルーの人権NGOのほとんどは，「民間非営利組合」（asociación civil sin fines de lucro）として法人登記している（FEDEPAZスタッフ・インタビュー 2002. 8. 2）．民間非営利組合の最高意思決定機関は社員総会（Asamblea General）である．社員総会は理事会（Consejo Directivo）を選任し，理事会が日常の意思決定を行なう．社員はその団体の職員である必要はない．APRODEHの場合，2002年現在12人の社員がいるが，APRODEHに勤務していない社員のほうが多い（Jiménezインタビュー 2002. 7. 25）．

ペルー民法には，非営利組織として「財団」（fundación），「組合」（asociación），「委員会」（comité）の3種類が規定されている．「組合」はもともとは利他的活動をする組織ではなく，住宅地開発組合のように加盟者自身の利益を集団的に追求する団体を想定したカテゴリーであった．しかし利他的団体を想定した「財団」というカテゴリーには制約条件が多く，また同じく利他的目的を想定している「委員会」は募金を目的とした一時的組織であるので，ほとんどの人権団体は民間非営利組合のカテゴリーを選択している．この点に関してはVega Mere（2001）を参照のこと．

6) 後にパニソとロスピグリオシも勤務するようになる．

けを採り上げていたのに対し，独立後は自分たちで事件を発掘するようになった．情報は法部門の具体的事件を通じて得ることが多かった．

2 組　　織

社員総会が理事会を選任し，理事会が所長，副所長等を任命する．2002年時点での組織図では，所長（Director General）と副所長（Director Ejecutivo）の下に市民的政治的権利部門（Area Derechos Civiles y Políticos——通称「法部門」Area Legal），DESC [7] 部門（Area DESC），コミュニケーション部門（Area de Comunicaciones），資料情報センター部門（Centro de Documentación e Información），事務部門（Administración）が置かれていた．また，所長，副所長，各部門責任者で構成する執行委員会（Comité Ejecutivo）が存在した（APRODEH①；Panizoインタビュー2002. 7. 25；2002. 8. 2；2004. 7. 21）．

筆者がAPRODEHから提供された職員のリストによれば，スタッフの数は，所長，副所長，秘書室長のほか，法部門7名，DESC部門7名，コミュニケーション部門6名，資料情報部門9名，事務部門10名で計42名であり，その他にドイツとカナダの国際協力員（費用は派遣元が負担）が各1名，ソーシャルワークを専攻するボランティアの学生が4名いた．この48名中，男性が17名，女性が31名と，女性が3分の2近くを占めていた．専門別では，弁護士8名（他に法学士2名，法学実習生2名），ジャーナリスト6名（他にジャーナリズムの学生2名）などが比較的目立つ．

42名のAPRODEHの職員は，様々な雇用形態の下にある．一部は恒常的ポストを占める正規職員（personal de planta）であり，一部は特定のプロジェクトのために雇用される非正規職員（contratado）である．また，法部門7名のうち2名は法学実習生（practicante）である [8]．正規職員も非正規職員もそのほとんどはフルタイムで勤務しているが，半日だけ勤務

---

[7] 本章では社会的経済的文化的権利をスペイン語の略称DESC（Derechos Económicos, Sociales y Culturales）によって表わす．なお，DESCに含まれる内容については各人権NGOの用法を尊重し，本章では統一しない．

[8] ペルーでは大学のいくつかの専攻分野において，職業資格取得の要件として実習が義務づけられている．APRODEHでは実習生に交通費のみ支給していた（Panizoインタビュー2002. 8. 5）．

する調理人，1週間交替で勤務する守衛，1日数時間のみ勤務する会計士などもいる[9]（APRODEH③；Panizoインタビュー2002.8.5）．

APRODEHは，ペルーの他のNGOと同様に，活動資金のほとんどを海外の団体・機関からの寄付に頼っている．海外からの送金額は1999～2001年の平均で約65万5700ドル，2002年の送金予定は80万852ドルであった（APRODEH④⑱）．

3 活　　動[10]

まず法部門が中心になる活動としては，個々の人権侵害事件の法的支援がある．これはAPRODEH設立以来の恒常的活動であり，1998～2001年の平均依頼件数は300件あまりであった．APRODEH，IDL，FEDEPAZはリマだけでなく全国の刑務所を定期的に訪問しているが，それはそれぞれの団体が引き受けている事件の被疑者と面会するためだけでなく，新たな案件（無実の囚人）を発掘するためでもある[11]．

依頼された案件は，1件，1件を審査して引き受けるかどうかを決める．数字の内訳が記載されている1998年の報告書によれば，その年に処理した384件のうち，引き受けた事件が228件，断った事件が119件，継続審査となったものが37件である．引き受けた228件のうち，139件がテロリズム罪の被疑者，2件が加重テロリズム罪の被疑者であった[12]．139件

---

9) ペルーでは正規職員は必ずしもフルタイムではない．本文で述べた調理人や守衛は正規職員である．
10) APRODEHの活動に関しては，主として以下の資料に依拠した．APRODEH⑦～⑰；Panizoインタビュー2002.7.25；Jiménezインタビュー2002.8.22，およびAPRODEHのウェブサイト（URL: http://www.aprodeh.org.pe/radio/index.htm）．
11) なお，ペルーでは未決囚と服役囚は同一の施設に収監されている．
12) 1980年5月以降，極左武装組織センデロ・ルミノソ（Sendero Luminoso）が武装闘争を開始し，1984年からは別の極左組織トゥパク・アマル革命運動（Movimiento Revolucionario Túpac Amaru）も武力闘争を開始した．政府側の治安部隊は反体制武装勢力の鎮圧作戦において，ほとんど無差別的に暴力を行使した．とりわけ，1982年12月末に軍が鎮圧に投入されて以降は，多数の無辜の市民が拉致され，拷問され，殺害された．センデロ・ルミノソと軍・警察の板挟みになった多くの農民は，都市の周辺に逃げて難民と化した．1992年以降，反体制武装活動は急速に減退し，それに伴って治安部隊による超法規的処刑と強制的失踪は急速に減少したが，他の型の人権侵害が激増した．1992年に制定された対テロ法制によって，形ばかりの裁判で無実の市民が大量に投獄されたためである．投獄は多くの場合拷問を伴った．なお，CNDDHHに加盟するペルーの人権団体は，反体制武装組織に自発的に協力した者については拘禁直後を除いて弁護しないという方針

のテロリズム罪の事件の出所は，リマ県以外が 116 件で圧倒的に多い．この理由としては，地方の人権団体に弁護士がいないところが多いこと，地方で起きた事件でもテロリズム関連の事件はリマの裁判所が裁くことが多いこと，地方からリマに逃げてきた人がいることなどが考えられる．APRODEH は地方の事件のために，協力弁護士（1998 年には 32 人）のネットワークを持っている．

一般的に，個々の事件の法的支援を引き受けることは人権団体にとって複数の機能を果たすものである（De la Jara Basombrío, 2001: pp. 417-418）．第一にそれは，人権侵害被害者とその家族の必要を充たす．第二に，具体的な事件を扱うことで人権侵害の実態を知ることができる．第三に，扱っている事件の中から最も典型的かつ象徴効果が強いものを選んでキャンペーンの材料にすることができる．抽象的な概念で世論を動かすことは不可能であり，具体的な人間のドラマが必要だからである．

しかし，個々の事件の法的支援は時間と人的資源を要する仕事である．APRODEH では，最初のアテンドは助手または実習生が行ない，引き受けるかどうかの審査は弁護士が行なう．1998 年の報告書によれば，テロリズムの被疑者をいったん引き受けた場合，警察の段階で平均 5 回の活動（diligencia），予審段階で平均 13 回の活動，高裁で行なわれる本審段階では平均 11 回の活動が必要である．もし高裁で有罪判決が出ると最高裁に控訴（recurso de nulidad）を提起するが，それには被疑者が 1 人の場合で 4 回の活動が必要である．最高裁で有罪が確定した場合でも，大統領特赦申請[13]，米州人権保障機関への訴え，司法府への再審請求という 3 つの道が残されており，そのためにさらなる司法手続きやマスメディア・国際人権団体等を通じてのキャンペーンが必要になる場合もある．

個々の事件の弁護の他に，法部門は特定のテーマをプロジェクトとして取り上げている[14]．1998〜2002 年の主要なプロジェクトは，無実の囚人

を採っており，担当を断った事件の多くはこの理由によるものである．
13) フジモリ政権（1990 年 7 月〜2000 年 11 月）は 1996 年に無実の囚人が存在することを認め，再審ではなく大統領特赦によって問題を解決するという妥協案に合意した．このために特赦申請を審査する委員会が設けられた．
14) 個々の事件の弁護も，実際にはドナーが資金供与するこれらの個別プロジェクトの枠内で行なわれている．

の釈放と補償，不処罰との闘い（人権侵害加害者の処罰，国際刑事裁判所の推進，真実和解委員会[15]設置の推進），法治国家（民主主義制度）の擁護[16]などであった．これらのプロジェクトでは，他の部門，特にコミュニケーション部門と協力してキャンペーンが行なわれた．また，これらのテーマは他の人権団体のプロジェクトやアジェンダとも共通していたので，キャンペーンはCNDDHHおよび他の人権団体とも調整・協力して行なわれた．

　立法の提言活動は，主としてCNDDHHの法務作業グループにおいて他の団体と共同で行なわれた[17]．たとえば1999年後期には，徴兵制，拷問罪新設，刑務所の状況改善，対テロ法制，指名手配者問題[18]，元無実の囚人で特赦された人への国家賠償問題に関して作業が行なわれている．また国際的活動においても，APRODEH単独で活動するだけでなく，CNDDHHの国際活動作業グループにおける活動も行なっている．米州機構総会・国連人権委員会・米国政府等におけるロビー活動，国際的人権団体への事件の通報等がそれである．

　その他に市民的政治的権利関係では，ペルー国内での国際セミナー開催，国外で行なわれるセミナーへの出席と報告，労働組合・農民団体等の人権担当者に対する研修セミナーの共催，人権侵害犠牲者家族の団体に対する支援等を行なっている．

---

15) 真実和解委員会（Comisión de la Verdad y Reconciliación）はパニアグア暫定大統領（2000年11月～2001年7月）の下で真実委員会（Comisión de la Verdad）として設置され，トレード政権（2001年7月～）の下で真実和解委員会と改称されて正式に活動を開始した．その目的は，1980年5月から2000年11月にかけての国内紛争の実態を明らかにし，同様の事態が将来起こらないようにペルー社会の教訓にすることであった．この委員会は，2003年8月末に最終報告書を提出して解散した．

16) フジモリ大統領は軍と結託して1992年4月に上からのクーデターを敢行し，独裁体制の樹立を試みたが，国際社会の反発を受けていったん立憲体制に復帰した．しかしその後も国家情報局（SIN）を道具として徐々に独裁の準備を整えていった．特に1995年に大統領に再選されて以降，憲法が禁止している大統領連続3選を目的として，選挙管理機構，憲法裁判所，裁判所，検察庁，マスメディア等に対する党派的統制を密かに強化していき，それと同時に政敵の迫害も顕著になった．

17) CNDDHHで行なわれる加盟団体の共同作業の一部は，作業グループ（Grupo de Trabajo）として正式に認知されている．現在CNDDHHには，法務作業グループと人権侵害補償問題作業グループが恒常的に存在する．最近までは国際活動作業グループも存在した．

18) ペルーではテロリズム掃討の過程で指名手配が乱発された結果，数千人に及ぶ無実の指名手配者が生まれた．彼らの多くは貧しい農民であり，国内避難民となっている者も多く，村や部落の住民が丸ごと指名手配されている場合もあった．

APRODEHは，リマのCNDDHHメンバーの中では最もDESCを重視する団体の1つである．DESC部門の仕事は人権教育が中心である．自身でワークショップ等を主催または共催するほか，ペルー各地で地元の人権団体，カトリック教会，農民組織，NGO等が主催する数多くのワークショップ，セミナー，講演会等にスタッフが参加し，時には教材を提供する．

1998年までAPRODEHが行なっていた主要なプロジェクトの1つは，政治的暴力の被害を受けた農村地域住民の権利回復を目指すものである．プロジェクトは地方の団体との協力の下に，農民に対する人権に関する研修の実施，農村住民の権利回復，国内避難民団体CONDECOREP (Coordinadora Nacional de Desplazados y Comunidades en Reconstrucción del Perú, ペルー全国難民・再建共同体調整委員会) に対する支援（ワークショップ，助言，大会開催の支援等）を内容としている．農村住民の権利回復事業においては，まず特定地区の村役場や国内避難民の団体と協定を結ぶ．それに続いて，現地の当局やリーダーとの調整の下に，権利状況のアンケート調査を実施する学生ボランティア・チームの組織，村役場のスタッフやリーダーに対する人権研修，指名手配者の名簿作り，無罪証明によって指名手配状態を解消するための共同体への助言や裁判所との調整，土地の権利について規定した新法に関するワークショップの開催等の活動を行なった．

1999年後期からAPRODEHは，若者向けの人権研修ワークショップを年に2回開催している．このワークショップは，全国の応募者から地域やジェンダーのバランスを考慮して50数名の若者を選抜し，様々なテーマについて議論するものであり，テーマはDESCに限られないが，DESC部門が担当している．参加者は様々な団体に所属する若者たちである．たとえば2000年前期に行なわれた第2回ワークショップの参加者は，人権団体，カトリック教会の青年団体，政治的・文化的青年団体，勉強サークル，政党，アマゾン先住民共同体，保健推進団体，人民擁護官地方事務所[19]に所属していた．ワークショップの修了者は修了者OBのネットワークに編入され，出身地に戻って人権促進活動に従事する．APRODEHは，ワークショップOBが組織する各地のワークショップ等の活動に対してスタッフの派遣やその他の支援を行なう．

---

19) 人民擁護官事務所 (Defensoría del Pueblo) はペルーのオンブズマン．

DESC部門が行なっているもう1つの主要な事業は，1994年からCEDAL（Centro de Asesoría Laboral del Perú——ペルー労働助言センター）と共同で刊行している『ペルーの経済的社会的文化的権利状況年報』（*Informe anual sobre la situación de los Derechos Económicos, Sociales y Culturales en el Perú*）である．2002年からは同じくCEDALと共同で，他の数団体とともに欧州連合の資金を得て，「アンデス共同体における民主主義と人権に関する複数年計画」（Programa Plurianual Democracia y Derechos Humanos en la Comunidad Andina 2002-2005）の一部を成す「国別計画ペルー」（Programa País Perú）という新プロジェクトに参加している．このプロジェクトの内容は多岐にわたるが，APRODEHとCEDALはDESCの現状分析，DESCを監視するネットワーク作りなどを担当しており，上記『年報』もこのプロジェクトの枠内で刊行されるようになっている[20]．

　アマゾン先住民の権利，特に石油企業による環境被害をめぐる活動は，APRODEHが1996年から継続している活動である．この活動の一環として，先住民の国際法上の権利に関するマニュアルの編訳，オイルウォッチ（熱帯地域での石油企業の活動に抵抗する国際的ネットワーク）での活動，先住民組織の会合への出席，先住民の状況の調査，先住民に関心を持つ学校・教師のネットワーク作りの予備調査等を行なっている．

　DESC部門が行なったその他の活動には以下のものがある．
　—CNDDHHのDESC作業会議[21]におけるDESCに関する教材キットの作成．
　—APRODEHのスタッフとカトリカ大学の学生で研究会を定期的に開

---

20) このプロジェクトについてはプロジェクトのウェブサイト（URL: http://www.dhperu.org/programaperu/，2004年4月6日アクセス）を参考にした．

21) CNDDHHは同質性に基づく有効性が損なわれることを防ぐため，DESCに特化した団体の加入を制限する方針を採ったが，その代わりに，既存のネットワークが存在しない場合，CNDDHHに代わるネットワークとして作業会議（Mesa de Trabajo）を創設した．作業会議には，CNDDHHの加盟団体でもそうでない団体でも加盟できることになっている．2004年現在，DESCのほか，差別廃止および先住民に関する作業会議が存在する．また作業会議の名は付けられていないが，平和人権教育ネットワーク（Red de Educación para la Paz y los Derechos Humanos）も，CNDDHHの一部でありながら非加盟の団体も加盟できるネットワークとして存在している（*Ideele*, no. 113, noviembre 1998: p. 21; Youngers, 2003: pp. 275, 354-355, 389; Drzewieniecki, 2002: pp. 528-529）．

催し,ワーキング・ペイパーを作成.
―国際セミナーにおける報告.
―雑誌記事の寄稿.

また DESC 部門は,2002 年から保健の問題に力を入れ始めており,他の NGO や患者団体とともに「保健の権利のための連合」(Coalición por los Derechos Humanos en Salud) を構成している.

資料情報センターは人権関係の図書資料館である.9000 点近くの図書資料を所蔵するほか,国内 300 タイトル,国外 400 タイトルの定期刊行物を所蔵する.利用は一般に開放されており,閲覧室における閲覧のほか,他図書館への貸出やコピーの郵送も行なっている.利用者には学生,生徒,研究者などが多い.2000 年の利用件数はセンターでの閲覧が 1000 件以上,資料請求が 3000 件であった.資料情報センターは 1998 年から学校の生徒に対する働きかけを重視し,そのために子どもを対象にして人権に関するステッカーの図案コンクールを実施したほか,人権,特に子どもの権利について平易に解説したパンフレット,ポスター,ステッカー,ドラマのカセット等を提供している.またこの事業の延長として,子ども人権擁護員のネットワーク作りも開始している[22].

資料情報センターは文献資料のほかに,APRODEH が扱った人権侵害事件の記録の整理と保管も担当している.1999 年の報告書によれば,この記録は 3300 件に上っている.記録には写真資料も含まれており,やはり分類整理されている.真実和解委員会が設置された時は,これらの記録資料の整理と委員会への提供が重要な仕事の一部となった.

インターネットを通じた情報提供サービスも資料情報センターの担当である.ウェブサイトは APRODEH が情報を発信したり,国際機関の報告書や条約等の文書を提供する重要な手段である.また,Noti-Aprodeh という無料の電子刊行物も作成している.これはペルーの主要新聞の人権,民主主義,腐敗,暴力等に関する記事を毎号 2〜5 ページに要約したもので,月曜日から金曜日まで毎日購読者に E メール配信されるとともに,

---

[22] 資料情報センターの子どもに対する取り組みについては,APRODEH のウェブサイト(URL: http://www.aprodeh.org.pe/servicio/cedoc_intro.htm,2004 年 4 月 7 日アクセス)と,APRODEH から提供された子ども向けパンフレット,ポスター,ステッカーに依拠している.

ウェブサイトで検索・閲覧することもできる．その他に，人権に関する記事や声明などを登録購読者に無料でEメール配信するInfoAprodehというサービスも提供している．

　コミュニケーション部門には，広報チームとラジオ・チームがある．広報チームはプレスリリース，記者会見の手配等によってプロジェクトを支援するのが任務である．国内外のメディアに対する個別の相談にも応じている．ラジオ・チームは「緊急行動」(Acción Urgente)という番組を1988年から制作しており，2004年現在リマでは毎週1回1時間放送されている．1998年の報告書によると，APRODEHはペルー各地に契約通信員と協力者を擁していた．契約通信員は「緊急行動」のために地域の人権問題を調査し，番組の中で報告し，APRODEHのキャンペーンに協力した．APRODEHは毎週カセットで「緊急行動」の要約を作って送付したが，地方ではそれをそのまま放送するのではなく，地元の情報と織り交ぜて放送した．これらの通信員を対象にして，人権問題やその報道に関するセミナーも開催された．現在では「緊急行動」を放送するラジオ局のネットワーク（現在22局）ができており，主としてネットワークの記者を対象にしたワークショップも開催されている[23]．

　世論動員を目的としたAPRODEHのキャンペーンにはすべての部門が関与するが，コミュニケーション部門の役割が大きい．プレスリリース，記者会見，テレビ・ラジオでの発言，本の出版記念会，インターネットによる紹介，出版，ポスター・パンフレット・キャンペーンキットの作成・配布などがその手段である．広報以外のキャンペーン活動としては，無実の囚人の家族や強制的失踪者の遺族とともに行なうデモ，虐殺記念日の追悼ミサ，行政府・立法府に対するロビー活動および書簡送付，外国の人権団体や議員訪問団のペルー訪問要請と来訪時のアテンド，ビデオ上映会，ポスター・コンクール，無実の囚人が作った物品の販売，無実の囚人に関する本の刊行などが行なわれている．

　APRODEHは人権団体の中でも比較的に，デモやその他の抗議活動に

---

23) ラジオ局の数はAPRODEHのウェブサイトによる（2004年4月7日アクセス）．これらのラジオ局の多くは通常の商業ラジオではなく，進歩派のコミュニティ・ラジオである（Cáceresインタビュー 2002. 8. 8）．

熱心である．また，外国の人権団体や市民社会団体を巻き込んだキャンペーンにおいては，最も熱心な人権団体の1つと言ってよい[24]．APRODEHはペルーの問題に関して欧米やラテンアメリカの団体と調整したり支持を調達するだけでなく，他のラテンアメリカ諸国における人権運動に連帯する活動も行なっている．

芸術活動をキャンペーンに利用することも，APRODEHに目立つ手法である．たとえばピノチェト事件に関連して2000年の前期に行なわれた「不処罰に反対する命のための行進」では，大きな人形，竹馬乗り，マラバリスタ（ジャグリングをする曲芸師），一輪車，ダンサー，俳優，火食い術の奇術師が参加した．その他にも，大学における国際刑事裁判所のためのロックコンサートや映画・講演シリーズの推進，奇跡の主（Señor de los Milagros）の市中巡行（毎年10月にリマで行なわれる非常に人気が高い宗教行事）における花の絨毯の奉納，無実の囚人のための壁画の制作などを行なっている．

3 IDL

1 起　源[25]

IDLはリマのカトリカ大学法学部出身の同年代の友人同士4人によって1983年12月に設立された．設立メンバーの1人であるエルネスト・デラハラ（Ernesto de la Jara Basombrío）によれば，彼は学生時代にカトリカ大学学生自治会連合で活動し，もう1人のカルロス・チポコ（Carlos Chipoco Cáceda）は革命前衛に属していて，後にPUMに参加した[26]．また，

---

[24] APRODEHの他に国際的活動に熱心であるのは，国際団体の一部であるアムネスティ・インターナショナル・ペルー支部と，ペルーの人権運動を対外的に代表するCNDDHHである．

[25] IDLの起源に関しては主に以下の資料に依拠している．De la Jaraインタビュー 2002. 8. 6；Riveraインタビュー 2002. 8. 1；IDL②；Youngers, 2003: p. 96；Lovatónインタビュー 2002. 8. 7；Valdez, 1991: pp. 71-73.

[26] PUM（Partido Unificado Mariateguista, マリアテギ統一党）は革命前衛を含む左翼諸組織により1984年に結成された．なお，IDLの他の2名の設立メンバーはミゲル・タラベラ（Miguel Talavera Rospigliosi）とピラル・アギラル（Pilar Aguilar Malpartida）である．

1980年代からIDLに勤務しているカルロス・リベラ（Carlos Rivera Paz）によれば，初期のスタッフの多くはPUMのような考え方に共鳴しており，中にはPUMの党員もいた．カトリック左翼の社会主義強化運動（Movimiento de Afirmación Socialista）の党員もいたということであるが，全体として世俗左翼の志向が強いグループであったと言えよう．

設立当初は創立社員4名のみが正規職員であり，他にプロジェクトのための非正規職員が若干名いた．初期のIDLの活動は労働者の権利擁護と政治的暴力に関連した人権擁護の二本立てであり，どちらかというと労働者の権利に重点があったようである．しかし1990年前後，IDLは労働者の権利擁護の部門を廃止し，市民的政治的権利に集中するようになった．また，当初の活動は法的支援と告発だけであったが，1980年代半ばに人権教育に着手し，調査研究にも取り組むようになった．さらに1992年以降は，民主主義，市民参加，ジェンダー，人間開発などのテーマを取り入れ始めた．1995年以降は，政治的暴力の減少とフジモリ政権の権威主義的性格の強化を受けて，民主主義のテーマに重点を置くようになり，関連する新しいテーマとして司法機構の強化，一般犯罪，行政の監視などへの取り組みを開始した．

2　組　　織[27]

IDLでは所長（Director General）と副所長（Director Ejecutivo）の下に4つの基礎グループ（法部門 Equipo Jurídico，教育部門 Equipo Educativo，コミュニケーション部門 Equipo de Comunicaciones，事務部門 Equipo Administrativo）が置かれている．IDLの専門家スタッフ（profesional）はいずれかの部門に属すとともに，1ないし2のプログラム（programa）または作業グループ（grupo operativo）に所属することになっている[28]．プログラムも作業グループも部門横断的であるが，前者は恒常的であり，後者はより短期的である．2001年時点で存在したプログラムは，治安判事，人権と民主的価値のリーダー養成校，地域人権擁護員，人権と民主的価値に敏

---

27) 組織については主に以下の資料に依拠している．Lovatónインタビュー；De la Jaraインタビュー；IDL①②④⑦．

28) ペルーでは大学を出ている者とそれ以外の者とを峻別する傾向があり，前者を専門家（profesional）と称する．後者の統一的呼称はない．

感な司法のイニシアチブ，典型的事件（casos paradigmáticos）の全国的弁護ネットワーク，IDL ラジオ全国ネットワーク，に関するものであった．また，作業グループとして置かれていたのは，司法改革，警察改革と市民の安全，民軍関係と軍事法廷制度の改革，国際的判決・勧告の履行監視，差別，真実和解委員会，腐敗撲滅，DESC と市民的政治的権利の不可分性，政党システムと選挙制度，参加および市民による行政監視，に関するものであった．

　APRODEH や CODEH-ICA とは異なり，IDL の社員は職員に限定されている．社員となるには 3 年以上フルタイムで働き，総会によって承認されなければならない．社員総会は少なくとも 2 年に 1 回，理事会改選時に招集される．理事会は 4 つの基礎グループの責任者に他のメンバー 4 名を加えた 8 名から成り，2 年ごとに社員総会で選挙される．所長と副所長は理事会によって選任される．2 期連続して所長を務めることはできない．

　職員数は 2002 年現在の正規職員が 34 人で，その内訳は専門家（profesional）24 人，事務補助（administrativo）10 人である．その他に実習生が 8 人，国際協力員が 2 人（ドイツとカナダ），パートタイムの外部職員が 10 人いる．外部職員には 3 種類ある．第一は特定のテーマの専門家で，調査研究，提言，特定のイベント・セミナーへの参加などを IDL が依頼する人々である．第二は地方の弁護士で，IDL が扱う事件をパートタイムで担当する．第三は，IDL が人権教育を実施している地域の人権促進員で，IDL 本体の活動がない時期に教育プロセスの継続性を確保する．

　副所長のダビッド・ロバトンによれば，IDL の場合，APRODEH や FEDEPAZ とは異なり，正規職員と特定のプロジェクトに雇用される非正規職員という区別は存在しない．逆に言えば，所長も含めてすべてのポストの存在は各プロジェクトの継続性にかかっている．仮にあるプロジェクトが消滅しても，IDL が必要な人材だと判断すれば他のプロジェクトに配転することはある．しかし，あまり数は多くないが，どこにも行き場がなくて辞めてもらうこともある（Lovatón インタビュー）．

　IDL の年間予算規模は，2000〜2002 年の平均で約 132 万ドルであった．そのうち約 90% が国際協力による収入であり，10% が自己収入である．自己収入は数年前までは予算全体の 3〜4% を占めるに過ぎなかったが，

フジモリ失脚後，国会，選挙実施機構（ONPE），司法府などに対するコンサルタント業務を行なうようになったため，自己収入が増えている．

3　活　　動[29]

IDL は市民的政治的権利を活動の中心としている．また，近年はシンクタンクとしての機能を重視しており，他の人権団体に比べて政策提言の比重が大きく，扱うテーマも広くなっている．

法部門の仕事の 1 つは個々の事件の法的支援であり，活動の内容は A-PRODEH とほぼ同様である．1999～2001 年の法的支援の要請数は A-PRODEH とほぼ同規模であり，引き受ける件数が拒否する件数よりもかなり多い点も同様であった．2000 年をとってみると，IDL に寄せられた法的支援要請は 312 件で，そのうち無実の被疑者のケースが 297 件であり，その中で 236 件がテロリズム関連であった．無実の被疑者以外の 15 件は，警察・軍による虐待 6 件，拷問 9 件である．312 件の支援要請のうち，156 件は年末時に審査継続中であった．それ以外は，引き受けが 102 件，拒否が 18 件，単なる手続きの代行が 15 件，単なる相談が 12 件，他の人権 NGO への移管が 9 件[30] となっている．

IDL の報告書は人権侵害の被害者とその家族に対する人道援助について詳細に記載しており，その内容を知る上で参考になる．活動の内容を 1999～2001 年の報告書から見てみると，まず無実の囚人に対しては，女性のソーシャル・ワーカーがリマ郊外チョリージョスの女性刑務所を継続的に訪問し，裁判の状況を説明するとともに，家族，経済，健康等の問題について相談に乗った．囚人の多くはリマから遠い地方の農民であり，リマの刑務所では家族の継続的な支えを得ることができない．彼女らは不安と子どもの心配で心理的苦しみが大きいので，毎週の面会で心配をやわらげる努力をした．刑務所が組織するバレーボール選手権，クリスマス・パ

---

29) IDL の活動については主に IDL②～⑦と，IDL のウェブサイト（URL: http://www.idl.org.pe）に拠っている．

30) 他の人権 NGO がすでに引き受けている事件（人権侵害の被害者は複数の人権 NGO に訴えることがある），他の人権 NGO のほうが情報が豊富な場合（たとえば労働者の権利の侵害であれば CEDAL という特化した NGO がある）などの場合である（Rivera インタビュー 2002. 8. 1）．

ーティー，母の日，父の日のようなレクリエーション活動にも協力した．物質的な面では，医薬品を提供し，囚人が作った物を販売した．適当な機関への援助要請を行ない，アムネスティ・インターナショナルのいくつかのグループから寄付を得ることができた．他の刑務所の男性の囚人については，医薬品と医学的検査の費用負担，仕事の道具や食べ物の差し入れ，心理セラピストが刑務所にアクセスできるように取り計らうことなどを行なった．

無実の囚人の家族に対しては，家庭を訪問し，健康・住居・教育等の問題を抱えた家族には経済的援助を供与し，CNDDHHが行なっている医師による診察と心理セラピーに紹介の労をとった．

釈放された囚人に対しては，家庭と社会にスムーズに復帰できるように面談や家庭訪問を行ない，医師の診察や心理セラピーを紹介したり，釈放された女性の囚人が体験を語り合う会合を組織したりした．物質的な面では，連帯委員会（Comité de Solidaridad）の援助要請の手続きを行なった．連帯委員会は人民擁護官事務所といくつかのNGOが共同して行なっていた事業で，特赦された囚人に一時金として100ソルを渡すほか，緊急の必要のための基金と労働再開貸与資金を運営していた．その他，特に困窮している家庭に対して医療費，交通費，食費，学用品費等を援助している．

法律関係の提言では，特赦された無実の囚人から自由刑と同時に宣告された罰金や損害賠償を免除する法律改正，特赦された元囚人への国家賠償，刑務所規則の柔軟化，指名手配者問題の解決，対テロ法制の改正などについて一連の作業を行なった．またCNDDHHの法務作業グループのメンバーとしても活動した．

最近始まったプロジェクトに，民主主義と人権の価値に敏感な司法を作るプロジェクトがある．これは，IDL，リマのカトリカ大学法学部，「民主主義と正義のための裁判官協会」(Asociación de Jueces para la Democracia y la Justicia) の三者のコンソーシアムが，USAID（米国国際開発庁）の司法分野の公募プロジェクトとして3年間の資金供与を受けたものであり，主として情報，議論，提言のレベルで活動している[31]．

---

31) 詳細はプロジェクトのウェブサイト（URL: http://www.justiciaviva.org.pe/intro.htm）およびIDLのウェブサイトの該当ページ（URL: http://www.idl.org.pe/polipub/

法部門が行なったその他の活動としては，活発な調査研究と出版活動のほか，人権NGOの弁護士，閣僚，司法府・検察庁・人民擁護官事務所のメンバー等が参加したワークショップの開催（2001年）などがある．

　法部門に直接関連する主要なプロジェクトに，治安判事に関するものがある[32]．治安判事（juez de paz）とは地域の住民によって選ばれ，司法府によって任命される無給の裁判官で，地域の小さな事案を担当する．ペルーには2000人足らずしかいない通常の裁判官に対して，5000人近い治安判事がいる．そのほとんどはアンデス農村部および下層階級が多く住む都市の周辺部に存在しており，貧しい人々にとっては最も身近な司法機構である．治安判事は弁護士である必要はなく，初等教育を修了していれば足りる．実際に治安判事の大多数は，農民，商人，教師，被用者等である．判決を下す際に法律上の根拠を示す必要はなく，その土地の慣習や自身の公正の観念に依拠すればよい．しかし治安判事の主たる機能はむしろ和解にある．治安判事による解決は通常の裁判よりも迅速かつ効率的でコストが安く，住民の間での正統性も高いので，紛争を早期に収拾することができるとされている．

　IDLの治安判事プロジェクトは，①現状診断，②研修と促進，③政策提言という3つの構成要素から成り立っている．

　現状診断の手段としては，治安判事に対するアンケート（学歴，頻繁に扱う事件等），地域住民に対するアンケート，各地の治安判事が作成した和解調書（acta de conciliación）のサンプルの収集，治安裁判所の訪問，参与観察などがある．和解調書は2000年までに2278のサンプルが集められ，その分析を基にして，治安判事の仕事の実態に関する研究が出版された．また，和解調書の分析は研修の効果を検証する手段としても用いられた．

　研修は，各地の高等裁判所やその他の団体と協定を結んで全国で行なわれている．司法府等の公的機関を巻き込むことは，治安判事制度の重要性について当局の意識を高めるための重要な戦略である．司法府が行政府に服従していたフジモリ時代にも，各地の高裁レベルではこのような関係を

---

　admijust.htm）を参照．
[32) 治安判事プログラムは当初教育部門の活動の一部であったが，1999年にプログラムとして独立した．

結ぶことが可能であった．フジモリ失脚後は，司法研修所（Academia de la Magistratura）や司法府の運営機関とも調整が可能になっている．研修期間は1年間で，2回のワークショップと，他の当局者を交えた拡大地域セミナーから構成されている．講師にはIDLのスタッフだけでなく，研修のテーマの専門家を，その地域の裁判官，検察官，司法府職員，大学教員などから招いて参加してもらう．また研修では単に法律の知識を提供するのではなく，人権，民主主義的価値，ジェンダー，多文化性の視点を強調する．ジェンダーの視点は，家庭内暴力の訴え件数が多いことからも重要である．研修用には治安判事用マニュアル，主要法律・条約集，その他の印刷物，視聴覚教材を作成し，治安判事のための定期刊行物も年4回発行している．

　IDLは1998年から欧州連合の資金でこのプロジェクトを開始し，2001年までに100回の研修を行なって，約4000人の治安判事がそれに参加した．また，現地のカウンターパート組織に対しても研修を実施して，研修チームを養成した．現地研修チームは独自に治安判事の研修を行なうが，IDLもそれを支援している．またIDLは要請に応じて，高等裁判所が独自に行なう研修に教材を寄付している．

　治安判事制度促進の手段としては，「今年の治安判事」コンクールを実施し，その年の最も優れた治安判事を表彰している．候補者は地域の当局，社会組織，高等裁判所によって推薦される．また，高裁判事，カウンターパート組織，リマのNGO，カトリカ大学の研究者，最高裁判事などの参加を得て治安判事に関する全国規模の研究会議を開催したほか，国際会議でペルーの治安判事制度について報告している[33]．

　教育部門の事業は，対象となる人のカテゴリー別にいくつかのプログラムに分かれている．各プログラムはそれぞれ，ワークショップなどによる直接研修，マニュアルや教材キットの提供による間接研修，定期刊行物・キャンペーン・ラジオ番組などによる促進と広報，実施経験の総括，という構成要素を持つ．当初は，IDLの人権教育の対象は社会組織の指導者やメンバーであった．しかし，1992年以降は諸機関の能力向上に力を入

---

33) 2002年からはやはり欧州連合の支援によって，アンデス5カ国のNGOによる治安判事プロジェクトのネットワークが形成されている．

れており（Shifter, 2000: p. 335），住民に最も近い国家機関，すなわち自治体・共同体関係者，治安判事，区行政長，区副行政長[34]も研修の対象にしている．1999～2001年の研修の参加者数は，年平均でおよそ2000人であった．

　プログラムは，通常特定の地域を対象に選び，その地域のカウンターパートとの調整と計画策定から始まる．対象地域は主として，貧しい農村地域または政治的暴力の舞台となった地域から選ばれる．また研修対象として女性を特に重視している．研修のためには，マニュアル，ポスター，カセット，ビデオなどの教材が作られる．教材は必要に応じてケチュア語やアシャニンカ語など先住民の言語でも作成されている．カウンターパートは当初は人権団体や教会組織が中心であったが，現在では開発 NGO，地方自治体，高等裁判所なども加わっている．これらのカウンターパートはしばしば，IDL が提供する教材を使って自前の研修コースを運営するようになる．

　1999～2001 年に教育部門によって実施されたプログラムには，以下のものがあった．

　(1) 地方当局者（地方自治体，区行政長・副行政長，共同体指導者）

　　　目的は，自治体経営と住民サービスの能力向上，人権促進と参加を重視する地域発展計画の推進等である．特に政治的暴力の被害を受けた地域や民主主義制度が損なわれた地域で実施された．

　(2) 女性リーダー

　(3) 農民巡回団（rondas campesinas）と自警団（comités de autodefensa）[35]

　(4) 子ども・未成年者・女性の権利のための社会動員

　　　ユニセフとの協定によるプロジェクトで，①「子どもの権利普及

---

34) ペルーは 24 県（departamento）と 1 特別郡（カヤオ）に分かれており，県の中は郡（provincia）に，郡の中は区（distrito）に分かれている．中央の行政府の代表として，県には県行政長官（prefecto），郡には郡行政長官（subprefecto），区には区行政長（gobernador）が置かれている．区の中の周辺地域には区副行政長（teniente gobernador）が置かれる．郡と区にはそれぞれ，郡長または区長（alcalde）と議員（regidor）によって構成される民選の議会（consejo）が置かれている．

35) 農民巡回団はカハマルカ県等北部高地で農民が家畜泥棒に対して自衛するために結成された．自警団は中部・南部高地でしばしば軍の主導により，センデロ・ルミノソに対して自衛する目的で結成された．

員」となる青年の養成,②家庭内暴力・子ども虐待の予防や対処にあたる公的機関・社会組織のネットワーク作り,③人権擁護事務所 (Defensorías) の設置,の3つの分野から成っていた.人権擁護事務所は,1992年に制定された子ども未成年者法 (Código de los Niños y Adolescentes—D. L. No. 26102) に規定されている子ども未成年者擁護事務所 (Defensoría del Niño y el Adolescente) の一種であった.

(5) 農村地域共同体人権擁護事務所 (Defensorías Comunitarias Rurales)[36]

　　農村地域共同体人権擁護事務所とは,共同体によって選出され,IDLの研修を受けたボランティアが,共同体が提供した事務所において人権擁護に当たるものである.IDLがユニセフとの協定によって1999年から行なった上記 (4) のプログラムでは,子どもと女性の権利に特化した人権擁護事務所を郡庁所在地に作ったが,これに対してIDL独自の本プロジェクトは,郡庁所在地ではなく農村共同体の中に,人権全体をカバーする事務所を作ることを働きかけた.

　　プロジェクトではまず最初に,対象となる農村共同体でその地域の人権状況を議論し,対応策として人権擁護事務所の有用性を提起する.この段階で,共同体の長や治安判事など地元の有力者を味方につけるように努力する.人権擁護事務所設立に同意した共同体に対しては,8〜10人のボランティアを選出してもらってIDLが研修する.人権擁護事務所が発足する際には,区議会等地方機関の支持を確保するように努める.

　　人権擁護事務所の初期の活動は,住民の訴えを聞き,住民の権利に関する情報を与え,住民と当局の間を仲介し,問題の解決を手助けすることである.次の段階では,個々の事案に介入するだけでなく,当局に対する提案,監視,圧力の主体となるのが目標である.人権擁護事務所の発足後,IDLは補足的研修を行なうほか,地域における人権擁護事務所と諸当局の間のネットワーク形成,および人権擁護事務所同士のネットワーク形成に努力する.

(6) 人権と民主的価値のリーダー養成学校 (Escuela de Líderes en Derechos Humanos y Valores Democráticos)

---

[36] 註29の資料のほか,*Ideele*, no. 160 (diciembre 2003), pp. 21-23 も参考にした.

2000年から開始されたプログラムで，対象とするのは，郡または県レベルで活動している農民，学生，女性，先住民，NGOなどの社会組織の指導者や，自治体首長・議員である．すでに活躍している地方のリーダーをいっそう強化することによって，民主主義の定着に貢献することを目的とする．このプログラムは3年間継続する．研修生はまず1年目に，自分の県における民主主義と人権の発展のためのアジェンダを設定する．2年目には，政治的圧力の行動計画を策定し，実施する．3年目には，2年目の活動のインパクトを評価し，市民による当局監視の計画を策定・実施する．プログラムの第1期生の年齢は主として25～40歳で，半分は女性であった．

(7) 地域市民のイニシアチブ支援

各地の様々な組織の種々の要請に応えて，それら組織のイニシアチブを助言や研修によって支援する活動．過去にIDLのプロジェクトのカウンターパートや研修対象であった組織への支援に重点を置いている．

IDLの教育部門はその他の活動として，人権教育関係の調査研究と出版，定期刊行物 *La Red* の発行（隔月で2000年頃まで），シンポジウムやワークショップ等様々なイベントへの参加，CNDDHHのDESC作業会議・差別廃止作業会議・平和人権教育ネットワークにおける活動，政治的暴力の被害地域で住民の身分証明書を整備するキャンペーンなども行なっている．

IDLのコミュニケーション部門の仕事は主として，雑誌，ラジオ，テレビ，Eメールである．

雑誌 *Ideele* は1989年6月の創刊以来，合併号を除いて隔月で刊行されている．発行部数は2001年に4500部で，主要な記事はウェブサイトでも読める．明確にオピニオン形成層をターゲットとしており，ユーモアや凝ったレイアウトを駆使して時事評論や人権問題の短い記事を多く載せている．

ラジオのプロジェクトは1995年に開始された．毎週2回各30分（現在は毎週1回1時間）の定時番組に加えて，様々な短期シリーズの番組を作っている．その初期の一例が，1998年から1999年にかけて制作された「あ

なたの権利」(Los Derechos Que Te Tocan) である．世界人権宣言50年を記念してイギリス政府とRPPラジオ（リマの代表的ラジオ局）の提供で制作されたこの番組は，中産階級を主たるターゲットとした25分の番組（13回分）で，毎回人権に関する特定のテーマを取り上げた．番組はリマのRPPで放送されるとともに，ネットワーク（後述）のラジオ局，教育部門のカウンターパート組織，治安判事，ペルー人権教育ネットワーク，学校，人権リーダー・促進員ネットワーク，CNDDHHの加盟団体等に送付された．また，この番組の活用法についてのワークショップも行なわれた．その他のシリーズのテーマとしては，選挙の意義と選挙プロセスの監視，軍事法廷，民軍関係，真実和解委員会，人権侵害，治安判事，子どもの権利がある．また，日常の人権問題をテーマとしたラジオ劇のシリーズも制作されている．これらの番組の一部はケチュア，アイマラ，アシャニンカ，シピボ，アグアルーナなどの先住民言語でも制作された．

　APRODEHと同様にIDLも全国にラジオ局のネットワークを作っており，その数は180局にまで増加している (*Ideele*, no. 160, diciembre 2003: p. 36)．ネットワークを作る際に特に優先するのは，政治的暴力によって非常事態が宣言されたり軍事化された地域，辺鄙な農村地域，および広い地域をカバーする若干のラジオ局である．加盟ラジオ局は，IDLから送られてきた材料に加えて，地元の専門家を招いて話を聞いたり，聴取者からの電話に答えてもらうなど，独自の要素も交えて放送する．他方で加盟局は，各地での世論調査，ルポ，インタビュー，テーマの提案，報告などによって，IDLの番組制作に参加している．

　IDLのスタッフは，各地のラジオ局を訪問してセミナー等を開催する事業を行なっている．その目的は，①人権のテーマに関する加盟局記者の能力向上，②加盟局を現地の社会組織および当局と結びつけること，③番組の共同制作である．各地では記者を対象にしたワークショップの他に，社会組織代表や当局者などが参加して現地の人権状況を話し合うセミナー等を開催し，その一部は現地のラジオ局によって生放送されている．同時にこれらの訪問では，番組の共同制作や，全国放送のための取材・調査も行なわれる．またIDLは現地で法律相談を行ない，必要に応じて人民擁護官事務所に通報したり，IDLの法部門に持ち帰ったりしている[37]．

IDL は加盟ラジオ局の記者を対象として，1998～2001 年に全国規模の
セミナーを年に1回程度開催した．これらのセミナーの目的は，現状分析，
記者の能力向上，IDL の目的に対するコミットメントの強化であった．
それ以外に IDL は，加盟局のために以下のような様々なサービスを提供
している．
　―番組の材料となる定期刊行物，教材，カセット，プレスリリース，キ
　　ャンペーン用のポスター・ステッカー・パンフレット，コンクール募
　　集等の提供．
　―加盟局とリマの公的機関・NGO・国際機関との橋渡し．
　―法的支援が必要な場合の助言・弁護．
　―録音室を備えていないラジオ局のためのスポットやコマーシャルの録
　　音代行．
　―編集ソフトの使い方等の研修．
　また，IDL のラジオ・チームが行なったその他の活動には以下のもの
がある．
　―要請に応じて，学校・青年組織・母親クラブ[38]・司法府・人権団体
　　等における研修用にカセットの複製を提供．
　―極貧地域で子どもの権利の青年促進員を養成するプロジェクト（教育
　　部門と共同で実施）において，ネットワーク加盟ラジオ局の協力を得
　　てラジオ制作の研修を実施．
　―国際会議への参加．
　IDL は 2000 年からテレビのプロジェクトに向けた組織的活動を開始し，
2001 年にはケチュア語の番組を含む 30 の番組を制作した．これらの番組
は N チャンネル（報道専門のケーブルテレビ）と国営テレビ局，およびネッ
トワークに加盟するテレビ局（2004 年現在 15 局）で放映されたほか，人権
団体，NGO，その他の社会組織でも使用された．さらに 2002 年からは，
N チャンネルで週1回の定時番組を放送している（*Ideele*, no. 160, diciem-
bre 2003: p. 39）．

---
37)　これとは別に，加盟局の仕事を評価し，各地のラジオ局の状況を調べて新たなラジオ
　　局と協定を結ぶためにも全国各地を訪れている．
38)　母親クラブ（Club de Madres）は下層民の女性が作る組織で，配給ミルクの分配や昼
　　食の共同調理など，その機能は様々である．

Ideele メール（Ideele Mail）は2000年，すなわちフジモリ政権の最後の年に，めまぐるしく変転する状況に即時に対応するために始められたサービスで，IDLの声明や外部の寄稿者によるオピニオン記事などをEメールで配信するものである．講読は無料で6000人が登録しており，そのうち90％はペルー国内，35％は情報が不足しているリマ以外の購読者である．2004年4月までに356号が配信されている．

最後に，IDLでは「公共政策」という名の下にいくつかのプロジェクトをまとめている．それらの内容は，軍事法廷制度の改革，軍改革と文民統制，警察改革と市民の安全，真実和解委員会の支援（設置のキャンペーン，促進，調査への協力），司法制度改革，責任ある投票のキャンペーンなどである．これらのプロジェクトの具体的な活動は多岐にわたる．大きく分けて，調査・研究に関わる活動（報道・関連法規・既存の研究の収集と分析，アンケートその他の手段による調査研究，ワーキング・ペイパーの作成，政策提言や法案の作成，他のラテンアメリカ諸国との経験の共有，国際会議），テーマの関係者に働きかける活動（関係者が参加するワークショップや研修の開催，人権運動の関係者のための教材の開発と経験の共有），広報・キャンペーン活動（研究・記事・定期刊行物・年次報告書の刊行，マスメディアへの働きかけ，IDLのテレビ・ラジオ・雑誌の特集，識者へのインタビューの実施と出版，論文コンクール）などがある．

4　FEDEPAZ

1　起　　源[39]

FEDEPAZの起源はCEAS（Comisión Episcopal de Acción Social, 社会活動司教委員会）にまで遡る．1965年にペルー司教会議の機関として設立されたCEASは，1970年代後半に人権部門を設置した．1980年代前半にCEASは拡充され，1980年代後半には40人ほどのスタッフを抱える大き

---

[39]　FEDEPAZの起源については主として以下の資料に基づいている．Burneoインタビュー 2002. 8. 12；FEDEPAZスタッフ・インタビュー；Bazánインタビュー 2002. 8. 6；Youngers, 2003: pp. 38-43, 88-89, 182, 269；FEDEPAZ①；Valdez, 1991.

な人権団体に成長していた[40]．

　しかし，CEASの弁護士チームの中心となったホセ・ブルネオ（José Burneo Labrín）らが目指した仕事は，カトリック教会の保守化によって充分に遂行することができなかった．CEASは教会の一部であるので，司教が許可を出さない司教区では活動できない．特に最も人権侵害が集中していたアヤクチョ大司教区では，リヒテル（Federico Richter Prada），シプリアーニ（Juan Luis Cipriani Thorne）と司教2代にわたってCEASの活動が禁止されていた．さらに，ペルーで力を増してきた教会内の最右翼オプスデイは，ブルネオが教会を利用して共産主義者の囚人を解放しようとしているとして非難した．このような状況の中でCEASのスタッフは，活動の自由を確保し，また教会のさらなる保守化による将来の困難に備えるため，独立を決意した．こうして1987年，CEASと同じ目的を遂行する独立組織として，CEAPAZ（Centro de Estudios y Acción para la Paz, 平和研究活動センター）が設立された．

　CEAPAZは6～7人で設立されたが，ブルネオが理想とするエキュメニズムをCEAPAZの理事会は認めなかった．そこでドナーの一つであった世界教会協議会（World Council of Churches）にブルネオが相談したところ，新たなNGOを作るなら支援すると約束され，CEAPAZ内部でも一緒に独立すると言うスタッフが多かったので，ブルネオは独立を決意した．こうして1993年4月，FEDEPAZはエキュメニカルで法的分野に特化したNGOとして設立された．当初の社員兼職員はブルネオ，イバン・バサン（Iván Arturo Bazán Chacón）らの4名であり，その他に2名の実習生もCEAPAZから移り，弁護士資格を取得してから正規職員になった．

2　組　　　織[41]

　FEDEPAZは民間非営利組合であり，IDLと同様，社員は現職のスタッフでなければならないという原則を立てている．2002年8月現在のス

---

40)　CEASは教会の公的機関であるが，他のNGOと同様に外国のドナーの資金で運営されている．

41)　FEDEPAZの組織については，主として以下の資料に基づいている．Bazánインタビュー 2002. 8. 6; 8. 28; FEDEPAZスタッフ・インタビュー；FEDEPAZ①⑨⑪; Burneoインタビュー．

タッフは，弁護士の正規職員が5名，秘書が1名，半日勤務の会計士が1名，特定プロジェクトの非正規職員が1名で全部で8名であり，その他に6名の実習生がいる．実習生以外の男女比は1対1である．

FEDEPAZ の2001年度の収入は約12万6000ドルであった．予算規模を拡大させていったAPRODEHやIDLと異なり，FEDEPAZの予算は創設以来ほとんど変化しなかった．FEDEPAZの財政状況に対する強い危機感を率直に表明した2000年の報告書は，財政的脆弱性の原因として，国際的に利用可能な資金の減少，他の人権団体（とりわけ古手で国際的評価が確立したNGO）との競合，職員の構成においてエキュメニズムを達成できていないこと[42]などを指摘し，新たな分野における活動を提案している．実際，FEDEPAZの予算額は，環境分野の新プロジェクトのおかげで2002年度に少し増えたものの，環境以外ではむしろ減少している．

3 活　　動[43]

FEDEPAZ は創設以来，生命，身体の自由，身体の安全の権利擁護に活動を集中させてきた．また，CNDDHH の場における活動にも積極的であった．

すでに述べたように，FEDEPAZは小規模であるにも拘わらず，法的弁護で大きな役割を果たしてきた．創設初年度のFEDEPAZの報告書によれば，FEDEPAZは深刻な人権侵害の犠牲者に最も多くの法的助言を与えた2つの団体のうちの1つであった．1993年から2001年までの9年間にFEDEPAZが受けた依頼件数は年平均134であり，内容の内訳は無実の囚人が63％，生命および身体の安全に対する侵害が14％，手続きの依頼が13％[44]，相談が8％[45]，強制的失踪が1％などとなっている．引き

---

[42]　FEDEPAZはエキュメニズムを組織のアイデンティティとしたが，創設メンバーは（当時実習生で後に正規職員になった者も含めて）全員がカトリックであった．他の宗教，特にプロテスタントのスタッフをリクルートする意思はあるが，創設以来予算が増えなかったこともあり，資金をプロテスタント系のドナーに頼っているにも拘わらず，職員の構成においてはエキュメニズムを達成できていない．

[43]　FEDEPAZの活動については主として以下の資料に基づいている．FEDEPAZ②〜⑦⑨⑩；FEDEPAZスタッフ・インタビュー；Bazán インタビュー 2002.8.6.

[44]　証明書を取ったり，判決のコピーを取ったりするなど，訴訟以外の手続きのこと．

[45]　相談のみで終わってそれ以上の行動を伴わないもの．

受ける件数が拒否する件数よりもかなり多いことは APRODEH や IDL の場合と同様である．データが利用可能な 1993, 1997～1999, 2001 年の地域別内訳を見ると，依頼者数の 54% はリマ都市部以外から来ており，ほぼすべての県にわたっていた．

1993 年の報告書には，FEDEPAZ に依頼人を仲介した機関・人の内訳が示されている．それによると，カトリック教会 37%, NGO 13%, FEDEPAZ の友人 11%, 制憲議会（国会）人権委員会 9%, 家族または本人 9%, 職業団体 3%, ジャーナリスト 3%, 検察庁 3%, CNDDHH 2%, プロテスタント教会 1%, その他 8% となっている．プロテスタント教会の比率が少ないのは，プロテスタント教会がプロテスタント以外の機関を信用しない傾向の故であるとされている．また，労働組合などの職業団体の比率が低いのは，人権侵害犠牲者のほとんどが組合等に属していなかったことを表わすものである．カトリック教会は一枚岩ではなく，人権問題に積極的に取り組む地域と取り組まない地域との落差が大きい．FEDEPAZ がピウラ県とカハマルカ県から多くの事件を引き受けているのは，そこに非常に活発な教会系機関が存在するからである．逆に言えば，教会が人権問題に熱心でなく，人権団体も存在しない地域からは，事件が回ってこない．つまり被害者は，助けが得られないままに終わる可能性が高いのである．

FEDEPAZ は 1993 年の創設以来，1992 年から劇的に増えた無実の囚人の弁護を事業の中心に据えてきた．2001 年になっても，FEDEPAZ が扱った事件（2000 年以前から継続中のものを含む）の過半数は無実の囚人である．FEDEPAZ のもう 1 つの活動分野は拷問・虐待であり，国連拷問被害者救済基金の資金で活動している．ペルーではテロ容疑の被拘禁者の多くが拷問を受けていた[46]．また 1990 年代後半には，徴兵された若者に対する虐待（死亡事件を含む）が問題になった．拷問・虐待分野の活動の内容は，拷問被害者への人道援助のほか，加害者の告発[47]（検察庁，米州人権

---

46) テロ容疑者が収容される厳戒刑務所で 1995～1996 年に収監者 1258 人に対して IDL が実施したアンケートによれば，77% の収監者が拘禁以来拷問または虐待を受けていた (*Ideele*, no. 97, mayo 1997: pp. 59-62).

47) 無実の囚人の場合，拷問を告発するケースは少ない．無実の囚人が収監されている時には，釈放のみが切実な要求となる．権利意識が低い囚人は，拷問を人権侵害とは意識せずにしばしばこれを受け入れてしまう．また，釈放された後は生活の再建に必死であるし，国家を相手に裁判を起こすことに元囚人は恐れを懐く．裁判はコストが大きく，結果も不

委員会），フォーラムへの参加によるキャンペーン，CNDDHH の法務作業グループを通じての予防策の提案，CNDDHH のカウンセリングへの推薦などである．

APRODEH，IDL と同じく，FEDEPAZ は定期的に刑務所を訪問し，法的助言を行なうとともに，手仕事の材料，医薬品，食糧などを差し入れ，囚人の家族に援助を供与した．不処罰に対する闘いの分野では，国際刑事裁判所のための NGO 連合に参加し，CNDDHH を代表してローマ会議に出席したほか，記者会見や法務省・外務省でのロビー活動に参加した．法的分野に関するその他の活動としては，刑務所の劣悪な状況に関する米州人権委員会への通報，危険が迫っている人物に対する国外亡命の手配，フジモリ三選問題をめぐる法的助言などがある．

FEDEPAZ の強みは訴訟等における法的活動であるが，人権教育も実施している．実施するのは APRODEH や IDL と同じく，主として農村（およびジャングル）であり，常に現地の NGO・社会組織や地方自治体と協同して行なっている．

また FEDEPAZ は，国内避難民を対象としたプロジェクトを実施している．その内容は，法的支援，国外亡命の助言と援助，人権教育，人道援助などである．亡命の場合，国連難民高等弁務官事務所等の機関と折衝・調整するほか，亡命先の NGO とも調整して現地での生活が軌道に乗るように支援してもらう．2001 年からはペルーから国外に流出した経済移民も活動の対象としている．FEDEPAZ は難民移民避難民エキュメニカル・ネットワーク（Red Ecuménica para Refugiados, Migrantes y Desplazados）の結成当初からのメンバーである．

2001 年から FEDEPAZ は，環境分野のプロジェクトを開始した．具体的には，ピウラ県タンボグランデにおけるカナダ系企業マンハッタン・ミネラルズ（Manhattan Minerals）の金鉱山と，カハマルカ県におけるヤナコチャ金鉱山（米国系企業ニューモント鉱業 Newmont Mining を中心とした合弁事業）による公害問題に取り組んでいる．

FEDEPAZ は広報分野の活動にも意欲があるが，資金がつかないため

確実なので，FEDEPAZ としては裁判を起こすように勧めてはいない（Bazán インタビュー 2002.8.28; FEDEPAZ②; Rivera インタビュー 2002.8.23）．

にほとんど実績はない．若干の出版活動を行なうほか，E メールによってたまに情報を発信する程度である．

CNDDHH の場においては，主として立法の提言とロビー活動で貢献している．立法の提言では，対テロ法制，指名手配者問題，刑務所の状況，覆面法廷制度廃止などを担当した．CNDDHH における他の活動としては，拷問に関する作業会議への参加，米州人権委員会・国連人権委員会・同小委員会・国連人権規約委員会・国連拷問禁止委員会に提出する文書の作成，それらの委員会への連絡・会議出席・ロビー活動，国際人権団体・欧州連合議員・米国大使・スウェーデン大使との会合，全国規模の法学ワークショップの企画，劣悪な状況の刑務所の訪問などを行なっている．

5 CODEH-ICA

1 起　　源[48]

CODEH-ICA の創設以来その中心となってきた人物は，ホセ＝マヌエル・ミランダ（José Manuel Miranda Azpíroz）神父である．スペインのナバラの教区司祭であったミランダは，1978 年にペルーのイカの貧民地区に司祭として赴任した[49]．ミランダ神父は解放の神学の信奉者であり，ペルーを任地として選んだのも，ペルーが解放の神学の発祥地と見なされていたからであった．

CODEH-ICA 創設のきっかけは，リマの人権運動と同様に，モラレス＝ベルムーデス政権（1975～1980 年）による経済緊縮政策と抗議運動弾圧であった．1970 年代半ばに始まった経済危機に対して，モラレス＝ベルムーデス政権は政府統制価格の値上げを含む経済安定化政策を実施した．それに対して労働運動を中心とする激しい抗議行動が展開されたが，政府はストを指導した労組指導者を解雇・投獄した．このような労働者の権利を抑制する路線が 1980 年の民政移管後にも継続したため，1981 年に聖職

---

[48] CODEH-ICA の起源については主として以下の資料に基づいている．Miranda インタビュー 2002. 8. 14；8. 15；8. 16；CODEH-ICA①⑥．

[49] イカ市（イカ区）はリマの南東約 300km の海岸部に位置する人口約 10 万人の地方都市であり，イカ県イカ郡の中心である．

者，シスター，平信徒が相談して，ミランダ神父に人権団体創設を託した[50]．ミランダらの構想は，社会組織の連合体として人権運動を構築することであり，そのために社会組織，および社会組織を代表する個人をリクルートしていった．

こうして1982年4月，14人の個人と32の法人を社員としてCODEH-ICAが設立された．32の法人は，労働団体，農民団体，母親クラブ等の都市下層民の組織，ソーシャルワーカー団体，青年団体などであった．ミランダ以外の13人の個人社員も，そのほとんどは社会組織，特に労働組合に所属していた．

APRODEH，IDL，FEDEPAZとは異なり，当初CODEH-ICAに外部資金はなく，活動費用は労働組合や教会などからのカンパで賄われた．事務所もフルタイムの職員もなく，活動はボランティアだけで支えられた．CODEH-ICAは1986年に定期刊行物を発行するために初めて外部資金を獲得し，1988年からは外部資金で事務所を構え，秘書や弁護士を雇えるようになった．

一方，イカでも1983年頃から，政治的暴力の影響が感じられるようになった．全国的に見れば政治的暴力が激しい地域ではなかったが，状況の変化に伴い，CODEH-ICAは1980年代半ば以降，政治的暴力の問題を中心に活動するようになる．

2 組　　織[51]

現在，CODEH-ICAには総会・理事会の下に，事務局長（Secretario Ejecutivo）と事務部および4つの部門が置かれている．各部門と主な担当事業は以下の通りである．

—教育部門（Area Educativo）（教育機関，自治体）
—法部門（Area Legal）（人権擁護，子どもの権利擁護）
—社会部門（Area Social）（国内避難民，働く子ども，ジェンダー）
—報道宣伝部門（Prensa y Propaganda）（雑誌，ラジオ，テレビ，イベント）

---

50)　彼らのうち，CODEH-ICAの創設メンバーとなったのはミランダだけであった．
51)　CODEH-ICAの組織に関しては，以下の資料に依拠している．CODEH-ICA③〜⑤⑪〜⑭⑯; Miranda インタビュー 2002. 8. 14; 8. 16.

1982年以降，社員の構成には変化があった．CODEH-ICAの法人登記から法人社員の一部が削除され，代わりに個人社員が増加した．社会組織の種類にも変化があり，今はもう労働組合や職業団体の存在はかつてほど大きくない．その代わりに，国内避難民の組織，洪水被害者の組織，女性の組織，年金生活者の組織等，新たに登場した組織の存在が大きくなっている．

スタッフには2002年現在，22名の有給職員がいる（うち4名は半日または4分の1日のみ勤務している）．その他に，実習生も含めて35人の学生ボランティアがいた．おそらく地方では最大規模の人権団体であろう．有給職員の男女比はほぼ1対1である．予算規模は，1999～2001年の平均収入が20万ドル台の前半であった．

3 活　動[52]

政治的暴力が激しかった頃は，CODEH-ICAはそれへの対処に集中していた．その後CODEH-ICAは多様な活動を繰り広げるようになったが，それらすべてのCODEH-ICAの活動に共通している軸は，社会の組織化と民主的参加の促進である．したがって活動の内容には，組織化能力の養成や住民参加の促進を図るものが多い．その他のCODEH-ICAの特徴としては，地域における存在感が大きく，住民を動員する能力があることや，人権NGOとしては例外的に学生ボランティアを多く抱えていることが挙げられる．

各部門別の活動を見ていくと，教育部門では，教育機関を対象とする事業と地方自治体をめぐる事業とを行なっている．前者の事業では，まず教育省地方局および教育機関と人権教育プログラム実施に関する協定を結ぶことから活動が始まる．2002年現在，16の初等中等学校，2の師範学校（Instituto Superior Pedagógico），および教育省の幼児教育プログラ

[52) CODEH-ICAの活動については主として以下の資料に依拠している．CODEH-ICA ②⑧～⑩⑭～⑲；Mirandaインタビュー2002. 8. 14；Gavilánインタビュー2002. 8. 15；CODEH-ICA社会部門スタッフ・インタビュー2002. 8. 15；Silvaインタビュー2002. 8. 16；Huayancaインタビュー2002. 8. 16；CODEH-ICA会計士インタビュー2002. 8. 16；Viñé et al., s. f.；Gavilán, s. f.，および筆者によるテレビ番組収録風景の観察．なお，CODEH-ICA⑭は，CODEH-ICAへの資金供与団体の1つであるDiakoniaの求めによって実施された外部評価の報告書である．

ム PIETBAF と協定が結ばれている．学校との協定の内容には，研修を受けることのほか，人権教育の方法論（参加型教育法など）を採用し，生徒自治体（Municipio Escolar）を実施することなども含まれる[53]．

協定が結ばれた後，CODEH-ICA が独自に作成した教材に基づいてワークショップが実施される．ワークショップは，初等中等学校の校長，教員，補助教員（auxiliar），生徒，生徒の父母，師範学校学生など，対象別に行なわれる．扱われたテーマは，人権，子どもの権利，学校における人権と暴力，家庭内暴力，父親の責任，民主主義，市民権と参加，権威と規律，自尊，人権教育の方法などである．1998〜2000 年には毎年数十のワークショップが実施され，千数百人が参加している．その他に，人権をテーマにした絵や壁画のコンクールも行なわれている．

地方自治体をめぐる事業の目的は，自治体経営に住民組織の参加を促し，自治体当局と住民組織との間で協調して開発計画を策定し，それを実施することである[54]．具体的な活動は，自治体首長・議員・職員，住民組織の指導者，民主的に選出された住民の地区代表を対象としたワークショップの開催，CODEH-ICA が養成した促進員と住民組織による地域の現状の調査，参加型開発計画の討議・決定などである．

CODEH-ICA の法部門の主要な活動は，人権侵害被害者の法的支援と研修事業である．前者で扱った件数は，1998〜2000 年の 3 年間の平均で，相談が 341 件，民事訴訟が 69 件，刑事訴訟が 49 件，和解 7 件であった．この数字からは，法部門の専任スタッフが 2 名しかいないのに扱う件数が非常に多いことと，民事訴訟の比重が大きいことが窺える[55]．実際，

---

53) 生徒自治体というのは，日本で言えば生徒会である．ペルーの地方自治体に倣って，各クラスで 1 人の首長（alclade）と 4 人の議員（regidor）を選挙で選ぶ．4 人の議員は，教育・文化・スポーツ，健康と保健，生産とサービス，子どもの権利の 4 分野をそれぞれ担当する．また学校レベルでも 1 人の首長と 4 人の議員が選ばれ，学校レベルの議員は 4 つの分野別委員会（各クラスの議員がメンバー）の委員長となる．このプロジェクトはスウェーデンのセーブ・ザ・チルドレンの資金によってペルー各地で展開されており，ペルー教育省のプログラムとしても採用されている．なお生徒自治体に関しては，ペルー教育省のウェブサイトおよび *Organizaciones para el funcionamiento del Municipio Escolar* (1996)；*Manual: Gestión de Municipios Escolares* (s. f.) を参照した．
54) プロジェクト 2 年目の 1999 年には，配給ミルク分配組織，民衆食堂，母親クラブ，スポーツクラブ，文化サークルなど，366 の住民組織が参加した．民衆食堂（comedor popular）とは共同調理を行なう下層民女性の自助組織である．
55) CODEH-ICA⑮に挿入されている活動の一覧表による．

2000年に成功裡に解決した事件の内訳は，子どもの事件（養育費，養育権，認知）128件，行政権の濫用7件，労働事件11件，拷問・虐待2件，集団的労働事件17件であり，子どもの事件の比率が非常に高い．

実際，かつてCODEH-ICAに持ち込まれる依頼の多くは，相続，土地，商取引など財産権に関わる事件や，一般犯罪の事件であったという．負担の増大に対処するため，CODEH-ICAは以前に設けていた無料法律相談所を廃止し，女性や子どもの権利に関わる場合を除いて民事や一般犯罪の事件を断っている．しかしそのような制限を課しても，女性・子どもに関わる事件が多いため，法部門の負担は過重になる[56]．

CODEH-ICAは，法部門が訴訟活動だけで手一杯になることを防ぐため，裁判外の和解を促進する子ども未成年者擁護事務所（Defensoría del Niño y el Adolescente）を設置した．また2002年には，弁護士が扱う訴訟事件を5件に制限し，テロリズム，政治的暴力，集団的労働関連紛争，行政権濫用，ネポティズムの事件のみを弁護士が扱うこととした．それ以外の事件では，弁護士が学生ボランティアを指導し，学生が書類を作成して，弁護士がそれに署名することにしている．「集団的労働関連紛争」とは，具体的には，労使紛争，商人と役所の紛争，インフォーマル・セクターの鉱夫と鉱業企業との紛争などを指す．これらの紛争でCODEH-ICAは訴訟を担当するだけでなく，仲介役を務めて裁判外の解決に努めている．

法部門の研修活動では，1998～2000年には，治安判事，裁判官・検事，弁護士，労働者，警察官，区行政長などに対して研修セミナーを実施した．規模はそれぞれのカテゴリーにつき，多くても年平均で数十人である．治安判事および裁判官・検事への研修は，司法府および検察庁との調整に基づき，IDLと共同で実施している．

1998～2001年に法部門が行なったその他の活動としては，以下のものがある．

―学校人権擁護員（Defensoría Escolar）の設置．

―人権促進員（promotor defensor）に関するパンフレット作成．

―各種キャンペーンの実施．内容は，DESC，拷問解放地区，「名前の

---

[56] 訴訟業務の多くが家庭問題の事件になるのは，地方の人権団体に共通の傾向であるという．

権利」[57]，消費者の権利，犯罪の予防，責任ある投票，公正で尊厳ある労働条件（金の鎖の搾取工場）．
　—キャンペーンの成果として消費者団体の結成に導く．
　—イカ大学の法学部生とのワークショップ．学生は研修を受けるほか，貧民地区や子ども未成年者擁護事務所でボランティア活動を行なう．
　—区自治体に人権局（secretaría de derechos humanos）を設置．
　—市民監視委員会（comités de vigilancia ciudadana）の結成．
　—強制的徴兵を防ぐための介入[58]．
　—民衆食堂，住民自治会などに対する行政側の法的認知の促進．

　CODEH-ICA の社会部門は，国内避難民，NATs（Niños y Adolescentes Trabajadores, 働く子ども・未成年者）[59]，ジェンダーの３つのプログラムを担当している．

　国内避難民に対するプログラムは，避難民の能力向上と組織化を主要な目的とし，イカ県全体で実施されている[60]．能力向上は総合的であり，生産や経営に関するもののほか，人格形成，家庭形成，組織化に関するものもある．組織化の研修では，政治参加，民主主義，市民権等のテーマが扱われた．組織化の成果として，郡，県のレベルで国内避難民の組織や連合が結成されており，それらは国内避難民の全国組織 CONDECOREP にも参加している．生産面では，研修だけでなく融資をして，実際に自主管理の生産プロジェクト（農業，食用モルモットや豚の畜産，パン屋，機械工房，選鉱設備，万屋，乾燥ジャガイモなど）を立ち上げている．有機農業による家庭菜園も促進しており，栽培方法を教え，種子を提供し，家族の参加を奨励している．研修ではその他，左官の技術，織機の操作，石鹸作りなども

---

57) 「名前の権利」（derecho al nombre）とは，父親による自発的認知を促すキャンペーンである．スペイン語の姓は父親と母親の姓を１つずつ受け継ぐので，父親が認知しない場合は母親の姓が２つ続くことになり，私生子であることが一目瞭然となる．このことを嫌って出生届を出さない母親も多く，その結果子どもが就学できないなどの問題が発生していた．このキャンペーンでは役所と協定を結び，この機会に認知すれば罰金を取られないようにした．

58) 強制的徴兵（reclutamiento forzoso）とは，義務兵役法の手続きを無視した誘拐まがいの徴兵を意味する．

59) CODEH-ICA では "NNAT's"（Niños, Niñas y Adolescentes Trabajadores, 働く男の子，女の子，未成年者）と表記している．

60) その他に国内避難民問題に関する世論啓発キャンペーンも行なっている．

教えられた．CODEH-ICA の主たる任務は生産の場，組織の場，家庭の場などに付き添い，能力向上を促進することであり，物質的援助は意識的に少なめに抑えられている．

1999〜2001 年には，女性に特化した難民プログラムも並行して進められた．内容は，研修（識字，美容院，縫製，菓子，ぬいぐるみ，バッグ，靴作りなど），生産融資，リーダーの養成，女性組織の結成，医療・心理療法キャンペーンなどであった[61]．

NATs のプログラムは，1993 年から開始された．プログラムの目的は，NATs の生活水準を向上させるとともに，権利の主体としての能力を高めることである．CODEH-ICA の NATs 担当部門は，ペルーの組織化されている他の NATs と同様に，児童労働を廃止すべきという欧米を中心とした動きに反対して，児童労働を批判的に評価するという立場を採る．労働の経験は積極的に評価するが，労働条件は改善し，通学と両立させるべきという立場である[62]．

NATs プログラム開始時にまずイカの児童労働の実態を調査したところ，家計の補助として働き，学校にも通っている子が多いことがわかった．その調査を基にして，教育，組織化，保健，仕事の 4 つの分野で活動することが決められた．それぞれの活動内容は以下の通りである．

教育分野（NATs が多く通っている学校で実施される）

―学習支援（成績不良者の補習，学用品の提供，保護者役を務める）．

―学校人権促進員の養成[63]．

―NATs に関する教育プログラムの実施．内容は，教員に対する研修，カリキュラムの多様化，補習，生徒自治体など複数の構成要素から成る．

---

61) 2002 年現在，国内避難民のプロジェクトはほぼ終了していた．スタッフによれば，以前は集会に行くための交通費の半分を CODEH-ICA が負担し，食費も一部負担していたが，それが出なくなってから組織化は危機に瀕していた．

62) NATs 担当部門責任者自身，以前は働く子どもであった．

63) 学校人権促進員（promotor defensor escolar）は学校で子どもの権利の擁護に当たり，告発を CODEH-ICA や DEMUNA（Defensoría Municipal del Niño y el Adolescente, 自治体子ども未成年者擁護事務所）に伝えるほか，人権促進の仕事をするものであった．このプログラムは法部門と NATs プログラムとが共同で行なっていたが，2000 年からは生徒自治体に取って替わられた（議員の 1 人は人権担当で人権促進員と同じ仕事をする）．

―NATs が通っている学校で父母を対象に研修を行ない，NATs の権利や人権に関するキャンペーンに参加させる．

―学校に戻りたくない生徒の説得と復学手続きを行ない，多くの場合は保護者役を引き受け，1年間観察する．

組織化分野

―学校単位で NATs の委員会を結成させる．

―地区ごとのグループ（grupo）と仕事の種類別のグループ（asociación）の結成．

―リーダーの養成．

―郡レベル，県レベルの集会の組織[64]．

―キャンプ，遠足，他グループ訪問等のレクリエーション．

―文化活動．

保健分野

―保健の家（Casa de Salud）[65] における診療．

―保健キャンペーン[66]．

―急患の診療．

―保健連帯基金[67]．

―ワークショップ研修．

―パンフレット作成．

―NATs の栄養状態調査．

―飲料水の水質改善．

仕事分野

―アイスキャンディーや，グリーティングカード等の民芸品の製造販売．

―問屋（tienda de insumos）[68]．

---

64) 2002年現在，CODEH-ICA のプログラムに参加している1200人の NATs のうち，300人がこれらの集会の母体となっている．

65) 保健の家はカトリック小教区に附属し，診療所，検査施設，薬局を備えている．

66) 2001年まで行なわれた活動．保健の家，学童保険，イカ大学医学部・歯学部とともに NATs の仕事場に行き，診察，投薬，講演を行なうもの．

67) 2000年まで存在した医療保険プログラム．3つの保健の家と協定を結び，毎月1ソル（約30円）の保険料を支払っていた．後に無料の学童医療保険が国の制度として発足したため，このプログラムは不要になった．

68) NATs が売る物を卸す店．工場から直接仕入れることで儲けのマージンを拡大することが目的．2002年現在，ビスケット，クラッカーのみを扱っている．また，クリスマス

―融資基金．
―労働条件改善のキャンペーン．
―ワークショップ研修．
―建築訓練センター（CENCICO）における奨学金で電気工事の研修．

　これらの活動を通じて，1998年にCODEH-ICAのスタッフは100人の働く子どもを生活のサイクル全体にわたって観察し，400人の子どもを毎週観察し，1200人の働く子どもと関係を持った．プログラムの実施に当たっては関係省庁や他のNGOとの調整に意を尽くした．また，イカ大学教育学部のボランティアが人権促進員としてプログラムに協力した．

　上記の4分野に加えて，NATsプログラムでは世論を喚起するための広報活動も行なっている．これは1つのテーマで1年間継続する．1年間の活動のクライマックスはNNAT's週間（Semana de NNAT's）で，フォーラムまたはセミナーや行進が行なわれる[69]．

　組織化の成果として，イカのNATsの組織はペルー各地の同様の組織とともに，全国レベルの組織MNNATSOPに参加している[70]．また最近ではNATs運動の世界大会も開催されるようになっており，ペルーのNATs運動もその一翼を担っている．

　CODEH-ICAの報道宣伝部門は主として，ラジオ・テレビ番組制作，ジャーナリストと学生の研修，雑誌の刊行，キャンペーンとCODEH-ICAの広報に従事している．

の時期には飲用チョコレートも扱った．以前扱っていた靴墨（NATsの靴磨きが多い）は，今は靴磨き組合連合が扱っている．

69)　1998年のフォーラムには175人が参加し，行進には1700人のNATsが参加したと記録されている．最近は活動が10〜12日間続くので，「週間」の代わりに「キャンペーン」と呼ぶようになっている．

70)　ペルーでは1976年にカトリック青年労働組織(Juventud Obrera Católica)がNATsの支援と組織化を開始した．NATsの組織化はラテンアメリカで初めての試みであったという．1979年，そこからMANTHOC (Movimiento de Adolescentes y Niños Trabajadores Hijos de Obreros Cristianos, キリスト教徒労働者の子ども，働く未成年者・子どもの運動）が生まれた．この組織がNATs組織化の潮流を作り出し，今では17都市に拡がっている．MANTHOCを基盤として，1996年にはNATsの全国運動であるMNNATSOP (Movimiento Nacional de Niños, Niñas y Adolescentes Trabajadores Organizados del Perú, ペルー働く子ども・未成年者全国運動）が発足し，12000人のNATsが参加している．この註はSilvaインタビューのほか，MANTHOCのウェブサイト（URL: http://www.manthoc.50megs.com/page2.htm，2004年4月26日アクセス）に依拠している．

テレビとラジオは，地元の放送局から時間枠を買って放送している．番組制作においては住民や視聴者の参加を重視する．アンケートの多用もその一手段である．ラジオは2002年現在，1時間番組を毎週2回生で放送しており，テレビは1時間番組を毎週1回録画放送している．テレビの番組は，2001年11月の視聴率調査において地方番組で2番目に高い視聴率を得た．番組の中では住民が公共サービスなど身近な問題を提起し，当局の人も招かれて議論に参加する．2002年2月にCODEH-ICAは，リマの文化テレビ（TV Culutra）と共同で，ドゥナ・テレビ（Sociedad Duna TV）を登記した．自前のテレビ局がないと，時間枠を買うのに高い費用を取られるし，録画であるために素早い対応ができないためである．またCODEH-ICAはビデオ図書館で番組のビデオを貸し出しており，生徒や学生の利用者が多い．

　報道宣伝部門の研修の対象はジャーナリストとイカ大学コミュニケーション学部の学生であり，研修は別々に行なわれる．ジャーナリストの研修はラジオ，テレビ，新聞雑誌記者を含むが，参加者のほとんどはラジオ記者である．なぜなら，イカのジャーナリストの90％以上はラジオ記者だからである．参加者は1998～2001年の平均で約100人であった．学生に対する研修は1～3年生を対象としており，参加者は2000～2001年の平均で17人である．2000年からイカ大学コミュニケーション学部と協定が結ばれ，4～5年生は実習生としてCODEH-ICAに参加している．

　CODEH-ICAの雑誌 *Codehica* は隔月で刊行されており，A4判20ページ強の中に，ローカルな問題，全国的問題，CODEH-ICAの活動などに関して，1～2ページの短い記事を掲載している．雑誌以外のCODEH-ICAの広報手段としては，テレビ・ラジオのスポット，声明，記者会見，パンフレット，ポスターなどが利用されている．

　キャンペーンとイベントは，CODEH-ICAのすべての部門が参加して行なわれる．1998～2001年には，年に3ないし7回のキャンペーンが行なわれた．テーマは，法治国家，DESC，対外債務，拷問，差別，選挙教育，市民の責任，国内避難民，NATs，民主主義などである．これらのキャンペーンは通常1週間ほど続き，その間に数百人が参加するフォーラムや，より少人数のセミナーなどが開催される．そして最後には，数千人か

ら1万人以上が参加するパレード（pasacalle）や人間の鎖で締めくくられる．

6 4団体の組織と活動の考察

本節では締め括りに，ここで採り上げた4団体の給与・スタッフ，ドナー，アジェンダの変化について，横断的に考察する．

1 給与とスタッフ

IDL以外の3つの人権NGOからは，全職員の給与月額表を入手できた[71]．APRODEHの場合，所長が1700ドル，各分野のチーフクラスが1000ないし1300ドル，その他の専門家スタッフ（註28参照）が350〜750ドルで，フルタイムで最も安い給与は250ドルである．FEDEPAZは5人の弁護士，1人の秘書，1人の会計士（パートタイム）という構成であったが，弁護士の給与は700ドル台前半から1000ドル台前半，秘書の給与は約390ドルであった．CODEH-ICAは2002年4月から大幅に給与を増額した．増額前の給与の最高額は約480ドル（3人），最低額は150ドルであった．増額後は給与の格差が若干拡大し，最高額は610ドル（2人），プログラムのチーフクラスが450ないし550ドル，最低額は213ドルとなった．

一般的にペルーでは，大学出の専門家と清掃・門番などの補助業務従事者との賃金格差が大きく，そのことがペルーの人権NGOにもある程度反映している．また一見してわかるように，CODEH-ICAはリマの団体よりも賃金水準がかなり低い[72]．しかしそれでも，イカの就職状況が非常に悪いので，スタッフを引き留めるのに苦労することはないという（Mirandaインタビュー 2002.8.16）．実際，後掲の表1からは，イカの賃金水準

---

71) 給与表は，FEDEPAZは2001年，CODEH-ICAは2002年，APRODEHはおそらく2001年のものである（FEDEPAZ⑪；CODEH-ICA⑦；APRODEH②）．なお，CNDDHHとIDLの給与水準はおそらくペルーの人権NGOで最も高いという（FEDEPAZスタッフ・インタビュー）．

72) ミランダ事務局長はリマのNGOに関して，NGOが生活のための手段になってしまい，高い給与を要求する傾向があると批判している．

がリマ首都圏と大きく異なることが確認できる．

以上の4団体の給与水準は，他の職業と比較して高いのか低いのか．その手がかりとして表1では，2001年9月の時点におけるリマとイカの一般的賃金水準を示した．

表1　リマとイカの名目平均賃金月額（2001年9月）　　　単位：米ドル

	民間重役[1]	民間ホワイトカラー[1]	民間ブルーカラー[1]	民間平均[1]	国家公務員
リマ首都圏	3,176	612	249	584	250
イカ	1,223	337	149	220	

出典：民間賃金データは労働省のウェブサイト（URL: http://www.mtpc.gob.pe/peel/estadisticas/37.pdf，2004年5月2日アクセス）．為替レートと国家公務員の賃金は国家統計院のウェブサイト（URL: http://www.inei.gob.pe の "Información Económica"，2004年5月2日アクセス）．
註1）10人以上を雇用する企業に対する労働省のアンケートによる賃金を，2001年9月の為替並行市場レート平均額で除した．

FEDEPAZのスタッフによれば，一般的に言えばNGOの賃金は，一般的賃金と比べて少し高いと言える．しかし弁護士に限ると比較は難しい．民間弁護士の収入はピンからキリまであるが，リマで中程度の収入を得ている弁護士の収入は2000ないし2500ドルを超えると考えられる（FEDEPAZスタッフ・インタビュー）．裁判官は2001年10月に大幅に給与が増額され，正式任命の高裁判事で12008ソル（当時の為替レートで3471ドル），地裁判事で9008ソル（同2603ドル）となった[73]．2003年第1四半期の裁判官の賃金の平均は，7276ソル（2003年1〜3月の為替レート平均で2085ドル）である[74]．

また，1980年代のハイパーインフレーションと90年代の経済緊縮政策によって，国家公務員の賃金の一般的水準は非常に低く抑えられているが，フジモリ政権の末期から，いくつかのポストに限って通常の賃金体系とは異なる高賃金が適用されるようになった．現在では各省や国会などにそのようなエリート職員がおり，大学を出たばかりでも数千ドルの給与を受け

73）ソル表示は官報2001年9月28日掲載の緊急政令114-2001号による．ドル表示は2001年10月のレートで除したもの（表1出典の国家統計院のウェブサイトによる）．
74）ソル表示の賃金は司法府のウェブサイト（URL: http://www.pj.gob.pe/transparencia/Personal/I_trimestre_2003/P_Activo.pdf，2004年5月2日アクセス）による．ドル表示の賃金は表1の資料により筆者が計算．

取っている．したがって，APRODEH のカセレス所長によれば，1980 年代には同様のポストに比べて NGO の給与は高かったと言えるかも知れないが，現在はそうとは言えなくなっているという（Cáceres インタビュー）．

しかも，フジモリ失脚後に 2 つの事情が人権 NGO からの人材の流出を加速した．第一に，パニアグア暫定政権発足後，人権 NGO に働いていたかなりの人が新政府の省庁に入った．第二に，やはり民主化後，真実和解委員会や腐敗事件特別国家訴訟代理機関（Procuraduría Ad Hoc Anticorrupción）[75] などが設置されて，多くのポストが新設された．1996 年に設置された人民擁護官事務所も含めて，これらの機関では人権 NGO と同様の仕事をして高給（カセレスによれば APRODEH の 2～3 倍）が得られるので，人権 NGO からスタッフが流出していった[76]．

2　ドナー団体・機関

ここで取り上げた 4 団体は，いずれも海外からの資金に財政的に依存している．まずは 4 団体の資金の出所をそれぞれ見ていこう．表 2，3 は，APRODEH の 1999～2002 年の活動資金の出所を，ドナー団体・機関の種類別にまとめたものである（APRODEH④⑱；Panizo インタビュー 2002. 8. 5）[77]．

IDL については金額の内訳は入手できなかったが，2000～2002 年に資金を提供した団体・機関を種類別に分類列挙しておく（表 4）．

---

75) フジモリ政権下の腐敗・人権侵害を訴追するための機関．
76) ただし真実和解委員会は 2003 年 8 月に解散し，省庁に入った人権活動家もその多くは人権 NGO に復帰している．
77) ドナーの性格は各団体のウェブサイトのほか，Valderrama, Negrón & Picón（2000: p. 6）を参考にした．

表2 APRODEH活動資金のドナー（1999～2002年）[1]

		欧州・カナダ	米　国	国　際[2]
NGO	宗教系	ICCO[3] Diakonia[4] Dan Church Aid[5] Manos Unidas[6] Brot für die Welt[7] Secours Catholique[8] Diakonie Werks[9]	AFSC[22]	—
NGO	世俗系	Heinrich Böll Stifung[10] Oxfam GB[11] ACSUR Las Segovias[12] AI Sweden[13] France Liberté[14] Oxfam Solidarité[15] NOVIB[16]	フォード財団 OSI[23] John Merck Fund IHRIP[24] Oxfam America	AI国際事務局[25]
NGO	連合体[17]	11.11.11[18] KIOS[19] PCS[20] スウェーデン人権NGO財団	—	FIDII[26]
公的機関	政府機関	DFID[21] British Council	—	—
公的機関	超国家機関	欧州連合 欧州共同体	—	—
不明		Proyecto año 1999（2000年の決算表）, Coalition for Amazonia, Misión Canadá, Ayuda Social		

出典：APRODEH④⑱および各ドナー団体のウェブサイトにより筆者が作成．
註1）　同一カテゴリー内での配列は金額が大きい順番．
　2）　多国間または国境横断的連合体が欧州・カナダに限定されている場合には，「国際」ではなく「欧州・カナダ」に分類した．
　3）　オランダ，プロテスタント系．
　4）　スウェーデン，プロテスタント系．
　5）　デンマーク，プロテスタント系．
　6）　スペイン，カトリック系．
　7）　ドイツ，ルター派系．
　8）　カリタス・フランス，カトリック系．
　9）　おそらくドイツのプロテスタント系かと思われる．
　10）　ドイツ，緑の党系．
　11）　イギリス．
　12）　Asociación para la Cooperación con el Sur - Las Segovias. スペイン．
　13）　アムネスティ・インターナショナル・スウェーデン支部．
　14）　ダニエル・ミッテラン財団，フランス．
　15）　ベルギー．
　16）　Nederlandse Organisatie voor Internationale Bijstand. オランダ．
　17）　連合体の加盟団体には宗教系の団体と世俗系の団体が両方参加している．

18) 旧 NCOS，ベルギー．
19) フィンランド人権 NGO 財団．
20) Project Counselling Service. オランダ，スイス，デンマーク，ノルウェー，カナダの NGO の連合体．
21) Department for International Development. イギリス国際開発局．
22) American Friends Service Committee. クエーカー．
23) Open Society Institute. ジョージ・ソロス系．
24) International Human Rights Internship Program.
25) アムネスティ・インターナショナル国際事務局．在ロンドン．
26) Fédération Internationale des Ligues des Droits de l'Homme. 国際人権連合．本部パリ．

表3　APRODEH 活動資金のドナー種類別割合（1999〜2002 年）[1]

		欧州	米国	国際	合計
NGO	宗教系	31%[2]	0%	—	32%
	世俗系	11%	27%	1%	40%
	連合体	13%	—	4%	17%
公的機関	政府機関	9%	—	—	9%
	超国家機関	2%	—	—	2%
合計		66%	28%	5%	99%
不明			1%		1%

出典：表2に同じ．
註1) 数字は1999年から2002年の活動資金の合計額に対する割合を表わす．四捨五入のため，合計は必ずしも一致しない．資料の制約により，1999年については実際に送金された金額，2000年と2001年については決算の数字，2002年については予定送金額に基づいている．したがってこの表は厳密なものではなく，およその傾向を示しているに過ぎない．
2) 宗派別では，プロテスタント系が全体の29%，カトリック系が2%である．

表4 IDL活動資金のドナー (2000〜2002年)[1]

		欧州・カナダ	米 国	国 際
NGO	宗教系	Diakonia[2] Brot für die Welt[3] CAFOD[4] CCFD[5] Misereor[6] Trócaire[7] Christian Aid[8] Broederlijk Delen[9] Manos Unidas[10] Santa María 財団[11]	AFSC[17]	—
	世俗系	NOVIB[12] AIETI[13] Intermón Oxfam[14]	フォード財団 NED[18] IFES[19] Tinker Foundation DPLF[20] OSI[21]	AI国際事務局[23]
	連合体	PCS[15]	—	—
公的機関	政府機関	British Council Irish Aid 英国大使館 カナダ大使館 CIDA[16]	USAID[22]	—
	超国家機関	欧州連合	—	UNICEF

出典：IDL①および各ドナー団体のウェブサイトにより筆者が作成．
註1) 本表に示した海外の団体・機関のほか，ペルー国会，ペルー選挙実施機構 (ONPE)，Prisma（ペルーのNGO）からの収入も資料に記載されていた．
 2) スウェーデン，プロテスタント系．
 3) ドイツ，ルター派系．
 4) Catholic Agency for Overseas Development. イギリス，カトリック系．
 5) Comité Catholique contre la Faim et pour le Développement. フランス，カトリック系．
 6) ドイツ，カトリック系．
 7) アイルランド，カトリック系．
 8) イギリス・アイルランド，プロテスタント系．
 9) ベルギー，カトリック系．
 10) スペイン，カトリック系．
 11) スペイン，カトリック系．
 12) Nederlandse Organisatie voor Internationale Bijstand. オランダ．
 13) Asociación de Investigación y Especialización sobre Temas Iberoamericanos. スペイン．
 14) スペイン．Intermón Oxfam のウェブサイト（URL: http://www.intermonoxfam.org/page.asp?id =778，2004年5月1日アクセス）によれば，イエズス会がその創立（1956年）を推進したが，現在特に宗教色は持たないようである．
 15) Project Counselling Service. オランダ，スイス，デンマーク，ノルウェー，カナダのNGOの連合体．宗教系の団体と世俗系の団体が両方参加している．

16) Canadian International Development Agency.
17) American Friends Service Committee. クエーカー.
18) National Endowment for Democracy.
19) International Foundation for Election Systems.
20) Due Process of Law Foundation.
21) Open Society Institute. ジョージ・ソロス系.
22) U. S. Agency for International Development.
23) アムネスティ・インターナショナル国際事務局. 在ロンドン.

FEDEPAZに関しては，2001年のドナーに関する資料が存在する（表5）．

表5　FEDEPAZ活動資金のドナー（2001年）[1]

		欧州・カナダ	米　国	国　際
NGO	宗教系	Brot für die Welt[2] (15.9%) United Church of Canada[3] (2.0%)	NCC[4] (4.0%)	WCC[5] (36.0%)
	世俗系	―	Oxfam America (10.3%)	―
公的機関	政府機関	―	―	―
	超国家機関	―	―	国連[6] (31.8%)

出典：FEDEPAZ⑪および各ドナー団体のウェブサイトにより筆者が作成．
註1) 括弧内は2001年の送金額全体（125,894.10ドル）に占める割合．
　2) ドイツ，ルター派系．
　3) カナダ，プロテスタント系．
　4) National Council of Churches. エキュメニカル（プロテスタント，正教）．
　5) World Council of Churches. エキュメニカル（プロテスタント，正教）．本部ジュネーブ．
　6) 国連拷問被害者救済基金（United Nations Voluntary Fund for Victims of Torture）．

次に，CODEH-ICAの1999年と2001年の資金提供団体を表6に示す．

表6 CODEH-ICA 活動資金のドナー (1999, 2001 年)[1]

		欧 州	ペルー
N G O	宗教系 カトリック	Misión Diocesana de Navarra[2] Misereor[3] Broederlijk Delen[4] (計 40.7%)	—
	宗教系 プロテスタント	Diakonia[5] Kinder in de Knel[6] (計 25.0%)	
	世 俗 系	Gertrudis[7] Save the Children Sweden (計 25.0%)	Acción por los Niños[9] (3.4%)
	連 合 体	Kinderpostzegels & Kinder in de Knel[8] (5.9%)	—
公 的 機 関		—	—

出典：CODEH-ICA⑪⑬，および各ドナー団体のウェブサイトにより筆者が作成．
註 1) 同一カテゴリー内での配列は金額が大きい順番．
　 2) スペイン，カトリック・ナバラ司教区の宣教団体．
　 3) ドイツ．
　 4) ベルギー．
　 5) スウェーデン．
　 6) オランダ．
　 7) 以前にペルーに住んでいたスイスの女性で，募金を集めて送金している (Miranda インタビュー 2002. 8. 16)．
　 8) 1999 年にはこの 2 団体の名で送金されていた．両者ともオランダの団体で，後者はプロテスタント系であるが，前者は世俗系と思われる．
　 9) Acción por los Niños はペルーの NGO であるが，資金の原資は Save the Children Sweden から出ていると推測される．

　以上の表から見て取れるように，4 団体の資金はほとんど欧米，特にヨーロッパ諸国から来ている．また，NGO から来る資金が圧倒的に多い．もっともヨーロッパの NGO は，宗教系の NGO も含めて政府からの補助金をかなり受け入れているので，間接的な資金提供を含めれば公的機関の役割はここに現れている数字よりもかなり大きい[78]．

　NGO の中では，米国の場合には個人が設立した財団が重要な資金源であるのに対して，ヨーロッパの場合は宗教系の NGO が重要な役割を果た

---

78) 人権分野も含めたペルーに対する民間国際協力全体（政府に対する協力も含む）のデータは Valderrama, Negrón & Picón (2000) に見られる．それによれば，国別で見ると 1999 年の協力額における割合は米国の団体が 30% 近くを占めて一番多いが，ヨーロッパ諸国の団体の合計よりはかなり少ない．同年の民間国際協力全体のうち，人権分野は 11.8% を占めていた．

している．カトリック国のペルーであるが，プロテスタント系の NGO の資金協力も顕著である．FEDEPAZ はエキュメニカルな志向を反映して，エキュメニカルな団体ないしプロテスタント系の団体から資金を集めている．しかし，カトリック系の人権 NGO を母胎として生まれ，カトリック色の強いスタッフを有する FEDEPAZ にはカトリック系の資金が入らず，はるかに世俗色が強い IDL や APRODEH のほうに資金が流れている．

　資金源のうち変わったところでは，USAID がある．よく知られているように，USAID は過去に人権侵害の方法をラテンアメリカの警察に伝授したとして，激しい抗議を惹き起こした前歴がある．しかしクリントン政権になってから米国の国策の変化に伴って，USAID は民主化支援，市民社会支援のプログラムを強化した．人権 NGO のメンバーには左翼出身者が多いので，このような USAID の過去は当然知っている．実際，USAID の資金を受け入れるかどうかで議論があったという（Youngers, 2003: pp. 293-294）．しかし現在では割り切って USAID の資金援助を受けているようである．

　ドナーの資金の大部分は特定のプロジェクトに対して提供され，人件費もそれらのプロジェクト資金から賄われている．若干のドナーは使途を限定せずに団体そのものに資金を提供しており，その資金は，オフィスの維持費，所長や事務部門の人件費，会計監査費，その他予備費的に用いられる（Panizo インタビュー 2002. 8. 5）．しかしそのような資金は非常に少ない．

　ドナーは人権 NGO をかなり事細かにコントロールしている．人権 NGO がドナーに提出する計画書には，年間計画としてプレスリリース 60 回，デモ 3 回，国内出張 2 回，釈放人数 9 人などのように，細かい数値目標を記載する場合もある．プロジェクトの執行中は，通常半年ごとに活動と支出の報告書を提出する．また，毎年会計監査も受けている．CODEH-ICA の場合は，Diakonia が推薦した会計監査法人の監査を受ける．FEDEPAZ の場合には，Brot für die Welt が自己のプロジェクトだけでなく団体全体の監査を義務づけており，Brot für die Welt が指定した会計監査士の中から FEDEPAZ が選んで契約している．これらに加えて数年に一度，プロジェクトまたは団体そのものの外部評価を要請されることもある（FEDEPAZ スタッフ・インタビュー；CODEH-ICA⑯⑱）．

ラテンアメリカ諸国が民主化を果たし，東欧など他地域の注目度が増して，ラテンアメリカのNGOへの国際資金協力は減少した．NGO以外のアクターも同じ資金をめぐって競争しており，NGOが政府の下請けとなる現象も観察される．問題は単に資金が減少していることだけでなく，資金の不確定性にもある．現在の資金の出し方は短期のプロジェクトが中心で地域の優先順位も頻繁に変わるので，NGO側にとっては中長期的計画を立てることが非常に困難である[79]．また，細かい，非同質的なプロジェクトをたくさん抱えるという結果ももたらしている（Valderrama, 1999）．

3　アジェンダの変化

　1980年代から90年代初頭にかけて，ペルーの人権NGOは，大量の虐殺，強制的失踪等の問題にかかりきりになっていた．しかし政治的暴力が減少した1990年代後半以降は，人権NGOは新たな活動に乗り出す機会と必要性を提起され，古典的アジェンダ以外への取り組みの比重を高めた．新しいアジェンダの内容は一様ではないが，1990年代半ばから現れている1つの方向性は，DESCの強調である．

　本章で調査の対象とした4団体についてアジェンダの変化を見ると，APRODEHの場合は1990年代前半からDESCを強調している．しかしその仕事の内容は調査・記録・出版などのアドボカシー活動に限定されており，開発NGOのような事業を実施するものではない．

　IDLの場合，IDL自身の整理によれば，2000年までのIDLの歴史は2つの時期に明確に分かれている．政治的暴力の問題にほぼ集中した1983〜1994年と，政治的暴力のアジェンダを維持しながらも，民主主義と権威主義との緊張が中心的軸となった1995〜2000年である．IDLは民主主義のテーマに関連して，一般犯罪に対する治安政策，民軍関係改革，司法改革，市民による行政の監視などに取り組むようになってきている．DESCを重視する方向性とは反対に，IDLは今後も市民的政治的権利と

---

79)　特定の会議の開催などその場限りのプロジェクトを除けば，個々のプロジェクトの継続期間は2〜3年が多いようである．IDLの場合，プロジェクトの更新率は約4分の3だというが（Lovatónインタビュー），それでもデラハラは外国からの資金に依存することで困る点として，プロジェクトの継続性を気にしなければならないことと答えている（De la Jaraインタビュー）．

民主主義を重視することに決めており，DESC については生命・身体の安全・身体の自由のような基本的権利が脅かされた場合にのみ取り上げる方針である[80]．また IDL は，民主主義，司法，法治国家の分野でシンクタンクとしての機能を強化する方針も決めている（IDL④⑦: pp. 19-20; Lovatón インタビュー）．

　生命・身体の安全・身体の自由の権利を中心とし，しかも法的支援に重点をおいて活動してきた FEDEPAZ にとって，環境の変化はとりわけ重くのしかかってきた．ペルーの政治的暴力が残した問題についてドナーの関心は薄れつつあるし，無実の囚人も国内避難民もそのうちいなくなる．ペルーではフジモリ政権の強権化のためにドナーの関心が南部南米諸国よりは長く繋ぎとめられたが，ペルーが民主化した現在，ドナーの資金提供意欲が今まで同様続くかどうかは疑問である．司法改革の資金は通常政府を経由するし，USAID の資金は規模が大きすぎて，他の NGO とコンソーシアムを組むのでなければ申請は難しい．

　2001 年の FEDEPAZ の活動計画は，政治的暴力関連事件の引き受けを制限する方向を打ち出すとともに，新たな分野への進出を提案した．しかし DESC に乗り出す方向は取らず，環境保護，人種差別，法治国家（民主主義，司法制度，市民参加），先住民の権利，持続的発展などのテーマのうちから外国の資金を模索することとした．FEDEPAZ は，新分野に進出できない場合には閉鎖もあり得るという厳しい見通しを持っていたが，結果として 2001 年から環境に関する新プロジェクトを開始したことはすでに述べたとおりである．しかし将来に関する FEDEPAZ の懸念は一部現実化し，2004 年には資金不足のために正規職員の一部が休職を迫られる事態に陥っている[81]．

　CODEH-ICA の活動は，これまでも DESC の内容を含んでいた．しかしミランダ事務局長は，これまでの活動が市民参加という市民的政治的権利に偏っていたと感じており，これからは DESC に重点を移すと表明している（Miranda インタビュー 2002. 8. 16; Miranda, 2002）．

---

80)　ロバトンはそのような例として，ミルクに毒物が混ざっていて子どもが死亡した事件を挙げている．
81)　FEDEPAZ に関しては FEDEPAZ⑨⑩，Bazán インタビュー（2002. 8. 28）のほか，イバン・バサンからの私信による．

最後に，ドナーのアジェンダの変化は人権 NGO にどのような影響を与えるのだろうか．資金を獲得する必要から現地の NGO が活動の優先順位を変えることはないのだろうか[82]．どの団体のどのインタビューでも，この点に関する答は決まって明確なノーであった．彼らの論拠はそれなりに説得的であった．IDL で最も資金がつきにくいのは雑誌 *Ideele* であるが，IDL はプロジェクトに縛られない自己資金で *Ideele* の刊行を続けている．女性のテーマなら資金を取るのは容易であるが，APRODEH はそれに乗り出そうとしていない（Lovatón インタビュー；De la Jara インタビュー；Rivera インタビュー 2002. 8. 1；FEDEPAZ スタッフ・インタビュー；Panizo インタビュー 2002. 8. 2）．すでに述べたように FEDEPAZ は組織の存続に強い危機感を懐き，新しい分野として 2001 年から環境に手を付けた．しかしその FEDEPAZ でさえ，環境を扱う構想は最初から存在した（Burneo インタビュー；FEDEPAZ①④）．ペルーの人権 NGO がドナーのアジェンダの変化をまったく考慮しないと考えるのは非現実的であろうが，少なくともこれまでのところ，ドナーの意向がここで取り上げた人権 NGO のアジェンダを大きく左右したことはなさそうである．

ただし，ドナーと人権 NGO の関心が一致して変化し，人権 NGO が未解決の問題から時期尚早に撤退することはありうる．たとえば無実の囚人の依頼はまだなくなっていないが，ほとんどの人権 NGO はもはや新規の事件を受理していないという（Bazán インタビュー 2002. 8. 6；FEDEPAZ⑩:p. 6）．また，人権 NGO 側の優先順位が変化しなくても，それがドナーの優先順位と合わなくなれば資金が供与されず，したがってその仕事が放棄されることは言うまでもない．FEDEPAZ の資金難はそれを物語っていると言えよう．

---

[82] ペルーの開発 NGO に関する研究において，NGO は女性，エコロジーなどドナーの優先順位に従って自己の優先順位を頻繁に変えているようだと評されている（Delpino & Pásara, 1991: pp. 156-157）．またチリの場合も，軍政終結後，民主化運動を担ってきた NGO に対する資金の流入が激減し，資金が政府に流れるようになった．その結果，生き残るために心ならずも活動内容を変える NGO が多かった．具体的には，政府が行なう社会政策の下請けとして，他の営利企業と同じ土俵で入札するようになり，研究・提言型の活動を続けることは難しくなったという（Leiva インタビュー 1997. 7. 7）．

【文献表】

I 一次文献

APRODEH関係資料

① 組織図．2002年の改組前とそれ以降のものの2種類．APRODEHにより提供．
② 給与表．2002年8月受領．
③ "Personal de APRODEH." 全職員の名前と専門と職務の表．2002年8月受領．
④ 1999〜2001年の収支決算表．2002年8月受領．
⑤ "Fundadores de APRODEH." 2002年8月受領．創立社員の名前と専門を記載．
⑥ タイトル不明のAPRODEH紹介文書のコピー．1985〜86年の予算額の記載あり．
⑦ "Perfil institucional." 2002年8月受領．
⑧ "Plan Trienal 1997–1999."
⑨ "Plan Trienal 2000–2002"（enero 2001）．
⑩ "Informe de actividades y evaluación del trabajo realizado años 1987 1988."
⑪ "Informe de actividades, primer semestre 1998（Enero-Junio 1998）"（julio 1998）．
⑫ "Informe de actividades julio-diciembre 1998"（enero 1999）．
⑬ "Informe semestral de APRODEH（Enero-Junio de 1999）."
⑭ "Informe semestral de APRODEH（Julio-Diciembre de 1999）."
⑮ "Informe de actividades primer semestre 2000."
⑯ "Informe de actividades del segundo semestre 2000."
⑰ "Informe de actividades : Período Enero-Diciembre 2001"（enero 2002）．
⑱ "Ejecución presupuestaria（Durante el período enero a junio del 2002）."

CODEH-ICA関係資料

① CODEH-ICA紹介パンフレット．
② Cursos para Candidatos のパンフレット．
③ 現行 Estatuto.
④ Libro Padrón de Asociados.
⑤ "Padrón de Socios." ワープロ書式のコピー．
⑥ "Libro de Actas."

⑦給与表（2002年）.
⑧"Programación 1999."
⑨"Plan operativo anual 2000."
⑩"Plan operativo anual 2002."
⑪1999年度会計報告.
⑫2000年度会計報告.
⑬2001年度会計報告.
⑭Jaime Márquez Calvo, "Informe de evaluación del proyecto : Comisión de Derechos Humanos de Ica (1992-1998)" (noviembre de 1998).
⑮Comisión de Derechos Humanos de Ica, "Informe institucional período 1998-2000."
⑯"Memoria del Presidente de CODEH-ICA (1998. 1-1999. 6)."
⑰"Memoria del Presidente de CODEH-ICA (1999. 6-2000. 6)."
⑱"Memoria del Presidente de CODEH-ICA (2000. 6-2001. 6)."
⑲"Memoria del Presidente de CODEH-ICA (2001. 6-2002)." 2002年6月23日付け.

FEDEPAZ関係資料
①登記書類.
②"Evaluación 1993 Programación 1994" (enero 1994).
③"Evaluación 1995 Programación 1996" (febrero 1996).
④"Evaluación 1996 Programación 1997-1998" (febrero 1997).
⑤"Informe sobre situación de derechos humanos en el Perú y actividades institucionales durante el año 1997" (abril 1998).
⑥ "Informe sobre la situación de derechos humanos en el Perú y actividades institucionales durante el año 1998."
⑦ "Informe sobre la situación de derechos humanos en el Perú y actividades institucionales durante el año 1999" (abril 2000).
⑧Iván Bazán Chacón, "Situación actual y derechos humanos : Actualización al Informe de 1999" (1 setiembre 2000).
⑨"Evaluación del año 2000. Plan de trabajo para el año 2001. Orientaciones para el período 2002-2005" (abril de 2000 (sic.)).
⑩"Evaluación del año 2001. Programación de actividades del año 2002" (abril 2002).
⑪"Informe de auditoría 2001."

IDL関係資料
①ドナー団体と予算総額の一覧表（2000～2002年）.
②"Proyecto Trienal del Instituto de Defensa Legal (1997-1999)."

③"Informe anual de actividades período 1999."
④"Proyecto Trienal del Instituto de Defensa Legal（2000-2002）."
⑤"Actividades Realizadas Año 2000."
⑥"Actividades Realizadas Año 2001"（enero 2002）.
⑦"Proyecto Trienal（2002-2004）"（octubre 2001）.

Ⅱ　二次文献

De la Jara Basombrío, Ernesto, 2001, *Memoria y batallas en nombre de los inocentes*（Lima）.

Delpino, Nena & Luis Pásara, 1991, "El otro actor en escena : Las ONGDs," en Luis Pásara et al., *La otra cara de la luna*（Buenos Aires）.

Drzewieniecki, Joanna, 2002, "La Coordinadora Nacional de Derechos Humanos de Perú," en Aldo Panfichi（coord.）, *Sociedad civil, esfera pública y democratización en América Latina : Andes y Cono Sur*（México）.

Gavilán, Silvia, s. f., *Defensorías Escolares : Promotores Defensores Escolares*（s. l.：[CODEH-ICA]）.

Ideele. IDL 発行の雑誌.

Manual : Gestión de Municipios Escolares, s. f.（Arequipa, Perú : Asociación Proyección）.

Miranda Azpíroz, José Manuel, 2002, "20 años promoviendo la defensa de los dd. hh. del pueblo iqueño," *Codehica*, no. 72（marzo-abril 2002）, pp. 18-19. インタビュー記事.

Organizaciones para el funcionamiento del Municipio Escolar, 1996（Arequipa, Perú）.

Shifter, Michael, 2000, "Weathering the Storm," in Mary McClymont & Stephen Golub（eds.）, *Many Roads to Justice*（New York）.

Valderrama, Mariano, 1999, "Latin American NGOs in an Age of Scarcity," Paper presented at the III International NGO Conference at Birmingham, January 1999.

Valderrama, Mariano, Federico Negrón & Mario Picón, 2000, "La contribución de la cooperación internacional privada al desarrollo del Perú"（Lima）.

Valdez, Patricia Tappatá de, 1991, "Evaluación de las respuestas de las organizaciones no gubernamentales de derechos humanos a la violencia política en el Perú, durante el período 1980-1986. Recomendaciones para su actuación futura. Versión provisional"（mimeo）.

Vega Mere, José Francisco, 2001, "Perú," en José Luis Piñar Mañas (dir.), *El tercer sector iberoamericano* (Valencia).

Viñé, Javier et al., s. f., *El reto de una educación y metodología alternativa para los NNAT's* (s. l.: [CODEH-ICA]).

Youngers, Coletta, 2003, *Violencia política y sociedad civil en el Perú* (Lima).

Youngers, Coletta A. & Susan C. Peacock, 2002, "Peru's Coordinadora Nacional de Derechos Humanos" (Washington, D. C.: WOLA).

Ⅲ インタビュー

* CODEH-ICA およびそのスタッフとのインタビューはイカで，Leiva Montenegro とのインタビューはチリのサンティアゴで，それ以外のインタビューはすべてリマで行なわれた．肩書きはインタビュー当時のもの．

BAZAN CHACON, Iván Arturo（FEDEPAZ 所長）　2002. 8. 6; 8. 8; 8. 28

BURNEO LABRIN, José（真実和解委員会勤務．FEDEPAZ の古参弁護士）2002. 8. 12

CACERES VALDIVIA, Eduardo（APRODEH 所長（Director General））2002. 8. 8

CODEH-ICA 会計士　2002. 8. 16

CODEH-ICA 社会部門スタッフ（Blanca Vera, Alejandro Ramos）　2002. 8. 15

De LA JARA BASOMBRIO, Ernesto（IDL 所長）　2002. 8. 6

FEDEPAZ スタッフ（Iván Bazán Chacón, David Velazco Rondón, Rosa Quedena, Walter Chiara Bellido, Javier Jahncke）　2002. 8. 2

GAVILAN HUACCHO, Silvia B.（CODEH-ICA 法部門責任者）　2002. 8. 15

HUAYANCA, Rosario（CODEH-ICA 報道宣伝部門責任者）　2002. 8. 16

JIMENEZ, Sofía（APRODEH 秘書室長（Secretaria Ejecutiva））　2002. 7. 25; 8. 5; 8. 22

LEIVA MONTENEGRO, Cecilia（キリスト教ヒューマニズム・アカデミー大学（Universidad Academia de Humanismo Cristiano）農業研究グループ（Grupo de Investigaciones Agrarias）長）　1997. 7. 7

LOVATON PALACIOS, David（IDL 副所長）　2002. 8. 7

MIRANDA AZPIROZ, José Manuel（CODEH-ICA 事務局長）　2002. 8. 14; 8. 15; 8. 16

PANIZO MUNIZ, Liliana（APRODEH 事務長（Administradora））　2002. 7. 25; 8. 2; 8. 5; 2004. 7. 21

RIVERA PAZ, Carlos（IDL 弁護士）　2002. 8. 1; 8. 23

SILVA FLORES, Carlos（CODEH-ICA, NNAT's プログラム責任者）　2002.

8. 16
SOBERON GARRIDO, Francisco（CNDDHH 事務局長（Secretario Ejecutivo），元 APRODEH 所長）　2002. 8. 5 ; 8. 7 ; 8. 29 ; 2004. 8. 11

第2章

障害児の出生をめぐる法的言説
ペリュシュ論議における民法学説の位相

大村 敦志

1 発　端

1 事　件

(1) ペリュシュ判決

「すでに著名な一つの大法廷（全部会）判決（Un arrêt déjà célèbre de l'Asseblée plénière）」．先年長逝したJ・カルボニエは，その家族法教科書の最後の版（2002年の第21版）に，ペリュシュ判決と呼ばれる2000年11月17日破毀院大法廷（全部会）判決に関するコメントを織り込む際に，この判決をこのように形容している．

　すぐ後に述べるように，この判決をめぐっては，激しい論争が展開されることとなった．カルボニエの教科書に掲げられた判例評釈の長いリストを見るだけで，この判決がフランスの民法学界に及ぼしたインパクトは容易に想像されるだろう．やや特殊な雑誌や単行書を除きおなじみの判例雑誌に限ってみても，この判決を論評したのは，シャバス，ラブリュス＝リウ，ゴベール，マゾー，ジュルダン，テレ，メムトー，ヴィネー，ゴチエ，エネス，オゼ，オベール．これに，ファーブル＝マニャンの論文が付け加えられる．ヨーロッパ人権法の専門家であるメムトー以外は，当代を代表する民法学者たちがきら星のように連なっている．

ファーブル＝マニャン教授はこうした状況を評して,「ペリュシュ事件はおそらく, 民法学者がずっと前から知っているべきであった最も刺激的な (le plus stimulante) 事件の一つである」と述べている. 顧みれば確かにそう言えるだろう. しかし, 多くの民法学者がこの時期になって論争に参加したのはなぜなのか. この点を明らかにすることは, 本章の課題の一つである. しかし, 本章の課題を提示するに先立って, まずはこの事件の経緯を簡単に紹介しておこう.

(2) 事件の経緯

ここでもファーブル＝マニャンのまとめによることにしよう. 彼女は, 論文の最初の注において, 事件の経緯を次のようにまとめている.

「ペリュシュ夫人は, 妊娠当時, 彼女の娘が感染していた風疹に自分も感染したことを恐れ, 検査をしてもらった. 医師と検査施設の過失 (faute) の結果このリスクの疑惑は誤って退けられてしまい, 彼女は, 非常に重い障害を負ったニコラを出産した. パリ控訴院は 1993 年 12 月 17 日の判決において, ペリュシュ夫人の抗体検査に際して医師と検査施設は契約上の過失を犯したとして, 夫人の損害, すなわち子どもが子宮内において風疹に感染したために重大な後遺症を負ったという損害は, 風疹に感染している場合には夫人は人工妊娠中絶に訴える決断をしただろうと思われ, かつ, 上記の過失によって彼女は免疫があると誤信した以上, 賠償されなければならないとした. しかし, 子どもの損害に関しては過失との間に因果関係がないとされた. この判決は, 破毀院によって, 子どもの損害に関する部分だけが破毀された (1996 年 3 月 26 日破毀院第 1 民事部判決). しかし, 移送を受けた控訴院の判決 (1999 年 2 月 5 日オルレアン控訴院判決) は, この点に関して判断を改めることを拒み『ニコラは, 過失との間に因果関係があるところの賠償されるべき損害を被っていない』と判示した. そして, この判決は, 破毀院大法廷 (全部会) によって破毀された.『しかしながら, 医師と検査施設が P 夫人との間で締結された契約の履行に際して犯した過失によって, 同夫人が障害を負った子の出生を避けるために妊娠中絶を選択することが妨げられた以上, この子は, 障害に由来し, 当該過失による惹起された損害の回復を求めることができる』.」

この判決を契機に，メディアにおいては，後に述べるような激しい論争が展開されることになる．他方，これも後述するが，後続の判例が続いたために，立法者の介入がなされることとなる．「2002 年 3 月の法律は，子どもの出生という事実のみに基づく医療責任という考え方を否定することによって論争を閉じようとした」（カルボニエ）のである．

　ペリュシュ判決は，すでに日本でも様々な観点から紹介されている．すなわち，事件のすぐ後に来日したルヴヌール教授による紹介に続き，保険法学者（山野，2001, 2003），民法学者（中田，2001），憲法学者（石川，2002．なお，現時点では未公表であるが［後に公表．樋口，2004］，2004 年 2 月 14 日に広中俊雄教授主宰の民法理論研究会において樋口陽一教授により「人間の尊厳 vs 人権？——ペリュシュ事件をきっかけとして」と題する報告が行われている．同研究会の聴講を許可して下さった広中・樋口両教授にこの場を借りてお礼を申し上げる），比較法学者（滝沢，2003）による紹介が現れている．

　ペリュシュ判決に対する諸評釈の内容，その後の判例・立法の動向などに関しては，上記の諸研究においてほぼ紹介がなされている．そこで本章では，これらの点については，先行研究を利用しつつ必要に応じて簡単に触れるにとどめたい．では，本章はどのような点に重点を置くのか．先に留保した本章の課題につき，項を改めて，簡単に触れておくことにしよう．

2　事件への関心

(1)　社会運動の文脈で

　本書所収の第 8 章で取りあげたパクス法は，外観上は共同生活をしようとするカップルであれば，異性・同性を問わず適用されるが，それが同性愛者たちの運動の成果であったことは否定すべくもない．これに対して，ペリュシュ論議は，障害者たちの権利の擁護という文脈でとらえることができる．実際のところ，後述のように，ペリュシュ判決に対しては，障害者団体から激しい批判が寄せられた．

　むろんパクス法においてそうであったように，議論は普遍的な価値をめぐる争いとして展開された．このことは，ペリュシュ論議が少数者による承認の要求をめぐって戦わされたものであることと矛盾しない．むしろ，「生命の価値」か「中絶の自由」か，「人間の尊厳」か「生まれない権利」

かといった基本原理（生命倫理）のレベルでの争いが，（政治的な運動と並んで）展開された点に，フランスらしさがあるとも言える．この点は，1990年代の人工生殖論議の際にも見られた特色であるとも言えるが，本章がまず関心を持つのは，このような議論のあり方についてである．学説の趨勢や判例・立法の展開をフォローするにあたっても，こうした観点を重視したい．

(2) 法形成の文脈で

ペリュシュ判決が世論の関心を集めた発端は，一般紙『ル・モンド』紙上に，この判決に反対する法学者たちの連名のアピールが掲載されたところにある．憲法学者は別として，民法の研究者たちがこのようなふるまいに出ることは，フランスでは異例のことである．少なくとも少し前までは考えにくいことであったと言ってもよいだろう．このようにいわばメディア化された論争を仕立てて遂行したことは，民法学者たちにとっていかなる意味を持つのか．

また，ペリュシュ判決は，立法によって覆されることになるのだが，逆風の中で破毀院はなぜ判例変更をしなかったのか，「反ペリュシュ法」はどのようにして制定されたのか．本章においては，判例と立法との相互関係にも着目したい．

ここでもパクス法との対比が有効である．パクスに関しても，出発点は1989年の破毀院判決にあった．その後10年にわたり，これを覆すための立法が徐々に模索されたわけだが，この過程において民法学者はほとんど積極的な役割をはたしていない．これに対して，ペリュシュ論議に関しては，全く異なる反応が生じたことになる．こうした論争の経緯を提示して評価することが，本章のもう一つの関心事となる．

2 論　　争

1 新　　聞

(1) 異例の声明

ペリュシュ判決が現れてからわずか1週間後，すなわち2000年11月

24日付の『ル・モンド』紙には,「損害としての人間の生命」という見出しとともに,ラブリュス＝リウとマチューの連名による論文（アピール）が現れた．それ自体は短いものであったが,二人の筆者以外に28名の法学関係者が名を連ねる（家族法改正のための報告書を執筆したデュケヴェ＝デフォッセ,パクス法の立法過程で検討を依頼されたオゼなど著名教授も含む）異例のものであった．

その内容はおおむね次のようなものであった．彼らは,重度の障害者を養う人に援助を与えるべきではあるが,障害を負って生まれてきた子ども自身に賠償を与えることには大きな疑義があると主張した．その理由としてあげられたのは,まず,障害は「自然（nature）」に由来するのであって医師の過失によるものではないこと,またそれ以上に,ここでの「損害」は生まれたことになるが,「生まれたこと（être）」と「生まないこと（non-être）」を比較するのは困難かつ不適当であること．賠償を認めるというのは,「出生前の安楽死（euthanasie prénatale）」「正常に生まれる義務（devoir de naitre normal）」を認めることに通ずるが,これは「人間の尊厳」に反することになる．「法の人間的・倫理的働き（fonction anthoropologique et éthique du droit）」を考慮に入れるならば,こうしたことは受け入れがたいというのである．

(2) 世論の反応

上記のようなやり方でのアピールに疑問を呈するゴベールの表現を用いるならば,「ある一人の法学者が通常のやり方で大新聞に意見を発表する分には,単に意見を述べたかっただけだと理解することもできる．しかし,30名もの法学者が,その地位を用いて同じことをすれば,それは制度的に論争を惹起しようとしたものと解される」．

そして,現実の推移は,アピールを行った人々の思惑通りになった．同一の事件に対して1996年に下された最初の判決に関しては全く生じなかったような世論の喚起が実現したのである．「法律雑誌からインターネットまで,新聞雑誌からテレビまで,ラジオから書物まで」（テリー）,そして,おそらくは「（日常の）会話や手紙」（ジェスタツ）をも含めて,そこここでこの問題が論じられた．この事件を「ドレフュス事件」に比す向きがあるのも理由のないことではない．「ドレフュス派（dreyfusard）」と「反

ドレフュス派（anti-dreyfusard）」が対立したように，ここでも「ペリュシュ派（perruchiste）」と「反ペリュシュ派（anti-perruchiste）」は激しい対立を見せたのである．

2　法律雑誌

(1)　初期の状況

　上記のアピールからさらに2週間ほどのち，2000年12月8日付の法律専門紙『プチット・アフィシュ』には，ゴベールのアピール批判が現れる．「破毀院は晒し者（pilori）とされるに値するか？」と題された彼女の論文は，「破毀院大法廷（全部会）を世論の面前へと召喚した30人の法学者たちの責任は大きいと言わなければならない」と断罪する．彼女は，医師が母親に対して過失を犯しており，損害が発生していることを認めるならば，この契約上の過失を根拠に，第三者である子について不法行為上の過失ありとすることは可能であるし，また，母親に損害がある以上は子にはもちろん損害があると論じた．さらに，「人間の尊厳」に関しては，子どもの人格を消し去ってしまう批判者たちとこれに反対する破毀院のどちらがそれを尊重していると言うべきかと問うた．

　かたやラブリュス=リウ，こなたゴベール，いずれも全国生命倫理諮問委員会（CCNE）の委員を務めたこともあるスペシャリストである．また，それぞれパリ第1大学，第2大学の教授であり，高い威信を有する民法学者として知られている．この二人を領袖にいただいて，学説上もペリュシュ派・反ペリュシュ派の対立軸が形成されることとなった．

　しかし，早い時期に評釈（あるいはこれに準ずる論文）として発表された意見を見る限り，ゴベールの奮闘にもかかわらず，反ペリュシュ派が優勢であった．諸見解は，中田裕康教授によって，次のように簡潔・的確にまとめられている．

　　「ラブリュス=リウとマチウは多数の法学者の名を添え，いち早くル・モンド紙に批判を投じ，シャバスも直ちに反対評釈を書いた．テレは因果関係，胎児の法人格，結論の危険性などの点で批判する．エネスは移送審（パリ控訴院）が損害の存在と証明の点で新たに判断をすることを促し，リプシャベルも移送審が損害の評価によってなしう

る抵抗を示唆する．ヴィネは，かつては，子についても障害を損害と解して，子の請求も親の請求と同一の要件・限定の下に置くべきだとし（親が賠償金を横取りする危険を指摘），親と子の請求のどちらも否定するか，どちらも認めるかだとしたうえ，これを認める社会的有用性を述べたが，本判決後，いずれも否定する立場に転じ，懲罰的損害賠償による解決を示唆する．オゼは，父母の利益と子の利益は別だという．マゾーは冷静な議論を求めつつ否定説をまとめる（子に対する親の請求は過失の点で退けられるという）．肯定説は，ジュルダン，オベル（妊娠の中絶の権利に由来する，障害をもって生まれることのない胎児の権利を顧慮）などであり，ジュルダンは破毀院判決を支持する陣営も形成されているという．」

(2) 重点の移動

　以上のように，少なくとも当初は「反ペリュシュ派」が優勢であったが，時間の経過につれて，状況は少しずつ変化を見せ始める．少し遅れて現れた著書・論文類は，ペリュシュ判決および論争をより客観的に分析しようと試みているからである（賛否についていえば，「ペリュシュ派」に好意的なものが増えている）．

　それらの多くは，論争のあり方を論ずるメタ・レベルのものであるが，中には対象レベルに定位して，論争に加わるものも見られる．ここでは，その代表格として，すでに引用したファーブル＝マニャンの論文の内容を見ておきたい．これによって，ややヒートアップした議論が沈静化に向かう様子を窺うことができるだろう．

　ファーブル＝マニャンは，ペリュシュ判決は様々な誤解の対象となっているとする．この判決は難問に取り組もうとするものであり「晒し者」にされるべきものではない．そもそも，障害者団体が主張するのとは異なり，この判決はある種の障害者は生きていない方がよいなどとは述べていない．こうして彼女は，ペリュシュ判決を救い出そうと試みる．ただし，そのためには理由付けにつき再検討が必要だとするのである．

　ファーブル＝マニャンは，不法行為の要件である過失・損害・因果関係の3つに分けて議論を進めるが，出発点として次の事実を確認する．それは，実定法により「中絶の自由」が承認されており，この自由が害されて

いれば賠償の対象となるという事実である．そして，彼女が得意とする情報提供義務の観点から過失を基礎づける．ここで重要なのは，子の損害について医師に過失を認めても，そのことから直ちに，子は母親の行為（中絶をしなかった）についても過失を主張しうるという帰結にはならないとしている点である．損害に関しても同様の議論が展開される．健常者が事故によって障害を持つようになった時に賠償が認められることからすれば，障害が損害にあたることは当然である．しかし，生まれたことが損害であるわけではない．

さらに，因果関係に関しても興味深い指摘がなされている．通常の場合には，加害者が介在せず，そのままの状態で推移すれば，損害が生じなかったかどうかが判断される．ところが，医療の場合には，被害者は病人なのだから，そのままの状態で推移すれば，損害が生ずるのがむしろ普通なのであり，医師の任務はこの通常の推移を遮断する点に存する．つまり，「自然（nature）」が損害と評価される結果をもたらすのを阻止できたかどうかによって，因果関係が判断されることになるとしている．また，問題は，適切な情報を与えられていれば母親は中絶したかどうかではなく，中絶の自由が害されたか否かであるとしている．

ファーブル＝マニャンは「生まれる権利」とか「生まれない権利」を論ずることは法的に意味がないとする．彼女によれば，重要なのは，「中絶の自由」を擁護したり，逆に，障害児を産む決断をした人を批判したりすることを避けることである．

こうして学説は，ある種の落ち着きを取り戻すのだが，実定法の方はさらなる展開を見せる．その様子についても概観しておこう．

3　展　開

1　後続判例

(1)　2001年7月判決

様々な議論がなされる中，破毀院大法廷（全部会）は，2001年7月13日に3件の判決を下した．これらはいずれも，超音波診断（およびその結

果の解釈）における過失が原因で，母親が中絶の機会を失った場合に障害を持って生まれた子は，自らの名において損害賠償を請求できるかが争われた事件であったが，破毀院は，損害賠償を否定した三つの控訴院（メッツ，ヴェルサイユ，エクス・アン・プロヴァンス）の判断を肯定して，上告を棄却した．

これだけの簡単な説明からも窺われるように，事案はペリュシュ判決と類似したものであった．これらの判決において，破毀院は，結論としては損害賠償を否定したものの，判断枠組みとしてはペリュシュ判決を踏襲した．三つの判決は，すべて同じ内容の次のような表現を用いた．「障害を持って生まれた子は，当該損害が，その母親との間で締結された契約の履行において医師が犯した過失と直接の因果関係を持ち，かつ，当該過失によって母親が人工妊娠中絶を選択することができなくなった場合には，障害に由来する損害の賠償を求めることができる．治療のための中絶の場合には，公衆衛生法典2213-1条の定める医学上の諸条件が充足されていなければならない．しかし，この点が認定されていないので，他の点について判断するまでもなく，控訴院の判断は正当であると言える．」

このように，ペリュシュ判決の原則は維持されつつ，事案の区別がなされたが，これにはいくつかの疑問も投げかけられた．破毀院は，世論の関心を考慮に入れてであろう，この判決に関するコミュニケを発表している．しかし，そこでも，「医学上の諸条件の充足」の内実（二人の医師の意見を徴することが必要）が条文に即して説明されるとともに，この点が因果関係の問題として理解されていることが示されるにとどまっている．この点で，同判決はいずれの陣営をも満足させない判決とも評された（シャバス）．

(2) 2001年11月判決

7月判決は，文字通り原則を再確認したものであるのか，それとも，判例変更への密かな一歩であるのか．この点には全く疑問がないわけではなかった．しかし，破毀院は，三度大法廷を開いた．2001年11月28日に今度は損害賠償請求を認容する方向の二つの判決が下されたのである．

二つの事案は，紛争の経緯を異にするものの，いずれも「三染色体性（trisomie21）」──21番目の染色体が三つに分かれてしまうことによるもので，ダウン症をもたらす──と呼ばれる染色体異常に関するものであっ

た．破毀院は，医師がこの兆候を見逃したのには過失があり，当該過失と母親が中絶の機会を失ったこととの間には直接の因果関係があるとし，かつ，治療のための中絶の要件は，一方のケースでは問題にされておらず，他方のケースでも満たされたであろうとした．

なお，破毀院は，選択の機会につき，単に中絶の機会とするのではなく，中絶をしないとしても，障害児の誕生を迎える準備をする機会を失ったことを付け加えている．他方，損害は，機会の喪失ではなく障害によるものであるとしている．前者はともかくとして，後者に関しては，7月判決とあわせて，学理的にはなお検討の余地を残している．

とはいえ，この判決の登場によって，破毀院の立場は最終的に確立されたと言うことができる．しかし，このことはかえって，それまでにきざしていた反ペリュシュ立法への動きを加速する結果となった．

2 反対立法

(1) 立法の経緯

2002年3月4日，「患者の権利及び保険衛生制度の質に関する法律」が成立した．この法律は，5章126ヶ条からなる大きな法律（官報でも40頁に及ぶ）であるが，中でも「障害者に対する連帯」と題する章が設けられて，そこでペリュシュ判決が否定されたため，「反ペリュシュ法」と俗称されている．このような立法に至った経緯はすでに紹介されているが（石川，2002；門，2003），おおむね次の通りである（具体的な立法資料は，http://www.senat.fr/evenement/dossier_perruche.html にまとめられている．本章では，このサイトと『コマンテール』掲載のゴベール論文を参照している．このサイトには，2001年12月18日に行われた元老院の聴聞会の記録も収録されているが，反ペリュシュ派のラブリュス=リウ，ペリュシュ派のゴベール，ペリュシュ判決に関係したサント=ローズ破毀院付検事が意見を述べているほか，障害者擁護運動団体の代表3名から意見聴取がされているのが注意を引く．なお，政府・CCNE・マスコミ・医師会その他の関連サイトにもリンクがはられている．ただし，それらの一部はすでに閉じられている）．

まず，ペリュシュ判決が現れてまもない2001年1月から，生命倫理のスペシャリストとして知られるマテイ議員（国民議会）などが議会で，出

生の事実のみを根拠に損害賠償を得ることを禁ずる規定を民法 16 条に付加する提案を行った．しかし，政府の意向に従い，マテイ案は議会において退けられた．

その後，3 月に，雇用＝連帯担当大臣のギグーが，全国倫理諮問委員会 (CCNE) に諮問を行い，6 月には同委員会が意見 (avis) を発表したのをはさんで，破毀院の 11 月判決頃には議会には複数の立法案が提出された．なかでも，マテイ議員はほかの 2 議員とともに，2001 年 12 月 3 日に，「国民連帯および先天的障害の賠償に関する法律案」を提出した．それまで慎重な姿勢を維持してきた政府＝社会党もこの流れに抗しきれず，翌 2002 年 1 月 10 日に上記法案に対する修正案を提出し，審議に入った．この法案は直ちに可決され，最終的には，従前より審議されていた「患者の権利に関する法律案」の第 1 章に挿入されたのである．

(2) 立法の内容

次に，成立した法律のうち関連の規定だけを見ておこう（第 1 章は 2 ヶ条のみからなる）．第 1 条は次のように定めている．

「①何人も出生の事実のみをもって損害を主張することはできない．

医療上の過失による障害を持って生まれた者は，過失による行為が直接に障害を生じさせ，加重し，または軽減のための措置を妨げた場合には，損害賠償を請求することができる．

医師または医療機関がその明らかな過失によって妊娠中に発見できなかった障害をもって生まれた子の親との関係で問題となる場合には，親は，その固有の損害の賠償を求めることができる．この損害には，子の生存期間中に障害から生ずる特別な費用を含まない．当該費用は国民連帯によるものとする．

（第 4 文　略）

②すべての障害者は，その障害の原因にかかわらず，国民集合体の連帯に対する権利を有する．

③全国障害者諮問委員会 (CNCPH) は，デクレで定めるところに従い，フランス国内の障害者およびフランス国籍を有し国外に居住するが国民連帯の対象たるべき障害者の物質的・財政的・精神的状況を評価し，これらの人々に関する世話を確保すべく，複数年にわたる計画

策定によって，必要と認められるすべての提案を議会と政府に対して行う．

　　　　（④⑤　略）」

こうした規定に関しては，一般には一定の評価が与えられているようだが，学説からは，パッチワークだとかデマゴギーであるという批判，あるいは，具体的な施策を欠くという批判が寄せられている．しかし，確定的な評価を下すにはなお時間を必要とするだろう．

4　結　末

1　観　察

(1)　生命倫理の観点から

先にも触れたように，ペリュシュ判決が現れてからしばらくして現れた著書・論文の中には，メタ・レベルに立って論争を観察・論評するものも少なくなかった．これらは，論争の意義を明らかにするのに役立つ．

まず，広い意味での「生命倫理」にかかわる議論を見てみることにしよう．こうした観点からの考察を行うものとしては，ヤキュブの著書が現れている．著者は，大学人ではなくCNRSの研究員であり生命倫理を専門にしている．また，パクス法に関する編著もある．

ヤキュブは，生命・生殖に関する現在の文化の基礎を明らかにすることを目標として掲げる．端的に言うならば，ペリュシュ判決は，すでに承認されている規範の帰結であることを示そうとしている．胎児の法的地位，障害の意義，出生前診断の利用，法的なアイデンティティ，身体と人格の関係……これらの点についてはすでに法が解決を与えている．法が創り出しているシステムは，反ペリュシュ法によっても損なわれないというのである．彼女の議論のポイントは，1975年のヴェイル法との関係を重視する点にある．つまり，「中絶の自由」はすでに承認されているという点に重点が置かれている．

著者によれば，ペリュシュ判決によって，子どもの「正常に生まれる権利」が認められたわけではなく，母親に，子どもの健康状態につき避ける

べきことがらを決定する権限が肯定されたに過ぎない．そして，強姦によって妊娠した母親が中絶をする義務を負うわけではないのと同様に，出産という道を選んでも，子どもから損害賠償請求を受けることはない．

　ヤキュブの議論は，ペリュシュ判決そのものの論評からは一定の距離をとろうとしている点でメタ・レベルに立つものの，主張の内容は明らかであり，その意味では論争に参加するものであるとも言える．これに対して，次に掲げるのは，まさにメタ・レベルに立つものである．ケラとトマの共著がそれである．もっとも，ケラとトマとで議論のレベルは同一ではない．

　ケラは，ペリュシュ派と反ペリュシュ派の対立を，「個人の権利」対「人間の尊厳」，「モダン」対「ポスト・モダン」，「実定法」対「自然法」といった二項対立の枠組みで描きだす（これについては，石川，2002 を参照．なお，樋口・前掲報告ではこのケラ論文の図式の検討が行われた）．これに対して，トマは，（具体的な個人とは区別される抽象的な）「人格」概念の歴史に照らして，ペリュシュ論争を理解しようとする．

　しかし，ケラもトマも，ペリュシュ判決は「障害者敵視（handiphobie）」の現れであるとか，「法の人間（人道主義）的機能」を損なうといった批判の前提を崩そうとする点で共通している．

(2)　「学説」論の観点から

　ところで，ヤキュブやケラとトマの考察には，もう一つの論点が含まれていた．それは，法学（学説）の役割をどう見るかにかかわっている．

　たとえば，ヤキュブは，以後，法的言語の習得がデモクラシーの条件となったこと，これが論争の最大の教訓であるとしているが，そこには，法学者たちの言説に対する皮肉が感じられる．ケラとトマのスタンスはもっとはっきりしている．とりわけケラは，世論は法学部がはたした役割をあまり知らないが，法学説がいかなる政治的・社会的役割をはたすかを検討すべきだとし，そこで行われていたのは，法の専門家としての発言ではなく市民としてのアンガージュマンであったとしている．

　同様の論評は，ドゥ＝ベシロンによってもなされている．彼は，学説の習俗を示すものとしてペリュシュ論争を観察し，より直截に，道徳的に望ましいことが真理のように語られていると批判している．

　法学者の側からは，こうした批判に対する反批判もなされている．一つ

は，世論を背景になされた障害者団体・医療関係団体のロビーイングに対する批判である．この弊害こそが共和国や民主主義を損なうというのである．もう一つは，学説の役割にかかわるものである．具体的には，ジェスタツがケラ，トマ，ドゥ＝ベシロンの見解を論評している．

ジェスタツは，この 3 人組（著書・論文の公刊前に『ル・モンド』に見解を発表していた）は，議論にコミットせずに分析に終始する態度をとる点で，ペリュシュ・反ペリュシュの両陣営から嫌われていると言う．もっとも，ジェスタツ自身は 3 人組の「実証主義的な」見解にも一定の理解を示している．しかし，一口に実証主義と言っても，隷属的な実証主義と批判的な実証主義とがあり，多くの民法学者は後者に立つものと言えるとしている．そして，「良心なき学問は魂の廃墟」というラブレーの言が引かれている．

何度も引用しているファーブル＝マニャンもまた，ペリュシュ論争における基本的な不一致は，法学者にはこのケースに判断を下す正統性や権威があるか否かという点にあることを指摘している．そして，このケースで問題となっているのは，「個人的確信・個人的基準・裁量的選択・主観的意見」であり，それらは法技術ではなく「道徳・宗教・倫理・衡平・哲学・形而上学」の領域に属するとする見方に対して，明確に反対している．問題はことのほか難しいが，それでも判例・学説はよき解答を模索しなければならないというのである．

テリーは，ペリュシュ論争における学説のあり方を主題として論ずる．彼は，ゴベールが学説に与えた定義をよりどころとする．それは「法を教えることを任務とし，法につき批判的検討を加えることを任務とする人々の総体」というものである．テリーは言う．教育を行う大学は（研究のみを行う）CNRS とは違い，実定法を中心とすることになる．しかし，それは単なる法律実証主義を意味するわけではない．学生や実務家に対する知的誠実さは必要であるとしても，それが批判的検討を含む以上——教えるためには批判的に検討することが必要——，必然的に法技術の領分を超えざるをえない．実定法に対して価値判断を加えることは，その存在理由を理解し，帰結を明らかにするのに必要なことである．法は万人の関心事であるとしても，法学者が意見を述べてはならないということにはならないだろう，と．

2 観察の観察

ここまで見てきたメタ・レベルの観察につき，若干の観察をさらに加えて，結びに代えることにしよう．

(1) 何が争われたのか

実体面で争われたのは何だったのか．通常は，専門家の間で論じられるだけの破毀院判決が，「ドレフュス事件」にも比されるほどの関心を集めたのは，それが「生命倫理」にかかわるものであったためであることは言うまでもない．

フランスでは，ナチスの記憶と結びつく「優生主義 (eugénisme)」という言葉がひとたび発せられると，これに対しては感覚的な反発・拒絶が示される．「生まれない権利」「正常に生まれる義務」という問題の定式化は，よしあしは別として，ペリュシュ事件をメディア化することになった．障害者団体が，このシンボルに敏感に反応したのはもちろん，法学者たちも程度の差はあれ，このような傾向から自由なわけではなかった．反ペリュシュ派が続出した所以であろう．

そこで，少し遅れて現れた諸見解の多くは，こうした議論の偏りをただすことを目的とした．広い意味でのペリュシュ派は，生まれてきた障害児本人への損害賠償を認めることが，「人権の尊重」に寄与すること（ケラ），「中絶の自由」は「中絶の義務」を導かないこと（ファーブル＝マニャン，ヤキュブ），「人格」は抽象的概念であること（トマ）などを指摘した．

すでに冒頭でも述べたように，「人間の尊厳」か「人権の尊重」かという原理論から，「人格」とは何かという概念論まで，抽象的な理念・観念を念頭に置いた論争が展開されるのは，フランスの知的土壌の一つの大きな特徴である．ペリュシュ論争においては，デマゴジーやロビーイングに押されて，こうした点が見失われないように，という危惧の念が，論調の基本的なトーンの一つを形成したと言ってよいだろう（逆に言えば，当初の議論は，そうした危惧を抱かせるに十分なものであったわけである）．

(2) いかに争われたのか

論争の激化は，その形式にもかかわっている．すでに述べたように，『ル・モンド』のアピールがその引き金となったことは否定しようもない．

しかし，その後は，「冷静に」「誤解を解く」という声がしばしば聞かれた．そのためか，論争はしばらくの間は技術的な色彩を帯びる方向に推移した．両陣営は，「損害」「因果関係」など技術的な法概念をめぐる「エレガントな争い」を続けたのである．

こうした議論の仕方は，一般市民にはまわりくどく難解であり，すでに紹介したような批判が代弁されることとなった．外国人の観察者にとっても，同様の印象があったようである．イギリスの比較法学者マーケニス（英国アカデミー会員）は，論争は因果関係にこだわりすぎであり，もっと実質的に行われるべきであると述べている．概念は理由付けの手段に過ぎず，真の理由ではないというのである．彼は，社会保障の財政的窮状を考えれば破毀院の態度は理解可能であり，二次的な重要性しかない法律論レベルでの批判には疑問があるとも述べている．

これは一つの見方ではある．しかし，イギリスの比較法学者の見方であり，そこには経験主義・機能主義が色濃く現れている．ここで注目すべきはむしろ次の2点ではないかと思われる．一つは，すでに述べた基本的な価値の争いは，実定法学においては法技術をめぐって争われるということである．これは決して「仮託」ではない．「価値」と「概念」とは表裏一体なのである．このことを無視しては，フランス法学のあり方を理解することはできない．もう一つは，フランス社会は，判決の当否をめぐって議論をするのに慣れていないということである．そのために，学説と世論のインターフェースが十分に形成されていない．必要なのは，「専門的議論」の相対的独立性を認めつつ，これを社会一般に向けて開いていく回路を創り出すことだろう．そして，このことは，フランス法学のみの課題につきるものではないだろう．

【文献表】

I　ル・モンド掲載のアピール

Labrusse-Riou et Mathieu, 2000, La vie humaine comme préjudice, *Le Monde*, 24 novembre 2000（Reproduite dans l'annexe de l'ouvrage d'Iacub ci-dessous cité et dans Dalloz etc.）.

II 単行書

Cayla et Thomas, 2002, *Du droit de ne pas naître. A propos de l'Affaire Perruche*, Gallimard.

Iacub, 2002, *Penser les droits de la naissance*, PUF.

III 判例研究（およびそれに準ずる論文）

Aubert, 2001, Indemnisation d'un existence handicapée qui, selon le choix de la mère, n'aurait pas dû être, *D*. 2001, p. 489.

Aynès, 2001, Préjudice de l'enfant né handicapé : la plainte de Job devant la Cour de cassation, *D*. 2001, p. 492.

Cass. ass. plén. 17 nov. 2000, *JCP*. 2000. II. 10438, note Chabas, *D*. 2001. 332, note Mazeaud et note Jourdan.

Gobert, 2000, La Cour de cassation méritait-elle le pilori?, *Petites Affiches*, 8 décembre 2000.

Mémeteau, 2000, L'action de vie dommageable, *JCP*. 2000. I. 279.

Terré, 2000, Le prix de la vie, *JCP*. 2000. p. 2267.

Viney, 2001, Brèves remarques à propos d'un arrêt qui affecte l'image de la Justice dans l'opinion, *JCP*. 2001. I. 286,

IV 論文（RT）

de Béchillon, 2002, Porter atteinte aux catégories anthoropologiques fondamentales? Réflexions, à propos de la controverse Perruche, sur une figure contemporaine de la rhétorique universitaire, *RT*. 1-2002. 47.

Fabre-Magnan, 2001, Avortement et responsabilité médicale, *RT*. 2-2001. 285.

Jestaz, 2001, Une question d'épistémologie（à propos de l'affaire Perruche）, *RT*. 3-2001. 547.

Markesinis, 2001, Réflexions d'un comparatiste anglais sur et à partir de l'arrêt Perruche, *RT*. 1-2001. 77.

V 論文（その他）

Gobert, 2002, Handicap et démocratie. De l'arrêt à la loi Perruche, *Commentaire*, N. 97.

Thery, 2004, Un grand bruit de doctrine, in *Ruptures, mouvement et continuité du droit. Autour de Michelle Gobert*, Economica, p. 113 et s..

VI 論文（日本語）

樋口陽一，2004,「人間の尊厳 vs 人権？―ペリュシュ判決をきっかけとして―」民法研究第 4 号.

本田まり，2002,「フランスにおける先天性風疹症候群児出生と医師の責任」上智法学論集 45 巻 3 号.

本田まり，2003,「《Wrongful life》訴訟における損害 (1-2)」上智法学論集 46 巻 4 号，47 巻 1 号.

石川裕一郎，2002,「障害者の『生まれない』権利？―『ペリュシュ判決』に揺れるフランス社会―」法セミ 573 号.

門彬，2003,「医療過誤による先天性障害児の出生をめぐって―司法判断に対する立法府の対抗措置―」外国の立法 215 号.

中田裕康，2001,「侵害された利益の正当性―フランス民事責任論からの示唆―」一橋大学法学部創立 50 周年記念論文集刊行会編『変動期における法と国際関係』有斐閣.

ローラン・ルヴヌール（小粥太郎訳），2001,「医療民事責任に関する最近のフランス民事判例」ジュリスト 1205 号.

滝沢正，2003,「紹介・フランス（判例・立法）」比較法研究 64 号.

山野嘉朗，2001,「障害児の出生と医師の民事責任―フランス破毀院大法廷 2000 年 11 月 17 日判決を機縁として―」愛知学院大学論叢法学研究 42 巻 3＝4 号.

山野嘉朗，2003,「医療過誤による先天性障害児の出生と賠償・補償―フランスの新立法とその影響―」愛知学院大学論叢法学研究 44 巻 3 号.

山野嘉朗，2003,「同題（その 2）」愛知学院大学論叢法学研究 44 巻 4 号.

第3章

外国人雇用の現状と政策課題

末廣 啓子

1 はじめに

　経済,社会のグローバル化が進みつつある今日,各国は自国の社会や経済活動の発展のために国境を越えた人材の獲得競争に乗り出している.また,世界貿易機関（WTO）のサービス貿易交渉のほか,世界各地域で自由貿易協定や経済連携協定の締結の動きが加速し,カネ,モノのみならずサービスやヒトの移動までを含んだ国際的な枠組みが作られつつある.こうした状況の下,国境を越えた人の移動が一層活発化することが見込まれる.日本も同様に,この流れの中で,外国人労働者受入れが大きな課題となっている.

　また,先進諸国においては少子化,高齢化が進んでおり,労働力不足による経済成長の低下や社会の活力の低下,社会保障制度など社会の諸システムの不安定化が懸念されている.その中でも日本は世界でも例を見ないスピードで少子・高齢化が進行しており,少子・高齢化に国としてどう対応するのかが緊急の課題となっている.

　このような背景の下,外国人労働者受入れのあり方をめぐる議論がいろ

　＊　本章は2002年2月の当プロジェクトの研究会における発表をとりまとめその後データの改訂を行ったものである.厚生労働省の「外国人雇用問題研究会」での議論とそれに関する筆者個人の見解であり,筆者の属する組織の公式見解ではない.

いろな場面で再燃してきている．しかしながら，議論は，かならずしも，現実に日本で起こっていることや，諸外国の外国人受入れの実態と，長い歴史・経験からの教訓を正確に把握したうえで行われているとはいい難い．この問題は後述するように，日本の将来にとってきわめて重要なものであり，ひとたびスタートした方針は方向転換することは容易ではない．受入れの是非・あり方をめぐる議論は，中長期的展望にたち，また，幅広い材料の下で多岐にわたる視点から検討することが求められ，その中で国民的なコンセンサスが作られる必要がある．日本は直面している外国人に関する問題の解決を図るとともに，この大きな問題に対する将来的対応を決定するために，様々な角度から早急に検討を進める時期であろう．

外国人労働者受入れのあり方に関する問題点を整理し国民的な議論に必要な材料を提供するため，厚生労働省は有識者からなる研究会を設置し研究と議論を行ったが，筆者は，この研究会の設置・運営と調査の実施，報告書の作成に携わってきた．以下，その報告書（『外国人雇用問題研究会報告書　平成14年7月』）の内容を踏まえて受入れ問題について様々な角度から検討し，さらに，政策対応について論じてみたい．

2　外国人労働者受入れの基本方針と受入れをめぐる近年の議論

1　外国人労働者の受入れに関する政府の基本方針

外国人労働者の受入れについての日本政府の基本方針は，①我が国の経済社会の活性化や一層の国際化を図る観点から，専門的・技術的分野の外国人労働者の受入れをより積極的に推進する，②いわゆる単純労働者の受入れについては，国内の労働市場に関わる問題をはじめとして日本の経済社会と国民生活に多大な影響を及ぼすとともに，送出国や外国人本人にとっての影響もきわめて大きいと予想されることから，国民のコンセンサスを踏まえつつ，十分慎重に対応することが不可欠である，という2点であり，閣議決定された「第9次雇用対策基本計画」などに示されている．

1967年の第1次雇用対策基本計画から1976年の第3次計画までは，計画決定の際の閣議において，いわゆる単純労働者は，我が国の労働市場への影響等を考慮し受入れないという口頭了解がなされていた．（「出入国管理および難民認定法」（以下，「入管法」という）により，日本人では代替できない技術・技能を活かして就職しようとする者等については受入れを認めていた．）1988年からは雇用対策基本計画に明記されるようになった．このように，受入れの基本方針は基本的には1967年以降変わっていないといえる．

2　日本の外国人労働者受入れ制度の概要と経緯

日本に入国・在留する外国人は原則として入管法に定める在留資格のいずれかを有することが必要である．入管法は，現在27の在留資格を設けており，一定の活動を行うことができる法的地位としての在留資格と，「日本人の配偶者等」や「定住者」等身分または地位を有するものとして在留しようとする外国人が対象となる在留資格がそれぞれ定められている（次頁図1）．

前者のうち14の在留資格（外交・公用を除く）で就労を目的とした在留が可能である．前述の政府の受入れ基本方針の中の専門的・技術的分野の労働者については，前者の「活動に基づく」在留資格として入国在留を認めている．いわゆる日系人は後者の「身分または地位に基づく」在留資格の対象となっている．後者については活動に制限はない．就労を認められていない製造業や飲食店などにおけるいわゆる単純労働については，この後者の在留資格を有する人々や前者のうち一定時間の資格外活動が認められている留学生・就学生等が従事している現状である．

入管法は不法就労活動（不法入国，不法上陸，不法残留に該当する者が行う報酬その他の収入を伴う活動，及び許可を受けずに又は許可された範囲を超えて行う報酬その他の収入を伴う活動）を規定し，事業活動に関し外国人に不法就労活動をさせた，あるいはこのような外国人の就労をあっせんした等不法就労活動を助長する者は，3年以下の懲役又は200万円以下の罰金（または併科）に処せられる．日本では不法滞在者を一定要件の下で合法化する制度（アムネスティ）は採用していないが，個々の案件において法務大臣がその事情に鑑みて特別に在留を許可する制度がある．

図1　在留資格一覧表

- ◎活動に基づく在留資格
  - ○各在留資格に定められた範囲での就労が可能
    - 〈入管法別表第1の1の表〉
      - 外交（外国政府の大使，公使，総領事等及びその家族）
      - 公用（外国政府の大使館・領事館の職員等及びその家族）
      - 教授（大学教授等）
      - 芸術（作曲家，画家，著述家等）
      - 宗教（外国の宗教団体から派遣される宣教師等）
      - 報道（外国の報道機関の記者，写真家等）
    - 〈入管法別表第1の2の表〉
      - 投資・経営（外資系企業の経営者・管理者）
      - 法律・会計業務（弁護士・公認会計士等）
      - 医療（医師，歯科医師等）
      - 研究（政府関係機関や企業等の研究者）
      - 教育（高等学校・中学校等の語学教師等）
      - 技術（理系の大卒相当者が就く，自然科学分野の技術・知識を要する職種．機械工学等の技術者等）
      - 人文知識・国際業務（文系の大卒相当者が就く，人文科学分野のホワイトカラー職種及び通訳，企業の語学教師等）
      - 企業内転勤（外国の事業所からの転勤者で，上2つに同じ）
      - 興行（俳優，歌手，ダンサー，プロスポーツ選手等）
      - 技能（外国料理の調理師，スポーツ指導者，貴金属等の加工職人等）
  - ○就労はできない
    - 〈入管法別表第1の3の表〉
      - 文化活動（日本文化の研究者等）
      - 短期滞在（観光客，会議参加者等）
    - 〈入管法別表第1の4の表〉
      - 留学（大学，短期大学，専修学校（専門課程等の学生））
      - 就学（高等学校・専修学校（高等又は一般課程等の生徒））
      - 研修（研修生）
      - 家族滞在（上記の教授から文化活動まで，留学から研修までの在留資格を有する外国人が扶養する配偶者・子）
  - ○個々の外国人に与えられた許可の内容により就労の可否が決められる
    - 〈入管法別表第1の5の表〉
      - 特定活動（外交官等の家事使用人，ワーキングホリデー及び技能実習の対象者等）
- ◎身分又は地位に基づく在留資格
  - ○活動に制限なし
    - 〈入管法別表第2〉
      - 永住者（法務大臣から永住の許可を受けた者）
      - 日本人の配偶者等（日本人の配偶者・実子・特別養子）
      - 永住者の配偶者等（永住者・特別永住者の配偶者及び我が国で出生し引き続き在留している実子）
      - 定住者（インドシナ難民，日系3世等）

出所）厚生労働省

注1）「留学」，「就学」のように就労できない在留資格であっても，資格外活動の許可を受ければ，許可の範囲内での就労が可能（入管法第19条第2項）．
　2）入管法上の在留資格ではないが，「日本国との平和条約に基づき日本の国籍を離脱した者等の出入国管理に関する特例法」により特別永住者として本邦に永住を許可されている者についても，永住者同様に我が国での活動に制限はなく，在留期間も定められていない．
　3）在留資格の後ろの（　）内は例示．

また，帰化については，国籍法に基づき，個別に審査し許可されている．一方，国籍の変更なくして日本に永久的に在留できる制度が「永住」であり，入管法により規定され，日本に合法的に在留している人について，その申請により個別に審査，許可している（特別永住者については特例法に基づき別途法的地位が付与されている）．入国当初から永住を目的にするいわゆる「移民」のような在留制度は日本にはない．

　ここで入管法が今の形になるまでの経緯・背景を追っておきたい．
　日本の製造業の国際競争力の高まりと貿易摩擦を背景に1985年，「プラザ合意」によって先進国はドル切り下げを容認，日本は急激な円高により深刻な不況に陥り，その後，景気刺激策によりバブル経済に突入した．当時の日本と近隣アジア諸国との間の著しい経済格差と円高による出稼ぎメリット，バブル景気の中での企業の深刻な人手不足などを背景として，単純労働分野に大量の不法就労外国人が流入した．フィリピン等からの女性労働者，「親族訪問」の日系人，そして，アジア各国やイランからの男性労働者である．この中で単純労働分野での外国人労働者受入れの是非をめぐって，産業界から受入れの強い要請がある等，大きな議論となった．
　1988年には，労働省（当時）の「外国人労働者問題研究会」が，受入れの課題や方向について提言を行った．すなわち，受入れの範囲として，職業・職種の観点から整理し，専門性と一定の水準を持つ職業（それらに該当する場合であっても客観的な判断基準の設定の重要性や国内労働市場との関連等の検討が必要であるとしている），及び外国人ならではの知識・技術等を有する分野を挙げ，また，技術移転による国際協力の観点から留学生や技術研修生に習得した知識等の実践の機会を与えるような制度について検討することも提起している．さらに，この報告書が大きな議論を呼んだのは「雇用許可制」の導入について提言していることであった．これは，事業主が所定の条件を満たす場合に外国人労働者の雇入れについて許可が与えられるというもので，事業主を把握することによって入国時点だけではなく，外国人労働者が適正な条件下で就労することを確保しようとするものであって，労働政策的な観点から入国・在留管理の制度を補強するものとして構想されていた．しかしながら，入国管理行政を所掌する法務省の猛反発

や，本来雇用許可を必要としない特別永住者へも悪影響が及ぶ等の反論が出る中で，この構想は日の目を見なかった．

しかし，こういう動きを経て，1989年に入管法が改正，翌年施行され，在留資格が現行の形に大幅に整備された（改正前の就労可能な資格はわずか6つであった）．また，既に大量に入国してきていた日系人について，3世を新たに設けた「定住者」という在留資格の中に明確に位置付けた．さらに，不法就労対策の強化として前述のように不法就労助長罪を新設した．一方，単純労働者にかかる在留資格は設けられなかった．1993年には，途上国への技術移転をより効果的に行うという観点から，一定の条件の下で，研修について雇用契約に基づく職場での技能実習をプログラムに含めることを認める技能実習制度が創設された．

3 外国人労働者の受入れをめぐる最近の議論とその背景

(1) 1980年代後半～90年代前半までの議論

前項で見たように，急速な円高の進行やバブル経済等を背景として，我が国に入国する外国人労働者及び外国人の不法就労が増加し，単純労働者受入れの是非について国民的な議論がなされたが，これにより「単純労働者は入れない」という政府方針が変わることはなかった．しかし，前述したように入管法が大改正され，さらに，1993年には発展途上国の人作りへの協力の観点から技能実習制度が創設されるなどの政府の新たな対応へとつながっていった．

(2) 最近の議論

入管法が改正されてから10年以上が経過し，国内外の情勢も大きく変わっている．では，最近の議論は上述の80年代後半から90年代前半にかけての議論とどこが異なるのか，外国人労働者の受入れの現状と受入れ制度に関して今何が課題なのかについて考えたい．そのうえで，今後の受入れのあり方を検討することが重要と考える．

以下に，まず現状を概観し，その後今日の課題について述べる．

①外国人労働者の受入れの現状

厚生労働省によると，我が国で就労する外国人は2003年に合法・不法をあわせて約79万人＋αと推計され，雇用される労働者全体（5335万人）

表1 2003年 我が国で就労する外国人等（推計）

1 就労目的の外国人労働者　　　　　　　　　　　　　　　　　　（人）

	在留資格	2003年
就労目的外国人（専門的・技術的分野）	教　　授	8,037
	芸　　術	386
	宗　　教	4,732
	報　　道	294
	投資・経営	6,135
	法律・会計業務	122
	医　　療	110
	研　　究	2,770
	教　　育	9,390
	技　　術	20,807
	人文知識・国際業務	44,943
	企業内転勤	10,605
	興　　行	64,642
	技　　能	12,583
	小　　計	185,556

2 その他合法的就労者

特定活動	53,503
アルバイト（資格外活動）	98,006
日系人等	230,866

3 不法滞在者

不法残留者数	219,418
資格外就労，不法入国等	相当数

出所）厚生労働省（法務省入国管理局資料による）
注1）在留資格「教授」～「報道」は，入管法別表第1の1，在留資格「投資・経営」～「技能」は，入管法別表第1の2に定められ，各在留資格に定められた範囲での就労が可能．
2）在留資格「特定活動」は，入管法別表第1の5に定められ，個々の外国人に与えられた許可の内容により就労の可否が決められる．
3）資格外活動は，入管法第19条第2項により，本来の在留資格の活動を阻害しない範囲内で，相当と認められる場合に就労を許可される．
4）日系人等は，入管法別表第2に定められた「定住者」，「日本人の配偶者等」等の在留資格で我が国に在留する外国人のうち，日本で就労していると推定される外国人を指す．日系人等の労働者数は厚生労働省が推計．
5）資格外活動者数は1年間の許可件数．不法残留者は翌年1月1日現在の数．その他の数は，年末現在の数．

の1.5%に相当する（表1）．このうち，合法的就労者は約57万人（うち専門的，技術的分野の外国人労働者は約19万人，日系人等の「定住者」，「日本人の配偶者等」及び「永住者の配偶者等」の在留資格で在留する者のうち就労していると推定される外国人は約23万人）で，専門的，技術的分野の外国人労働者は

一貫して増加傾向にあり，とりわけ，近年，ビジネスの国際化の進展の中で，人文知識・国際業務，技術，企業内転勤といった在留資格の外国人が著しい伸びを示している．日系人等は，改正入管法施行後に急増しその後も概ね増加傾向だが，近年は景気の低迷により頭打ちになっている（図2，3）．しかし，リピーターや日本に新規参入する日系3世がなお増加要因となっているとブラジルの日本大使館ではみている（2001年聴取）．

不法残留者は約22万人で，その多くが不法就労者と考えられる（後掲図4）．2003年に退去強制手続きをとられた不法就労者約3万4千人の内訳は，中国，韓国，フィリピン等のアジア諸国からの入国者が多い．その就労内容は，男性は建設作業員，工員，女性はホステス等接客業が多くなっている．

後述の「外国人雇用状況報告」によれば，2004年6月1日現在で，外国人を雇用しているとして報告を行った事業所は，約2万5千所（前年比6.6％増），外国人労働者数は延べ31万2千人（前年比14.0％増）であり増加を続けている．直接事業主に雇用されている者についての特徴としては，産業別では，製造業において，「生産工程作業員」，「中南米」出身者及び在留資格「就労の制限なし」の者の割合が大きい．「飲食店，宿泊業」，「卸・小売業」では「販売・調理・給仕・接客員」，「東アジア」出身者及び「留学・就学」の割合が高い．また，在留資格別には，就労の制限のない「日本人の配偶者等，永住者の配偶者等，定住者」が全体の半数を占めている．特定の範囲で就労可能な在留資格のうちの6割は，「技術」，「人文知識・国際業務」であった．正社員比率は24.5％で前年よりも低下し，外国人労働者を直接雇用している事業所のうち労働者派遣・請負事業を営んでいる事業所は9.2％，外国人労働者の28.3％を占め，その伸び率は事業所数，外国人労働者数のそれぞれ15.2％，8.8％となっており，大幅に増加しているといえる．

②受入れに関する今日の課題
　ⓐ経済・社会のグローバル化の進展が著しく，それに伴う国際的な労働移動が増加していること，その中で高度人材（highly skilled worker）の必要性が各国で増大していること

経済，社会のグローバリゼーションの進展を背景として，国際的な労働

第3章 外国人雇用の現状と政策課題──85

図2 就労目的外国人の在留状況

(人)
- 1990: 67,983
- 1993: 85,517
- 1995: 95,376
- 1997: 105,616
- 1999: 87,996
- (中間年): 98,301
- : 107,298
- : 118,996
- : 125,726
- : 154,748
- 2001: 168,783
- : 179,639
- 2003: 185,556

出所）厚生労働省（法務省入国管理局資料による）

注1）在留資格（27種類）のうち就労目的外国人とは，以下の14種類の在留資格を持つ外国人を指す．教授，芸術，宗教，報道，投資・経営，法律・会計業務，医療，研究，教育，技術，人文知識・国際業務，企業内転勤，興行，技能．

2）各年の数は，各年12月末現在の数．1991年については，法務省入国管理局発表の統計が存在しない．

図3 日系人等の労働者数の推移

(人)
- 1990: 71,803
- 1993: 165,935
- : 174,904
- 1995: 181,480
- : 193,748
- 1997: 211,169
- : 234,126
- 1999: 220,844
- : 220,458
- 2001: 233,187
- : 239,744
- : 233,897
- 2003: 230,866

出所）厚生労働省

注1）日系人等の労働者とは，「定住者」，「日本人の配偶者等」及び「永住者の配偶者等」の在留資格で日本に在留する外国人のうち，日本で就労していると推定される外国人を指す．

2）法務省入国管理局の資料に基づき厚生労働省が推計．

86——I 個人をまもる

図4 国籍（出身地）別 不法残留者数の推移

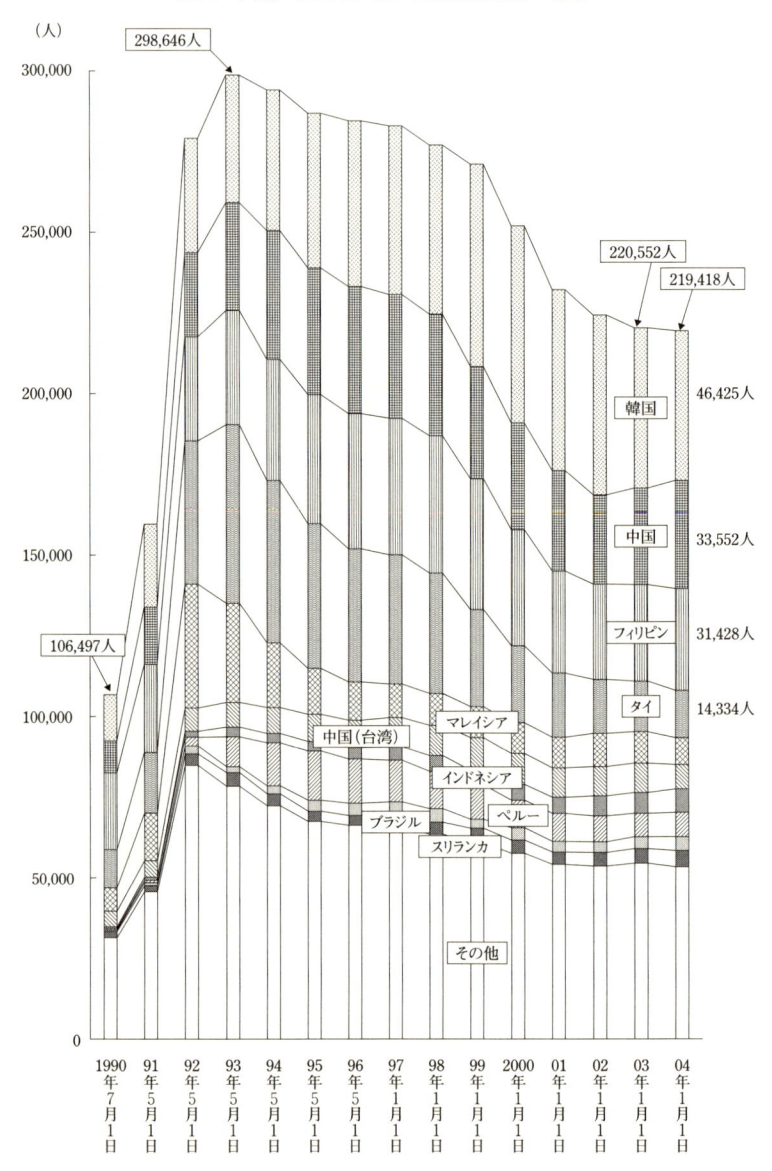

(人)

国籍	人数
韓国	46,425人
中国	33,552人
フィリピン	31,428人
タイ	14,334人

ピーク: 298,646人（93年5月1日）
1990年7月1日: 106,497人
2002年1月1日: 220,552人
2004年1月1日: 219,418人

その他の凡例: 中国(台湾)、マレイシア、インドネシア、ブラジル、ペルー、スリランカ、その他

横軸: 1990年7月1日、91年5月1日、92年5月1日、93年5月1日、94年5月1日、95年5月1日、96年5月1日、97年1月1日、98年1月1日、99年1月1日、2000年1月1日、01年1月1日、02年1月1日、03年1月1日、04年1月1日

出所）厚生労働省（法務省入国管理局資料による）

表2 就労が認められる在留資格に係る在留外国人数（登録外国人数）

(単位：人，各年12月末現在)

在留資格 年	商用 4-1-5	教授 4-1-7	興行 4-1-9	技術提供 4-1-12	熟練労働 4-1-13	特定の在留資格4-1-16-3 うち（就職）	（外国語教師）	計
昭和49	3,494	413	2,035	32	660	―	―	(6,634)
59	5,943	1,007	7,346	13	1,366	3,004	1,799	20,478
61	7,148	1,120	10,357	12	1,502	6,242	4,264	30,645
国籍別上位 ①	米 2,466	米 532	比 9,075	米 4	中 1,143	中 1,981	米 2,592	
②	英 830	英 150	中 684	蘭 3	印 135	米 1,330	英 710	
③	韓・朝 745	独 73	米 159	中 2	英 113	比 770	加 382	
④	独 525	中 81	韓・朝 135	韓・朝・仏・独 各1	仏 22	韓・朝 437	豪 139	
⑤	中 431	加 61	英 80		韓・朝 16	英 396	韓・朝 66	

出所）労働省「外国人労働者問題研究会報告書」(昭和63 (1988) 年3月)（法務省「在留外国人統計」による数値)

注1）中国には，中国本土のほかいわゆる台湾人及び中国系香港人を含み，英国には，英国籍を有する香港人を含む．
2）49年の計には，「特定の在留資格」中の「就職」及び「外国語教師」の人数が含まれていないので，59年，61年の数字と接続しない．

移動が増加している．地域内の自由貿易協定や経済連携協定締結の動きが進むにつれ一層国境を超えた労働者の移動が活発化してくるものと見られる．

日本も1990年には26万人だった外国人の就労者数が2002年には76万人となっている（いずれも不法就労者を含む）．ちなみに就労目的の在留資格で在留している外国人数は改正前の入管法時代の1986（昭和61）年には，わずか3万人であった（2002年は約18万人）(表2)．

さらに，近年，特に，各国の発展にとって必要な人材として，IT労働者をはじめとする優秀な専門的知識・技術を持つ人材（以下「高度人材」という）の獲得が各国共通の課題となっている．多くの先進国は，近年，外国人労働者をめぐり自国労働者の高失業，社会統合など種々の問題を抱える中でその受入れに慎重な姿勢を強める一方，高度人材については受入れ促進に向けた制度の改正を行うなどその獲得に努めており，制度の運用において実質的に専門的・技術的分野の高度人材のみを受入れている国も多い．また，これまで送出国と考えられていたアジアの国の中には経済の発展とともに送出と同時に受入れ国にもなっている国々があり，いずれも高度人材の受入れに努めている．いわば各国の獲得競争の様相を呈しているといえる．

1980年代の単純労働者をめぐる議論と異なり，日本においても経済社会の活性化を担う高度人材の獲得が大きな課題として浮上している．政府は前述したように，専門的・技術的労働者の受入れを積極的に進めることを掲げているが，他国のような数量制限等を課していないにもかかわらず，生活にかかるコストが高いことや社会や職場が外国人労働者にとって魅力あるものになっていないこと等から，受入れはなかなか進んでいない．

　ⓑ少子高齢化の進展と労働力不足への懸念が増大していること

　先進各国で少子高齢化が進展し，対応の必要性について国民の意識が高まっており，その解決策として外国人受入れについても議論の俎上にのぼっている．日本においても，2006年をピークに人口が減少し労働力人口も減少することが見込まれる．現実に出生率が低下を続け新生児数が最低になる中で，人口の減少とそれに伴う労働力人口の減少による，日本の経済成長と国民の生活水準の低下，現役世代の減少による社会保障制度の財源不足・不安定化などを危惧する声が高まっている．その観点から，外国人労働者や，永住を前提として入国する移民の受入れが必要ではないかとの意見が出ている．一方，政府関係機関や経営者団体の試算によると，労働力減少が経済成長率を低下させる割合は小さく，女性や高齢者の一層の活用や技術革新による生産性の向上により，一定の経済成長は確保できると言われている．しかし，全体としての労働力不足が問題にならないとしても，日本人が就きたがらないような分野の人手不足は一層深刻化するという意見は根強く，高齢化の進展に伴って介護・福祉を担う人材の不足を懸念する声も出てきている．

　ⓒ現行制度が想定していた受入れの姿と実態との乖離が大きくなっていること

　1990年の入管法改正から10年余りが経ち，積極的に受入れを図ってきた専門的・技術的分野の労働者の数（2003年末で約19万人．法務省入管局による．以下同じ）よりも多くの日系人（23万人）が入国し，製造業の生産工程などで就労している．また，日本人の配偶者，研修生，技能実習生，留・就学生，不法残留等様々な形態で予想しなかった数の外国人が就労しており，これに伴い定住に関する問題等様々な問題が出てきている．日本が受入れを認めていないいわゆる単純労働分野についても，これらの，日

系人や日本人の配偶者等の活動に制限のない在留資格の人々，学費や生活費を得るために資格外活動の許可を得て飲食店などでアルバイトをしている留・就学生，さらには不法就労者の一部が担っているのが現状である．

さらに，発展途上国に対する技術・技能の移転に貢献するために受入れている外国人研修生は約6万5千人いる．しかし，実態は，日本人の就労が少ない製造業の生産現場等の安い労働力として機能している面があるとの指摘がある．また，技能実習制度は，順次対象職種が増やされ現在62職種となっており，2003年に研修から技能実習への移行申請を行った者は2万7千人，これまでに約13万5千人が技能実習を行っている．これについても，本来の制度の趣旨から逸脱して，日本が受入れをしていない分野で労働力としての役割を担っているとの問題提起がある．

一方，ブラジル，ペルー等からの日系人については，1980年代のバブル経済下の労働力不足がフィリピンやパキスタン等からの不法就労者の急増を招いたが，この時期に，かつて南米諸国に移住した日本人の子（いわゆる日系2世）の間にも日本で就労する動きが広まった．日系2世は「日本人の配偶者または子」として日本での就労に制限なく入国・就労が認められていたが，その子供である日系3世については取り扱いが明確にされておらず，個別の審査により判断されていた．1990年の入管法改正では，「定住者」という就労活動に制限のない在留資格を新設，日系3世にこの在留資格が付与できることが明示された．これを契機に，日系2世及び3世の入国が急増した．ブラジル国籍の在留者は，1988年の約4000人，1989年の約1万4500人から，法改正後の1990年には約5万6千人，1991年には約12万人と急増した．なお，日系人の出入国についてのこうした配慮は，労働力の導入という観点からではなく，地縁・血縁関係を通じ，以前の日本との関係が残存し親族訪問などの機会も多く，就労活動に制限のない在留資格を認めることが適当と考えられたことによるとされている．

来日して就労している日系人は，ブラジルで「デカセギ」と呼ばれていたように，当初は家族を帯同せず，収入を得るために比較的短期間日本で就労した後帰国する者が多かったが，その後は家族を伴い長期間日本に在住する者が増加しており，後述のように定住化に伴う諸問題が発生してい

る．（財）産業雇用安定センターが行った南米からの日系人に関する調査（2002年2月）によれば，半数以上が来日2回以上のリピーター，7割以上が既婚者で家族とともに暮らしている．また，6割の人が請負等の間接雇用形態で働いている．

彼らは，自動車関連の製造業や食品加工業等の，深夜労働や変則勤務を伴う製造現場において請負等の間接雇用として，あるいは元受企業からの受注サイクルの短期化や人件費削減に対応した期間工として雇用されている者が多い．このように，多くの日系人労働者が，日本が受入れをしていない分野における，雇用量の調整が容易な労働力として機能していると考えられる．

ⓓ定住化に伴う問題の顕在化

前述のように，日系人については家族を伴い長期にわたって日本に在留する者が増えており，その中で永住の在留資格を求める者も急増している．その他，日本人の配偶者，永住者なども増加し，外国人労働者の定住化の傾向がうかがえる．これに伴って，外国人が日本社会の一員として日本人と「共生」する上での様々な問題が表面化してきている．特に，日系人が直面している諸問題のうち最も大きなものは子女の教育問題と言われており，親の人生設計の不明確さや日本語が不自由なために授業についていけない等により不登校になる子供が多いこと，ひいては非行の問題に発展することなど問題は深刻である．また，日本の社会保障制度は，適法に滞在する外国人に対しては原則として日本人と同様に適用されることになっているが，手取り収入を極力多くしたいと考える外国人労働者や負担軽減を狙う事業主がいることを背景に，健康保険，雇用保険等に未加入または加入未届の者も多く，それに伴って高額治療費の不払い，外国人住民の健康問題，国民健康保険制度運営についての自治体間格差や保険料の滞納等様々な問題が発生している．年金についても，帰国した場合，一時金が受け取れる制度があるものの金額が低く手続き面も使いにくいとの問題が指摘されており，加入が進まない．また，日系人が集住している区域では，近隣住民との摩擦が発生しているほか，情報・ネットワークの結節点として様々な人々が集まって来ることで犯罪，非行問題が発生した例もある．こうした地域では，問題解決のために，自治体，関係官庁，NPO等が協

議会を作って対応を開始している．例えば NPO が不登校の子供たちに昼間日本語学習をさせる活動を行い，登校へつなげている，一方で，ブラジル人がポルトガル語で自国の教育を行う学校を設立・運営している，住民の健康診断，就業相談等のサービスを提供している，日系人の多い地区の公立中学等で専任教師や指導協力員を配置して日本語や授業科目を外国人の子供たちに教える国際教室を設置している，などである．就労，医療，社会保障，教育，登録制度，教育等様々な分野の制度が，外国人の長期滞在，定住を想定して，問題発生の予防あるいは解決を図るようなものになっていないため，外国人が実際に集住している自治体が，NPO 等とともに手探りで問題解決に取り組んでいるのが実情である．南米日系人を中心とする外国人が集住している 13 の都市が，2001 年 10 月に，地域で顕在化しつつある諸問題への取り組みのために情報交換や国への働きかけを行うべく外国人集住都市会議を発足させた．しかし，外国人集住都市会議に参集している都市など，いわば，先進的，積極的な対応をしている自治体以外にも，多くの都市で同様の問題が潜在，あるいは一部が顕在化していると考えられ，対応は遅れている．

　こうした日系人の定住化への対応は，これまで外国人と本格的に「共生」することのなかった日本にとって初めての経験であり，まさに将来に向けた試金石と言えよう．

　ⓔその他の問題

　・失業問題が発生していること

　かねてから想定されていたように，近年の厳しい経済・雇用環境の中で，請負や期間工などの形態で就労し，しかも，日本語能力が十分でない外国人労働者は，失業しやすく，また，再就職が困難であるという状況が明らかになっている．ことに，就労先の大企業のリストラにより請負業者から大量の離職者が発生する例が頻発した．雇用保険に加入していないケースではさらに厳しい状況を招来している．日系人は失業した場合は母国に帰ることが想定されていたが，近年は家族と定住している場合が多いこともあり，失業しても日本を離れないケースが増えており，仕事を求めて地域間移動をするケースも多い．今回の長引く不況の中で，従来は，日系人社会のネットワークを使って就職先を探すことの多かった南米系日系人がそ

れだけでは対応できなくなり，ハローワークなどの公的機関の窓口に押し寄せるという状況が見られた．ハローワークを利用する外国人の数は急増し，特に日系人が多く住む地域では雇用情勢が厳しかった2001年度には前年度の倍の新規求職者が訪れ，中には3〜5倍となったところもあり，日系人が早朝からハローワークの前に相談・紹介を受けるための行列を作っている姿がニュースとして放送され反響を呼んだ．

- 不法就労者問題が悪質で巧妙になってきたこと

不法残留者の多くが不法就労者と考えられている．不法残留者については，80年代と比較すると，不法就労者として摘発される者の国籍の多様化，悪質なブローカーなどの仲介によるものの増加が見られ，不法入国の手口も年々巧妙化している．

一方，近年来日外国人犯罪が増加し，その性質も変質してきたと言われている．すなわち，犯罪の凶悪化，組織化（日本の組織との結びつきが強まっていると言われている），全国への拡散等が特徴で，犯罪者の半数以上が不法滞在者であると言われている．長引く雇用情勢の悪化と相まって，大量の不法就労者の存在が外国人が絡んだ犯罪の増加，治安の悪化による社会不安へとつながることを懸念する声も出ている．また，同時に，適正に就労している外国人労働者に対する悪影響も心配される．

以上，外国人労働者の受入れに関する問題点，課題をみてきた．こうした状況を踏まえ，受入れのあり方を議論すべきと考える．その際，外国人労働者の問題をより大きな文脈の中で捉え，幅広い観点から受入れのあり方を議論すべきである．すなわち，今や，この問題は多くの国に共通の課題となり，例えばタイやマレーシアなど一昔前は「送出国」であったところも，「受入れ国」かつ「送出国」になっている．また，難民問題も含めて，国境を越えたいろいろな労働移動が各国の課題となっている．このように国際的な労働移動が活発化・複雑化している中で，日本としてどのような対応をとっていくのか，特に，欧米先進国との情報交換や協力はもとより，アジア各国との情報交換や連携をさらに深めつつ，この地域の発展のための協力支援ということも視野に入れながら日本としての対応を検討しなければならない．

また，日本の労働市場は，グローバリゼーションや通信技術の進歩等の中で産業・企業のあり方が大きく変わる一方で，人々の職業意識やライフスタイルも多様化するなど大きく変化しつつあり，雇用就労形態が多様化してきている．特に，厳しい雇用情勢の中でパート，アルバイト，派遣，請負などと呼ばれるような形態での就労を余儀なくされている日本人も増加している．また，近年フリーターになる若者が増加し，請負，派遣，アルバイトとして製造業の現場で雇用調整弁となるような労働をしている者も多い．こういう日本人労働者の増加は日系人などの外国人労働者の雇用の形にも影響を与える可能性がある．あるいは競合する場合もあるであろう．これからの日系人等の受入れや就労のあり方を考えるにあたっては，外国人問題として特別の枠組みで捉えるだけではなく，雇用就労の実態と展望などを踏まえ日本の経済社会の課題と一層密接に関連付けて検討していくことが必要である．

3 諸外国の受入れ制度の状況

欧米先進各国では外国人労働者の受入れとその社会統合に向けての長い歴史と苦闘がある．いまなお，成功していると言える国はどこにもないと思われるものの，本格的に外国人労働者を受入れて共生した経験のない日本にとっては，こうした欧米諸国の経験は今後の対応を考えるにあたり非常に貴重な示唆に富むものである．

諸外国の制度の日本への適用を考える場合に，植民地経営その他の歴史的な経緯から外国人が長い間社会階層の中で不可欠の構成要素として組み込まれている国，そもそも国の成り立ちからして移民によって成立している国など，それぞれの国の歴史や社会構造の差がそれぞれの国の現行の法制度の背景にあることに留意する必要がある．例えば現行の制度で外国人の受入れが抑制的である場合でも，社会の中で既に過去における植民地からの流入者とその子孫などが社会階層の一部を担い存在感を示してきた場合もある．さらに，一度入国した人やその子孫の国籍取得のしやすさ，外国人労働者の家族呼び寄せの可否，難民の受入れの考え方や状況についても留意して，総合的に諸外国の制度とその背景を理解することが必要と考

表3　各国の主な外国人労働者受入れ制度の概要

ドイツ	○ 居住許可 　高度専門技術者（エンジニア，情報技術者，数学・科学関係の専門家，教育・研究者など）については，当初から，期限の定めのない定住許可を付与． ○ 滞在許可（労働市場テスト） 　通常の技術を有する外国人については，原則として，従来どおり募集を停止するが，雇用創出面における公の利益が存在する場合には，滞在許可を付与． 　公共職業安定所は，国内労働者又はEU出身者等で充足できない理由や受入れが国内の就業地域の経済及び労働市場に与える影響等について審査． ○ 東欧諸国等との協定（協定方式．一部数量割当あり） 　・諸負契約労働者：建設プロジェクト等に携わる労働者の受入れ． 　・ゲスト労働者：若年労働者の相互交流の促進と就労を通じての技術・技能と語学力の向上を目的とした受入れ． 　・季節労働者：農林業・ホテル・飲食店等の季節的労働に限定した受入れ． 　・看護・介護労働者：看護・介護労働者に限定した受入れ（クロアチアのみ）．
フランス	○ 臨時滞在許可（労働市場テスト） 　県労働雇用職業訓練局が，30日間，求人募集に対する充足状況や申請に係る職種・地域の雇用失業情勢等の資料に基づき外国人労働者受入れの必要性を審査．失業率が高い現状では新規労働許可申請はほとんどが却下されるが，大学等の教員，公的な研究機関の研究員等については労働市場テストが免除され，経済的・文化的貢献度により判断される．
イギリス	○ 労働許可（労働市場テスト） 　大卒以上の者，一定の職業資格を持ち3年以上の実務経験がある者等，一定の技術・技能を有する者のみを受入れ．雇用主は，労働許可の申請に際し4週間の求人募集を行い，国内労働者で求人が充足できなかったことを示さなければならない．なお，IT技術者など人材不足と認定された職種については労働市場テストは免除． ○ 高度技能労働者制度（ポイント制） 　例外的に高度な技能・経験を持つ人材の受入れ促進のため，労働者の学歴，職歴，実績等をポイント化して評価し，受入れの可否を判断．
スイス	○ 通年滞在許可（数量割当，労働市場テスト） 　連邦全体の許可発給数を連邦政府が決定し，各州は割り当てられた許可発給数の枠内で受入れ．また，州労働問題担当局が，国内労働者で充足することができないか新聞の広告等により確認している．業種・職種の限定はないが，実態としては，専門的・技術的分野の受入れが主である． ○ 季節的滞在許可（数量割当，業種・国籍による制限） 　連邦政府が決定し，各州ごとに割り当てられた許可発給数の枠内で受入れ．業種は農業，建設業，観光業などの季節労働に限定．国籍はEU又はEFTAの加盟国に限定．
韓国	○ 在留資格制度 　日本と同様の在留資格制度により，専門的・技術的分野の外国人労働者のみを受入れ．（「教授」「研究」「外国語指導」「専門職業」等の在留資格がある）

シンガポール	○ Pパス，Qパス（能力による制限，数量調整なし） 　一定の学歴・資格を有し，かつ，一定額以上の報酬を得る専門的・技術的分野の労働者について数量制限なく受入れ．これらの要件を満たさない者についても，シンガポール経済にとって有用であると個別に判断された者（IT技術者等）については受入れ． ○ Rパス（雇用税，雇用率，業種・国籍による制限） 　非熟練労働者について，業種及び送出国を指定し，雇用税制度（外国人を雇用するごとに一定額の税金を雇用主から徴収）及び雇用率制度（各企業において外国人が全労働者に占める割合に上限を設定）により数量を制限しつつ受入れ．
アメリカ	○ 移民（就労目的移民）（数量割当，労働市場テスト） 　①卓越した能力を有する者等，②高度な専門職種の労働者等，③熟練労働者・非熟練労働者など5つのカテゴリーがあり，カテゴリーごとに受入れ枠が設定されている．このうち②と③の区分については，滞在許可の申請に当たり，連邦労働省から，国内労働者が不足していること及び国内労働者の賃金・労働条件に悪影響を与えないことの証明を受ける必要がある． ○ 非移民（在留資格，数量割当，労働市場テスト） 　移民以外の外国人については，在留資格を設定して，それぞれの基準に適合している者を受入れ，一部の在留資格については数量調整も行われている． 　H-1B（専門職等），H-2B（非農業一時的労働者）については，国内労働市場に与える影響に配慮して，受入れ枠が設定されている．また，同様の理由から，H-2A（農業季節労働者）及びH-2Bについては労働市場テストが課されている．
カナダ	○ 移民（技能労働者移民）（ポイント制） 　年齢，教育，職種，職業経験，語学力などをポイント化して評価し，カナダ経済の発展に貢献すると見込まれる労働者を選抜して受入れ． ○ 非移民（滞在期間付き労働者）（労働市場テスト） 　受入れに当たり，カナダ人材センターから，国内労働者で充足できないこと及び賃金・労働条件が通常の水準であることの確認を受ける必要がある．原則として業種や職種の制限はないが，1年程度の訓練で技術を修得できるような単純な技能の職種は除かれている．

注1）カッコ内は，外国人労働者の受入れ調整の方法．
　2）ドイツについては「ビジネス・レーバー・トレンド2004年12月号」（労働政策研究・研修機構）及び外務省の公電に基づき作成したもの．他は厚生労働省の調査によるもの．
　3）ドイツ政府は，将来の人口減，とりわけ高度人材の不足等の問題意識を背景に，今後の移民・外国人労働者政策の方向について，政界，経済界，労働界，専門家等からなる超党派の委員会を設置して議論し（2001年8月に報告書提出），その結果を「移民法」案として取りまとめて国会に提出した．移民法はドイツが事実上「移民国」となったとの認識を示し政策の転換を図る内容になっている．すなわち，若年の教育・訓練を受けた外国人をポイントシステムによって選別，移民として受入れること，5年以内の期限や上限数を決めて短期的な人手不足を解消するためにも外国人を受入れること，経済，研究分野で最上級の人材を規制緩和の下で受入れること，若年外国人を「デュアルシステム」の訓練制度で受入れること，などであり，難民受入れ制度の改革や社会統合の推進も内容としている．この法律案は超党派で議論したものの，政治情勢を背景に，成立までに紆余曲折を経，さらに最終段階の連邦参議院での可決手続きについて，野党からドイツ基本法違反との訴えが出され，これにもかかわらず大統領が法律に署名したため憲法裁判所に訴えが出される事態となった．その後2002年12月についに裁判所は連邦参議院の採決無効の判決を言い渡した．2003年1月に政府は，同じ内容で再び法案を国会に提出，その後，与野党の度重なる調整を経て，2004年7月にようやく可決，2005年1月より施行される運びとなった．なお，この過程で原案に盛り込まれていたポイントシステムが削除されるなど，結果として野党の要求が大幅に認められ原案の立法趣旨とは大きく異なる法律となった．

える.

　近年，欧米各国においては経済情勢の低迷に伴い失業率が高水準で推移しており，加えて，アメリカにおける2001年9月11日のテロ以降の各国での外国人受入れについての抑制傾向，欧州各国における中・東欧諸国のEU加盟に伴うこれら地域からの外国人労働者流入への警戒感等，外国人受入れについてそれまでよりも消極的な対応が見られる．しかしながら，なお諸外国の外国人労働者受入れ政策の方向は，単純化して言えば，留学生を含む，高い技術・知識を持つ労働者の受入れ促進とそれ以外の労働者の受入れ抑制というものである．先進各国においては，ドイツが2000年に一定要件のIT分野の労働者について通常よりも簡素化した手続きで労働許可を付与するグリーンカード制度を導入したほか（時限の政令で2004年末まで実施された），2002年よりイギリスがポイント制による審査により高度技能労働者の受入れ促進を図っている等制度や運用の見直しを行ってきた．一方，人口の1割近くを外国人が占めるドイツを始め，外国人受入れの歴史の長い欧州各国では，家族統合・定住化に伴う自国民社会との摩擦，失業，差別問題の発生やそれに伴う社会コストの増大など様々な社会統合に関する問題の解決に苦慮している．

　外国人労働者の受入れに当たって各国では国内の労働市場に悪影響を及ぼさないように，労働市場テスト（一定期間求人を出して国内労働者により充足されないことを確認する）を行い個別に判断して労働許可を発給するなどの方法や，数量制限の下に受入れを行う等の方法がとられている．アメリカの場合，就労目的の移民や非移民については数量割当や労働許可を行っている．ドイツにおいても，労働許可制度において限定的に受入れを行っている．イギリス，フランスでも，労働市場テストの実施や許可審査の厳格化などかなりの制限が行われており，いずれの国も実質的には専門的，技術的な分野の労働者のみ受入れているのが実態である（表3）.
　日本は受入れの制限が厳しいと見られているが，他国と異なり数量制限も労働許可制度も全くなく制度自体はきわめてオープンになっている．なお，厚生労働省においては，冒頭に述べた「外国人雇用問題研究会」の議論と並行して研究者やシンクタンク，現地大使館の協力の下に諸外国の法

制度とその運用の実態を調査しており，その結果は，研究会報告書第4章及び添付の資料として詳しく書かれているのでそれを参照していただきたい．

4 外国人労働者に関する日本の雇用対策等の概要

外国人労働者を雇用する場合において，労働基準法は国籍による差別的取扱いを禁じており（第3条），この労働基準法を始め労働関係法令は日本人と同様に外国人労働者に対しても適用される．また，社会保障制度についても国籍要件が撤廃されており，原則として日本に適法に滞在する外国人に対しては日本人同様に制度が適用される．したがって，労働者を雇用している事業主は，労働者災害補償保険，雇用保険，健康保険，厚生年金保険等の加入が義務付けられる（ちなみに生活保護については原則として適用の対象とならないが，定住者等日本人と同様の生活を送ることが認められた者については予算措置で対処している）．

また，厚生労働省において指針を策定し，企業が外国人労働者を雇用する場合の問題を未然に防ぎ，外国人労働者に関して雇用管理を改善し適正な労働条件等を確保しながら就労できるように，事業主が考慮すべき事項を定めている．すなわち，①労働関係法令の遵守，②不法就労者を雇用しない・職業安定法又は労働者派遣法に違反するブローカーから外国人労働者を受入れないなどの適正な募集・採用，③労働条件の明示などの適正な労働条件の確保，④労働災害防止のための日本語教育等の実施も含めた安全衛生の確保，⑤外国人労働者の雇用の安定と福祉の充実，などである．

さらに，外国人労働者の雇用状況の把握のため，外国人雇用状況報告制度（年1回，事業所が公共職業安定所に外国人労働者の雇用状況を報告する制度）を設け，外国人労働者の実態の把握をしている．この調査は外国人労働の実態を定期的に把握するための唯一のものである．多くの事業主から正しい報告をしてもらうために，あくまでも事業主に自主的な協力を求めるものとなっており，何年にもわたって実施され事業主の協力が得られていると考えられるが，悉皆調査とはなっていない．

雇用対策として，

①外国人求職者に対する適切な対応（ハローワークに特別のコーナーを設け通訳を配置し職業相談・紹介を実施．専門的・技術的分野の外国人労働者・留学生に対しては専門の機関を設置．関係省庁，教育関係機関，経済団体等からなる協議会を設置し関係者の密接な連携の下に留学生の就職を支援．日系人に対しては職業紹介のみならず職業生活相談も行うためのセンターを設置．日本での就労を希望している日系人に対する情報提供・相談等を実施する機関をブラジルのサンパウロに設置）

②事業主への啓発指導，雇用管理などへの援助（アドバイザーの事業所への派遣等による外国人に関する雇用管理改善の指導援助，専門的・技術的労働者の受入れ促進のための経済団体との連携等の実施）

を行っている．

さらに，外国人労働者送出国における日本の労働市場や法制度などを説明する現地セミナーの実施や不法就労を防止するための関係行政機関との定期的な会合の開催，技能実習制度の円滑な実施，研修生受入れ事業の推進等を行っている．

一方，日本政府全体としては，関係省庁による定期的な連絡協議会を開催して情報交換を行っている．また，雇用対策の他，各省庁でも外国人に関する対策を行っている．例えば，厚生労働省の，未収金を抱える救急医療施設への支援等外国人に対する保健・医療サービス，文部科学省の外国人子女のための日本語指導等の教育の実施，警察庁，法務省，国土交通省の不法就労・不法入国対策，経済産業省の研修生支援対策などがあるが，その他は総じて外国人向けの情報提供のためのパンフレットの作成や情報センターの設置にとどまっていると言えよう．

5 政策課題

(1) 政策の方向

外国人の受入れに関する様々な課題に対して，受入れのあり方等を検討していく必要があることは前述した通りである．現状ではこの問題については，（社）日本経済団体連合会が検討を行い2004年に報告書を公表しているほか，マスメディアによるセミナー，討論会などが行われている．し

かし，政府は現状では先に見た通り，厚生労働省等で個別の研究会を行っているほか，それぞれの関係省庁が前述のような個別対策を行っている状況である．

　外国人受入れのあり方はまさしく国益の観点から各国が主体的に決定するものであるが，もし十分な検討と国民的なコンセンサスに基づく対応策がなされないままに受入れると，例えば入国した外国人の人権や送出国などとの国際関係にも重大な問題が生じることは他国の例から明らかであり，結局は国益を損なうと言えよう．他国での経験も含め様々な材料に基づき多角的な視点から議論し，国民的なコンセンサスを形成する必要がある．このため，例えば，総理大臣の下に本部を設置し，まず，各省庁をメンバーとして問題点の洗い出しや検討を行うとともに議論に資するような材料を幅広く国民に提供する．また，有識者等を含め受入れ政策の方向，法制度のあり方等について幅広い議論を行うことが考えられる．

　外国人問題に関する政策の方向は，一つは，今後，多様化・国際化する社会の中で，日本社会を活力のある，魅力的な社会にしていくことに役立つような政策を行っていくことであり，各国の優秀な人材が集まるような国にしていくためにどうするかということである．

　また，二つ目として，外国人労働者問題への対応は，日本社会で進行している，国民の意識や生活スタイル，経済，労働のいろいろな側面での多様化に対する適切な対応の第一歩と考えるべきである．すなわち，外国人にとって住みよい，働きよい社会は多様化しつつある日本人にとっても住みよく働きよいものであるはずで，外国人に関する政策の目指す方向は日本社会の多様化への適切な対応の方向でもあると考えられる．

　さらに，三つ目として，アジア地域の発展へ日本がどう協力していくかなど，国際社会の一員としての貢献を目指すということである．一方，日本の近隣には多くの人口を擁し経済発展途上で，膨大な労働力送出圧力を持つ国々が存在している．欧米の受入国とは異なるこの事情を認識しておく必要がある．こういう状況の中で，日本の果たす役割を考えていくことが必要である．発展途上国への協力という観点から日本の労働市場を開放して労働者を受入れるべきではないかとの意見もあるが，途上国の経済・

社会の発展を支援するためには，そうした国の発展を担うべき人材を国外で就労させるのではなく，当該国の経済開発への援助や技術移転のための人作りへの協力が政策の中心的な方向と考えるべきである．

(2) 政策課題

受入れに関する政策課題として以下の3つが挙げられる．

①専門的・技術的な分野への受入れ・定着促進

前述の通り，近年，この在留資格で入国する外国人数は増加している．2003年の在留外国人数を5年前の1998年と比較すると，「技術」は約37％，「人文知識・国際業務」は44％，企業内転勤は61％伸びている．しかしながら前述した通り就労可能な14の在留資格者の合計は2003年には約19万人で，日系人，不法残留者数よりも少ない．ことに，「技術」のうちIT労働者については，2001年末に，政府は上陸許可基準を改正し，国外の情報処理試験合格者や資格保有者についての要件緩和を行ったり，運用面でも緩和したりしてきたが，増加の程度は期待したほど大きいものではない．人材ビジネス業を通じてインド人IT労働者の入国・雇用の促進を図ろうとするケースも見られたが，文化・習慣の違いに対応した適切な雇用管理が行えない等の理由から受入れ企業が少なく，結局，現地での日本語研修拠点，さらにITビジネス拠点の整備による現地発注方式への方向転換が行われた例がある．(社)日本経済団体連合会の2003年の企業に対するアンケート調査によれば，外国人を雇用・活用するにあたっての社内システム上の問題点として，「文化，習慣の違い」と「職場内での意思疎通」が最も多かった．また，外国人受入れにあたっての日本企業の課題として，「会社・従業員の意識改革」を挙げるものが最も多く，ついで「入社後の教育訓練の充実」，「生活サポートの強化」が続く．これらは，子女の教育や住宅問題等日本社会の受入れ態勢の不十分さ，雇用システムや能力開発，言語，文化，意識などの面での企業の国際化の遅れにより，外国人にとって魅力ある環境となっていないことを示していよう．現実に，多くの外国人を雇用している中小企業においては経営者自らが家族ぐるみで生活のサポートを含めあらゆる援助に多くの労力を割いて対応しているケースが多い．また，留学生の就職については，文部科学省によれば，留学生総数は2004年5月現在で過去最高の約12万人となったが，うち卒業

後日本に就職するための在留資格を取得した者は法務省によると 2003 年に約 3800 人となっている．厚生労働省が 2000 年に行った留学生の就職実態に関する調査によれば，経済や社会のグローバル化を背景に留学生や日本の企業（特に，人材の採用が難しい中小・中堅企業）双方の就職へのニーズは大きいにもかかわらず，互いに情報や理解が不足し，また，出会いの機会も不足する等のミスマッチが生じている．厚生労働省が 2001 年に両者をつなぐための NPO を含めた官民の関係者による協議会を設置したが，関係者が連携して積極的に対策を講じることが今後一層求められる．

各国ともこうした人材の受入れに努力している中で，日本も受入れを促進しようと努力しているにもかかわらず入ってこないという問題は，今後の日本の発展や活性化を考えると深刻である．各国の優秀な人材にとって魅力ある国，社会にすることが重要で，そのために，政府の対策や法制度の運用を改善するのみならず，企業自身による雇用システムや職場環境の改善への努力が不可欠である．また，住宅や教育等の面での行政の支援も早急に進める必要がある．

②少子高齢化の進展への対応

人口の減少を補うために移民を入れるべき，あるいは労働力不足分野へ外国人労働者を入れるべきであるとの意見に対しては以下の点から慎重に考えるべきである．まず移民については，長期滞在を前提とする外国人の受入れは諸外国の経験によれば参政権，国籍取得，宗教文化等のあり方等，いずれも受入れ国の国家の基本原理そのものが問われる問題が争点になっている．将来日本が受入れる場合も，「移民」という問題に対してまず日本という国家と国民を構成する基本原則・基本原理とは何かを考えておく必要がある．その点で，そもそも移民国家として成立したアメリカやカナダとは状況がまったく異なっている．また，人口減少を埋め合わせるために移民を受入れるには，受入れた移民が高齢化するということも考慮する必要があり，きわめて大量の移民が必要で現実的ではないと言われている（国連が 2000 年に発表した 2050 年までを対象とした推計によれば，1995 年の生産年齢人口を維持するためには日本は毎年 60 万人の受入れが必要であるとされている（1995 年から 2050 年までに合計 3300 万人，その時点で総人口に占める移民とその子孫の割合は 30％ に達する）．また，OECD の調査によれば，受入れ当時高か

った移民の出生率は，受入れ国のそれに合わせて低下していくと言われている）．

　したがって，人口・労働力人口減少を外国人の受入れだけで解決することは不可能である．少子化対策を講じるとともに，技術革新による生産性の向上対策はもちろんであるが，労働政策の観点からも社会保障制度のあり方と連動して高齢者，女性などの就業促進のための環境や制度の整備，職業訓練等の労働需給のミスマッチ解消対策等の対策を総合的に積極的に講じていくことが処方箋であろう．

　また，日本人が就業しない慢性的な労働力不足分野への受入れの検討については，まず，日本の経済社会を活力あるものにしていくには，中長期的観点からどのような産業のあり方が望ましいのか，またどの程度，どの分野で，どのような人材が不足かという点を明らかにしコンセンサスを得ることが前提であろう．

　国際競争力のない産業は国際分業により日本から退出することとなりそれは途上国の発展のためには望ましいことであるが，日本にとって，なお，国内での存続が不可欠と判断される産業がある場合には，一義的には国内で良質な人材が確保されるよう，産業政策を含めた政府全体の施策が講じられる必要がある．低賃金コストでなければ成り立たない産業はいずれ生産を縮小せざるを得ず当該地域経済を疲弊させ，外国人のみならず日本人の雇用にも影響を与えると思われる．また，労働力需給が逼迫することによって本来なされるべき労働条件の改善や生産性の向上を通じた産業構造の高度化が阻害されるという弊害を生じ日本人の労働条件にも悪影響を及ぼすことが懸念される．現在，発展が見込まれ雇用機会が提供される分野とされている介護分野については，良質な職場作りと国内労働者に対する能力開発・労働力需給のマッチングのために国が積極的に対策を講じている段階であり，低賃金での外国からの労働者導入は慎重に検討する必要があると考える．また，労働条件の悪い職場は外国人にとっても好まれず，よりよい条件を求めて移動していくことが予想され，それを補うため常に周辺国から労働者を受入れ続けなければならない．それは，長期的には送出国の経済発展や労働力人口の高齢化の進展を考えると抜本的な解決策にはならないと思われる．

　③日本の周辺国の大きな送出圧力と経済格差の存在が続くことが見込ま

れる中での受入れに伴って発生が予想される問題の解決

　まず，定住化に伴う問題への対応が挙げられる．その場合に，日本の日系人も来日当初から日本に定住する予定だった人は少なく，家族状況や日本での暮らしの中でいわば，「予期せぬ定住化」をしているケースが多いことを踏まえて対応を検討する必要がある．例えばこのことが子女の教育方針欠如など教育問題の発生の一因と言われている．

　外国人受入れが問題化したときによく語られる「欲しかったのは労働力だったが，来たのは人間だった」という言葉は，よくかみしめる必要がある．前述したような，日系人が集住している各地で起こっている定住に伴う問題，差別問題，先進各国で起こっている文化・宗教摩擦，政治参加等広範な分野での対応が求められる外国人労働者の社会統合の問題は「人間」がその国で暮らすことに伴って起きてくる問題である．しかも当初の予定通りにはいかない．それを前提に受入れた社会としてどう対応するのか，有形無形のコストをだれが，どう負担するのか，早急に実施すべきことと十分議論して法制度改正等の必要なこととを整理し，また，実施主体を明確化して，検討に着手することが重要である．

　次に，実効ある不法就労対策が挙げられる．受入れ制度を定めて運用することとその枠から逸脱する者に厳しく対応することとは一体的に行われる必要がある．不法就労を行う個人のみならず，雇用主にどう責任を持たせるのかなど外国の事例を参考に積極的に対応策を講じることが必要である．この点で，送出国など関係各国との連携は不可欠であり，また，運用にあたっては，関係省庁の連携が欠かせない．

(3) 外国人受入れについての検討事項

　前出の厚生労働省の研究会報告では，受入れ制度の見直しを行うとした場合に考えなければならない点として以下の3つの留意点と7つの基本的事項を挙げている．

　［3つの留意点］
　a．経済や社会のあり方を含めた「国家」のあり方が，外国人労働者受入れのあり方の前提となるものであること

　　例えば，外国人労働者を受入れて高い経済成長を実現することを目指すのか，移民を受入れることによって国を発展させる移民国家としての

道を歩むのか，その際「日本人」をどう定義するのか，外国人労働者を受入れた場合に生じやすい職業や社会の階層化を是認するのか等，将来にわたり，どのような国家像，国民像を目指すのかは外国人労働者受入れの前提である．

b. 外国から「労働力」を求めたとしても，受入れるのは「人間」であること

　入国した外国人労働者は，とりわけ長期に在留する場合には，家族とともに日本の社会で，日本人と同様に生活をする．また，当初，短期の滞在を前提に入国した場合でも，日本での生活基盤ができるにつれ定住化していく．そうした視点から必要な制度，施策，そのためのコストなどを考えていく必要がある．実態としても，いったん外国人労働者を受入れた場合，受入れ国の一方的な都合で受入れを停止あるいは帰国させることは困難である．一方で，帰国していく外国人労働者が円滑に帰国後の生活に適応できるような配慮も必要である．

c. 外国人労働者受入れには様々な問題が伴い，受入れ国はその解決に向けて絶えず努力を続ける必要があること

　我が国は，外国人労働者の受入れの経験がきわめて少ないことから，受入れ経験の長い欧米先進国の経験は非常に参考になるものである．しかし，それらの国においてさえ，自国民に比べた場合の外国人の失業率の高さ，人種差別問題の発生，宗教の相違からくる諸問題の発生など，未だその社会的統合が大きな課題となっているほか，不法就労問題，難民の受入れ問題，国内労働市場における自国の労働者との競合問題など数多くの課題を抱えて，試行錯誤と努力を続けている．

[7つの基本的事項]

(1) 国のあり方や中長期的な政策の方向性との整合性の確保

　　外国人労働者の受入れは，目指すべき国家のあり方を踏まえ，中長期的な産業政策や少子・高齢化対策等の様々な政策との整合性を確保することが必要である．

(2) 国内労働市場政策の優先

　　外国人労働者の受入れの必要性を考える際には，まず，国内労働力の供給を促進するための施策等を実施することが必要である．

(3) 国内労働市場への悪影響の防止

外国人労働者の受入れに当たっては，国内労働市場への影響を十分に考慮し，国内労働者の雇用機会の縮小や労働条件の悪化につながることのないようにすべきである．

(4) 国内産業への悪影響の防止

外国人労働者の受入れにより，本来なされるべき雇用環境の改善や設備投資による生産性の向上等，産業の高度化が阻害されることのないようにすべきである．

(5) 我が国社会のあり方と日本人のアイデンティティについての合意

外国人労働者を受入れるに当たっては，とりわけ長期間の滞在を認める場合には，我が国の社会のあり方と「日本人とは何か」について改めて国民のコンセンサスを得ることが必要である．

(6) 受入れに伴う様々な社会的コストの負担についての合意

外国人労働者を受入れる際には単に労働政策のみならず，年金や医療保険などの社会保障や住宅問題，子弟の教育問題など社会的統合の促進のための様々な施策を検討し，実施することが必要であり，そのあり方とコスト負担についての国民のコンセンサスが必要である．

(7) 外国人の人権や外国人のアイデンティティへの配慮

入国した外国人については，日本人と同様に基本的人権が保障されるべきであり，また，外国人としてのアイデンティティを認め，日本社会で共生していくための配慮が必要である．

以上はいずれもきわめて重要なポイントであり，受入れのあり方を見直す場合には，これらを踏まえて以下の点で検討を進める必要がある．

①日本のあり方について，どのような社会にするのか，日本人とは何か（外国人・移民の要件），また，日本の将来的な産業構造・産業政策のあり方を内容とするビジョンの作成と国民のコンセンサス形成を行う．

②受入れ範囲及び，それにふさわしい受入数量のコントロールの方法（現実にそれが可能かも含めて）を検討する．

• 受入れの範囲

受入れの範囲については，第2節で述べた通りであるが，それを概念図

にすると以下のようになる．実は，受入れを認めている専門的・技術的分野の労働者と，点線以下のいわゆる単純労働者の間の空白部分に，製造業の生産工程やサービス業等現場で働く技能を要する職種が存在している．現行の制度ではこういう職業の労働者が就労目的で入国することは認められていない（「技能」という就労を認められている在留資格は，外国に特有の，料理の調理やソムリエなどきわめて限られて運用されている）．技能実習生，日系人，研修生などが事実上この部分を埋めていると言えよう．受入れのあり方について議論する場合には，専門的・技術的分野の労働者，いわゆる単純労働者，そして，この領域の労働者についてその実態や関係する制度の趣旨・運用も視野に入れた検討が必要である．

図5　政府方針による受入れ範囲

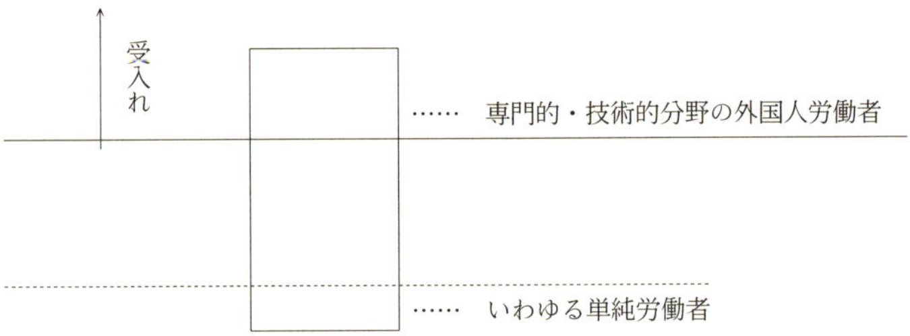

　　前出の厚生労働省の研究会報告書ではこの章末の〔資料〕の通り，受入れを検討するとした場合の目的を2つ挙げ，それぞれの受入れ範囲や想定される制度について検討している．提案されている①専門的・技術的な分野のうちのさらに日本の発展に寄与する高いレベルの労働者については，思い切った規制緩和の下で，一層積極的に受入れる，②労働力不足への対応の観点から受入れるとした場合は，前述したようなビジョン作成や様々な方策を講じた上で必要な部分のみを厳格なコントロールの下に受入れるという2つのシナリオは前項で述べた政策課題から，検討のたたき台と考えられる．

　　上記②の場合はしたがって，①の高度な人材を除く様々なレベルのすべての労働者（上記の図の技能を要する部分を含め）が対象となりうる．その場合に想定される，「技能を有する」労働者については，送出国にとっても

その発展を担う貴重な人材であるので，送出国の経済開発への援助を行う形で例えば研修生等その国の人作りを支援する制度による受入れが中心になるべきであり，労働力不足対策として受入れる場合にはあくまでもできるだけ短期的な制度であるべきと考える．この点から研修のための制度と，労働力不足対策のための制度とは，区別を明確にして運用すべきである．

いずれにしても第5節の (2) 政策課題の②で述べたように，中長期的にどの分野でどの程度必要性があるのかについて当該業界のみならず幅広い観点から議論が行われることが労働力不足対策としての受入れについての検討の前提であろう．

• 受入れのコントロールの手法

受入れのコントロールの手法には，労働市場テスト，数量割当，雇用税，雇用率，協定方式等様々なものがあり，それぞれメリットとデメリットがある（前出の厚生労働省研究会報告書第4章参照）．各国で導入されている労働市場テストも，既に国内に在留している外国人を対象には行われていない．したがって短期的な状況を反映して受入れを判断するため長期的な産業構造の高度化やあるべき姿の実現を阻害する恐れがある．しかしながら，労働力不足への対応という目的の場合，特に，国内の労働市場へ悪影響を及ぼさないことが前提となるため，それを担保するため何らかの労働市場テストのような，労働政策の観点からのチェックが不可欠であると考えざるを得ない．前述のように1980年代に雇用許可制度の提案がなされたが，近年の状況変化や今後の展望を踏まえて，再び労働政策と入国管理政策との役割分担や連携について検討することが必要であると考える．さらに，一つの制度だけではなく，例えば，受入れ上限枠の設定等，いくつかの制度と組み合わせることが必要であろう．それと同時に厳格な運用が不可欠である．この点で，きわめて狭い範囲を限定した受入れについて二国間で協定する方式も検討に値する．しかしながら，この場合，その他の国からの同様の受入れ要望に対してどのように対応するかの問題がある．また，個別分野への受入れの場合に前提となる日本の産業職業分野での人手不足などの状況の把握は，経済情勢の変化等常に変わりうる状況を捉え，また，それに合わせた柔軟な制度の変更や運用ができるような制度設計をすることが重要である．一方で，不法就労を生み出さないよう制度の運用はきわ

めて厳格にすることが不可欠である．しかし，なお，困難がある．それは，家族の呼び寄せの問題である．外国人労働者の長期にわたる滞在の場合，外国人の人権の観点から家族統合を拒否することはできない．その結果，入国時に就労についての審査ができない外国人の入国が増加し多くの者が将来的に受入れ国の労働市場に参入すると考えられる．こうした家族を含めた外国人の社会統合の問題は，2世，3世の母国語・文化教育，宗教といった問題まで含めて既述したように非常に多くの分野での対応が必要となり，これへのコスト負担の問題が発生する．したがって，労働力不足への対応として外国人を受入れざるを得ない場合も，できるだけ短期間の受入れとなるような制度設計が望ましく，また，厳格な運用のための制度設計と運用体制の確保が不可欠である．

いずれにしても，先進各国とも，労働力が不足している分野について厳格な運用の下に外国人を受入れたはずではあるが，結果は，どの国もコントロールに成功したとは言えない．ひとたび入国した外国人については，受入れ企業側も外国人側も長期滞在を志向しがちである．これまで述べてきたような様々な検討の後適切と思われる制度を導入することになろうが，受入れる以上，これまで見てきたような様々な問題が発生する可能性が高いことについて国民全体として有形無形のコストを引き受ける覚悟が必要である．

● 制度運営体制等

本格的に外国人労働者を受入れるのであれば，各省が縦割りに対策を講じるのではなく統合的な組織が必要であろう．

また，受入れた外国人が日本社会で共生していくために，差別問題の発生の防止と，日本人と同様の待遇の確保のための不断の取り組みが必要である．このためには，国等の公的機関の対応だけではなく，NPO等民間の関係者も含んだ，外国人労働者及びその家族の受入れに関わる関係者の密接な連携がきわめて重要と思われる．いわば草の根の国際化への動きである．これらを通じて外国人に対する情報の提供，相談，苦情処理を行うなど，制度的な枠組みを整備するのみならず，これに実効性を持たせるための仕組みを用意しておかねばならない．

〔資料〕想定される受入れのシナリオ
(1) 経済社会の活性化のための高度人材の獲得
(ア) 受入れの目的

　今後，我が国の経済の持続的な成長と国民生活の改善，向上を維持していくためには，戦略的な研究開発分野や産業分野を発展させることが不可欠であり，これらの研究開発の推進や産業の育成・発展のための一種の「起爆剤」となり得る高度な技術・知識を有する卓越した人材（「高度人材」）を海外に求める必要がある場合が想定される．

(イ) 受入れの範囲等

　受入れの範囲については，高付加価値で，発展の可能性のある研究開発の推進や産業の育成・発展に必要不可欠な人材であり，専門的・技術的分野の労働者のうちでも卓越した技術や知識を有する人材（本人自身が卓越した技術者等である場合のほか，他の卓越した人材を発掘・育成する能力にたけている者である場合も含まれる）の類型が想定される．「卓越した」の具体的なレベルについては，例えば，日本の博士号程度以上のレベルの学歴を持つ者又はそれに相当する職業経験上の実績を有する者などが考えられるが，この点は更に検討することが必要である．

　受入れ期間については，少なくとも当該研究開発の推進ないし当該産業の育成に必要な期間となるが，そのような期間終了後も，当該分野を担う中核的人材として引き続き就業し続けてもらうことも考えられる．

(ウ) 想定される受入れ制度

　国際的な人材獲得競争に勝てるよう，(1) 既存の入国及び在留にかかる手続の障壁を限りなくゼロに近づけるとともに，家族の在留条件の優遇や在留期間の特例的延長など (2) 外国人労働者及びその家族の入国・在留等について優遇措置を講じることや，住環境に対する支援や子弟の教育面への配慮など (3) 出入国管理制度以外の外国人労働者関連諸施策について受入れ促進措置を講じることが考えられる．

(2) 労働力不足への対応
(ア) 受入れの目的

　今後，我が国の経済又は国民生活にとって不可欠な産業分野で，持続的なミスマッチも含めた労働力の不足状況が続き，国内労働者の供給を促進するための諸施策や労働環境改善のための施策，労働生産性向上策等を講じてもなお，労働力の量的不足が解消せず，当該産業分野の成長及び発展のボトルネックとなる状況が生じる場合に，不足する労働力を外国人労働者によって確保する必要がある場

合が想定される．

（イ）受入れの範囲等

　この場合，まず，業種・職種ごとに，どの分野において，どのような理由で，どのような労働力が不足しているのかということを明らかにすることが重要である．そして，それらの分野の労働力不足への対応の方向については，その分野が，基幹産業あるいは発展可能性のある産業として育成すべき部門なのか，国民生活の安定性や国家の安全保障等の観点から国内に維持すべき部門なのか等，我が国の長期的な産業・職業のビジョンをあらかじめ決定した上で，それに基づいてそれぞれの分野ごとに労働力不足のうちのどこまでを外国人労働者の受入れによって対応するのかを明らかにしていく必要がある．受入れの期間については，労働力が不足している間に限られ，労働力不足が解消された後は原則として帰国することとなる．

（ウ）想定される受入れ制度

　国内労働市場に配慮した秩序ある形で，必要な分野に，必要な量を的確に受け入れることができる制度である必要がある．具体的には，諸外国も導入している (1) 労働市場テスト（一定期間求人を出して国内労働者により充足されないことを確認するなど国内労働市場の状況を踏まえて外国人に就労の許可を与える制度）を導入することが考えられる他，急激な流入増等への対応のための (2) 受入れ上限の設定や，(3) 金銭的負担等を課す受入れ（雇用税（事業主が外国人を一人雇用するごとに一定の税金を払う制度）や雇用率（外国人労働者が当該企業の労働者に占める割合に上限を設ける制度）等），個別分野ごとの (4) 協定方式等による受入れ（国と国とで受入れ数や期間などを取り決めて外国人を受入れる制度等）についても考慮に値すると考えられるが，いずれの方式も解決すべき課題が少なくない．

　なお，このような形で外国人労働者を受入れる場合には，現在受入れている日系人労働者については，日系人への需要の減少による入国者の減少と帰国者の増加，その一方での一部の日系人の永住化等による日本社会への定着が予想される．また，研修生及び技能実習生については，制度本来の目的である技能の修得に一層特化した形への運営の見直しや技能評価制度の充実等，制度のあり方についての見直しを検討する必要性が生じることも十分に考えられる．

　附記：人口減少対策

　人口減少のすべてを外国人の受入れで補おうとすることは現実的でないが，他の様々な対策によって人口の増加ないしは維持を図ってもなお人口減少が続く場合に，一定程度の人口を確保することにより経済社会の活性化を図るため，職業

分野に関係なく外国人を受入れることも，一つの可能性として想定される．

　この場合，まず各種の少子・高齢化対策を実施しても，経済社会の活力や国民の生活水準の低下の流れをとどめることができず，かつ，「経済社会の活性化のための高度人材の獲得」や「労働力不足への対応」による受入れの効果を考慮した上で，それでもなお外国人の受入れによって減少する人口を直接補うことが必要と考えられる場合に受入れるものである．したがって，この受入れの場合，人口の望ましい規模等について国民のコンセンサスが形成されていることが前提となる．

　なお，このタイプの受入れを検討する際には，人口減を補充するためには，継続的に，非現実的とも言える規模の外国人を受入れることが必要であること（国連人口部の推計によると，ピークの人口を維持するためには年平均38万人，生産年齢人口を維持するためには年平均61万人の移民受入れが必要とされている）に留意すべきである．

厚生労働省「外国人雇用問題研究会報告書」（2002年7月）

【文献表】

井口泰，2001，『外国人労働者新時代』ちくま新書．
国連経済社会局人口部，2000，「国連人口動態推計『replacement Migration』研究報告書」．
厚生労働省，2002，「外国人雇用問題研究会報告書」．
厚生労働省，2003，「改訂　諸外国における外国人労働者の現状と施策」日刊労働通信社．
(社) 日本経済団体連合会，2003，「外国人受け入れ問題に関する中間取りまとめ―多様性のダイナミズムを実現するために『人材開国』を―」．
(社) 日本経済団体連合会，2004，「外国人受け入れ問題に関する提言」．
労働省，1988，「外国人労働者問題研究会報告書」．
(財) 産業雇用安定センター，2002，「日系人就労者等アンケート調査結果」．
豊田市，2001，「豊田市内産業及び地域社会における国際化進展の影響調査報告書」．

II
子どもを育む

第4章

児童福祉における介入と援助の間

横田 光平

1 問題の所在

　1990年代に社会問題として一般に認識されるに至った児童虐待問題に対処すべく,「児童虐待の防止等に関する法律」(以下「虐待防止法」という) が2000年に制定された．児童虐待に対して行政機関等がとりうる手段としては，従来より児童福祉法において通告 (25条), 調査質問 (29条), 一時保護 (33条) 等が定められていたが，虐待防止法の制定により，児童福祉法上明確な定めがないために生じていた解釈論上のいくつかの問題点が解消されることとなった．例えば，虐待防止法10条は，調査質問「の執行に際し必要があると認めるときは，警察官の援助を求めることができる」と定めており，これによって調査質問に際して警察官の援助が許されることが明確に規定された[1]．この結果，従来よりも児童虐待に対して実効的に対処しうるべく法整備がなされたということができよう．近年の「児童虐待の急増」という現象は，実際に虐待が増えていると考えられる他，このような制度面の整備が進んできた結果，児童虐待の事実が表面化

---

1) なお，行政調査において実力行使 (強制調査) が許されるかという点については，罰則の定めがあるときは調査の実効性担保はもっぱらこれによると法が定めたと解され，実力行使は認められないとする説 (塩野) が有力であり，この説にしたがうなら，児童福祉法62条1号に罰則の定めが置かれている同法29条の調査質問について強制調査は認められない．

してきたという面もあると思われる．

とはいえ，児童虐待問題に適切に対処するにはまだまだ制度的に整備されるべき点も少なくない．そうした課題の一つが児童虐待問題に関わる関係機関・団体相互の連携の強化であり，虐待防止法制定後も関係機関・団体相互の連携が不十分であったために児童虐待に対して適切な対応がなされなかった例があとを絶たず，2004年の同法改正においてもこの点が改正の主眼点の一つとなった．

ここで問題となるのは，連携が十分でないために必要な介入がなされない場合だけではない．実効的な介入がなされない問題がある一方で，逆に実効的介入の必要性が強調されるあまり，「行き過ぎ」と思われる性急な対処がなされるケースも生じてきているようである．すなわち，複雑微妙な事例に対する児童福祉機関の慎重かつ繊細な対応が，児童福祉機関との連携を欠いた刑事司法の観点からの一方的な警察介入によって損なわれてしまう事態が問題となりつつあると聞く[2]．

この問題は，児童虐待に対処する児童福祉行政と司法警察の連携が不十分であることを如実に示すものであるが，その背景には，両者が共に児童虐待に対処する権限を有するにもかかわらず権限間の調整について法的整備がなされていないという問題がある．この点，両者とも児童虐待に対して親と子どもを引き離すという意味で同様の効果を有する強制的介入権限を認められていることから，いわゆる「並行権限」問題類似の問題点[3]をも有するものである．

しかし，この問題には，そのような行政組織法上の問題点に加えて，児童虐待への対応――介入か援助か――をめぐる基本的な考え方の違いという問題もあるように思われる．関係機関・団体相互の連携がそのようなレヴェルにおいても求められているといえよう．その意味で，児童虐待に対して関係機関・団体各々が――介入と援助の間で――基本的にどのように対処すべきかという，いわば行政作用法上の問題点にも目を向ける必要が

---

   2) 林，2001も同様の指摘を行っている．
   3) 「並行権限」問題については小早川，2000を参照のこと．なお，親と子どもが引き離されるという効果は，司法警察の活動において児童虐待の場合に限らず一般的に生ずるものであるが，児童虐待以外の場合には児童福祉行政の判断権を侵害するものではないと考えられよう．

あろう．そのような観点からの考察が，行政組織法上の問題点の考察にとっても重要な意味を持つものと推測される．

そこで，行政組織法上の問題点については別途考察することとし，本章においては，そのような考察の前提作業としての意味をも含めて，児童虐待に対してどのように対応すべきか，行政作用法的観点から強制的介入と援助の問題を考察することとしたい．考察に当たっては，この点に関する日本における法的議論が極めて乏しいことから，1970年代の少年福祉法改正論議以降，児童福祉法分野における介入と援助の関係をめぐって議論が展開されたドイツ法を考察の素材とし，ドイツ法の考察を通じて，日本法についての考察の手がかりを探ることとする．

2　援助の優位

まずこの問題の背景となるドイツ法の状況を確認しておこう．

> 基本法6条2項「子どもの育成及び教育は，親の自然的権利であり，かつ，何よりもまず親に課せられる義務である．その行動については，国家共同体がこれを監視する．」

この条項はナチスの反省を踏まえて規定されたものであり，内容的に対応するヴァイマル憲法120条と比べ，親の権利を強調する文言となっている．この条項の下，基本法制定当初のドイツにおいては，ナチスの反省，東西冷戦等の事情から，国家介入に対する防御権としての「親の権利」の側面に焦点が当てられ，「親の義務」については必ずしも十分な考察がなされなかった．

これに対し，1960年代も後半になると，[D] 連邦憲法裁判所1968年7月29日第1部決定において，「基本法6条2項においては権利と義務とが最初から不可分に相互に結び付いて」おり，義務は「『親の権利』の本質を決定する構成部分」であるとの判断が示され，親の義務拘束の特殊性が強調されるに至る．以後，連邦憲法裁判所は一貫して同様の立場をとっており，この立場は国家介入に対する防御権としての「親の権利」の側面を認めつつも，「子どもの福祉」に導かれ，義務づけられるという点を「親の権利」理解の中心に据えるものとなっている[4]．

しかしながら，このような法状況の下，すでに［D］決定において，連邦憲法裁判所は同時に次のような判断を示していた．

「子どもの福祉が基本法6条2項2文による国家の任務にとって基準となる．このことは，親が育成，教育の能力を欠く，あるいは不熱心である場合に，国家が常に親を育成，教育から排除し，さらには自らこの任務を引き受ける権限を有するということを意味するものではない．むしろ国家は常に親の原則的な優位を考慮しなければならないのである．加えて，ここでも比例原則が妥当する．介入の方法及び程度は，親が能力を欠く程度，及び，子どもの利益のために何が必要かによって決められる．したがって，国家はできる限り，まず，実親が責任ある態度をとるようになる，あるいは再びとるようになることを目指して援助的な措置をとることによって目的を達成するよう試みなければならない」(BVerfG 24, 119 (144))．

親の原則的な優位を根拠に，援助的な措置が介入による親の排除に対して優先するとの判断を比例原則の名の下に示すものであり，この判断が以後の議論を規定することとなる．

まず学説においては，「親の権利」理解において基本的に［D］決定と同様の立場をとるベッケンフェルデが次のような見解を示している．「子どもを被害から守るために親の教育権限に介入することが結局避けられないとしても，国家の監視人職務はこのような『警察的』側面だけでなく，福祉的，育成的側面も有しており，後者が前者に先行してなされなければならない．現在及び近い将来における重要問題は，結局のところ親の教育意志の欠如というよりもむしろ教育能力の問題である」(下線部原文イタリック体)．「ここで支援的に――抑圧的にではなく――助言や援助を与え，場合によっては有意義なサーヴィス提供によって負担を軽減させることが，国家の監視人職務の主たる任務である」(Böckenförde, 1980)．また，同じく［D］決定と同様の立場をとるオッセンビュールも「最善の危険防止とは，依然として，そもそも国家介入を必要とするような危険に決して至ら

---

4) 以上については，［D］決定の事案紹介も含めて，横田光平 (2), 2002; 同 (4), 2003 を参照されたい．なお，同論文で連邦憲法裁判所の判決・決定に付した［D］［G］という引用順を示す記号を引用の便宜上，ここでも用いることとする．

ないよう前もって手はずを整えておくことにある」としてベッケンフェルデの見解に続く (Ossenbühl, 1981).

こうした法理論状況を背景として，1979 年に成立した「親の配慮の権利の新規律法」(以下「親の配慮法」という)[5] による民法改正において，次のような条項が新設されることとなった.

　1666a 条 1 項「子どもを親の家庭から引き離すことを伴う措置は，他の方法，公的援助によっても危険に対処することができない場合にのみ許される.」

この条項は比例原則を具体化したものと説明されており，親の配慮法による改正民法 1666 条における国家介入[6] の要件としての「親の過失」の削除に対してバランスをとるものと解されることからも (Coester, 1999)，同条項の意図するところは明らかであろう.

ところで，論者において「国家の監視人職務」とは「規範的確定及び侵害防止を超えて情報提供，監視，援助，支援，差し迫った危険に対する予防的防御」に及ぶとされるが (Böckenförde, 1980 ; Maunz, 1980)，さらに「親が教育の意志を有するが，教育能力を欠く限りでは，基本法 6 条は実質的援助，とりわけ指導や相談，それから教育援助や経済的支援を通して親が教育できるようにするよう国家に義務づける」とする見解 (Kirchhof, 1978) がある一方で，「6 条 2 項が公的少年援助を『求める』，すなわち要請するということは」「基本法の文言及び目標からはおそらく導き出されえないだろう．公的少年援助は許容されてはいるが強制的に定められてはいない (憲法委託は存在しない)」とする見解 (Maunz, 1980) もある．国家

---

5) 同法成立に至る過程での議論についても，横田光平 (5)，(7)，2003 を参照されたい．
6) 民法 1666 条に基づく介入については，従来後見裁判所たる区裁判所 (日本の簡易裁判所にあたる) の管轄とされていたが，1998 年親子法改革法 (Kindschaftsrechtsreformgesetz) により家事事件を扱う家庭裁判所の管轄となった (Coester, 1999)．その限りで一歩日本法に近づく改正であったといえよう．法改正前の見解においては当然「後見裁判所」となっているが，そのまま引用する．

なお，民法 1666 条の文言は幾度かの法改正により数回にわたり変遷しているが，ドイツ民法典 (BGB) 制定当初より「危険防止に必要な措置を講じ」うるとする点では基本的に変わらず，この点で，基本的に民法上の親権及び管理権の喪失 (834 条，835 条) と児童福祉法上の保護者からの子どもの引き離し (27 条 1 項 3 号，28 条 1 項 1 号) しか児童虐待に対する強制的国家介入システムを持たない日本法とは本質的に異なる点に注意する必要がある．ただ，子どもを親から引き離す措置について定める民法 1666a 条に焦点を当てる本章の考察においては，それほど重要な問題ではないと思われる．

の一般的な公的援助義務は憲法上の要請として必ずしも認められているとはいえないだろう．

　そして，こうした理論状況を反映するかのごとく，親の配慮法と同時に国家の公的援助義務を具体化し，援助中心の構成へと変わるはずだった少年福祉法の改正も一旦は挫折することとなった．

　このような理論的背景，立法動向をも踏まえた上で，先の［D］決定の判断から民法1666a条1項に至る理論動向の意味を理解する必要があろう．

　さらに，［D］決定が先の引用部分に続いて次のような判断を示している点も注目される．

>　「しかし，国家はそれに限られるわけではなく，そのような措置では十分でない場合には，親から教育及び育成の権利を一時的，さらには継続的に剥奪することができる．この場合には，国家は同時に積極的に子どもの健全な成長のための生活条件を作り出さなければならない」(BVerfG24, 119 (145))．

　介入による親の排除に伴う国家の援助義務を語るものであり，援助の相手方は主として子どもであると考えられるが，一般的な公的援助義務が必ずしも認められない一方で，介入による親の排除の前後，介入との関わりにおいては，連邦憲法裁判所を中心に国家の援助義務が積極的に認められる傾向にあったということができよう．これを介入の側からいうと，介入による親の排除は，その前後を通じて常に親，家族あるいは子どもに対する援助との関連において捉えられることが強く要請されているということになろう．援助の視点を無視した介入は許されない．

　以上を踏まえた上で，再び民法1666a条1項に戻ろう．

　民法1666a条1項の理論的背景とは別に，実際上の背景となっているのが，1961年少年福祉法以後の少年福祉実務における事実上の援助的措置の拡大（Happe, 1987）であり，こうした実務の変化を反映させるべく少年福祉法改正が試みられたのであった（Wiesner, 1979）．このような実務の裏付けが存在したからこそ，民法1666a条1項において「公的援助によっても危険に対処することができない場合にのみ」と規定することが可能であったと考えられるのであり，この点には注意が必要である．同条項

とともに実現するはずだった少年福祉法改正が一旦挫折したこともあって，同条項は単に「プログラム命題」「美辞麗句」でしかなく「実際上の意義に乏しい」とも評されたが（Coester, 1999），こうした実務を背景に，理念としてはしだいに定着していき，［G］連邦憲法裁判所1982年2月17日第1部決定においても次のような判断が示されるに至っている．

「親が乳児院から子どもを退院させた後，必要な育成及び教育について十分な保障を与えなかったとしても，子どもの福祉の危険は，成育が示すように，子どもを親から分離させるよりも穏やかな措置によって対処されえた．地方裁判所は，1978年5月の仮決定において子どもを保育所に通わせるという条件で抗告人に子どもの育成及び教育を認めたが，それによって，比例原則に従い，まずは親の能力不足を援助的な措置によって補おうと試みるという，民法1666a条に含まれる国家の義務を果たしたのである」（BVerfG60, 79（93））．

その後，新たな動きの下に少年福祉法改正を実現させた1990年「児童少年援助法再編のための法律（Gesetz zur Neuordnung des Kinder- und Jugendhilferechts)」(BGBl. I, S. 1163)（以下「児童少年援助法」という)[7] において援助的措置の拡大が規定され，これにより民法1666a条の実質化がもたらされたといわれている（Coester, 1991）．

より具体的にみていこう．

民法1666a条1項が比例原則の具体化であると解されることについてはすでに言及した．しかしながら，ここでいう比例原則とは，通常の意味での比例原則[8] とはやや異なる特殊な性格を有するものであることに注意する必要がある．もちろん比例原則の内容として援助優位が語られること自体が通常の比例原則には見られないものであるが，問題は，そのような特徴の基礎にある基本的な考え方の特殊性である．

すなわち，「比例原則は1666条の枠内では一般警察法原則によってではなく，実質的教育的に理解されなければならない」（Münder, 1981）．ただし，これだけではその意味するところは明らかでない．この点，ベッケン

---

[7] 同法の日本語訳として，岩志＝鈴木＝高橋，2002，2003がある他，同法について考察する日本語文献として，高橋，1994; 鈴木，1992等がある．

[8] 警察法に由来する行政法上の比例原則については，須藤，1990，1991を参照のこと．

フェルデが比例原則を語る際に付け加えた次のような見解が注目される．「さらに，あらゆる家族，それは健全な家族だけでなく，まさしく『病的な』家族も外部からの介入に対して反抗的に防衛的態度をとる傾向があることが付け加えられる．したがって，親の教育活動への干渉がそれ自体必要かつ適切である場合であっても，まずは助言や援助といった手段がより成果を期待させるものとして現れる」(Böckenförde, 1980)．つまり介入の目的からして，家族の自律を尊重して介入よりも援助を優先させることがより合目的的とされるのである．警察法原則より発展した比例原則において，介入の根拠となる公共の福祉と介入される私人の自由とが対抗的に位置づけられるのとは対照的である．

　ここで介入の目的とはすなわち子どもの福祉である．子どもの福祉の観点からみて，比例原則が再構成され，その内容として援助優位が主張されていると理解することができよう．そして，このような考え方の前提となっているのが，上述の［D］決定以降の「子どもの福祉」を基準とする「親の権利」理解であり，また，それに対応した「子どもの利益は親によって最も良く守られる」との「親の権利」の正当化であると考えられる．

　以上についてエーリヒゼンは次のように述べる．「国家は基本法6条2項1文の価値規定（『何よりもまず』）にしたがい，まず家族の機能を維持し，あるいは家族を再び機能させるよう試みなければならない．家族の内部領域は国家の干渉からできる限り自由でなければならない」．これは，「子どもは自分の家庭において最も手厚く世話をされ，子どもの福祉及び教育に必要なものが全て与えられるとの考慮に基づく」．「このことから，過剰禁止の適用についての帰結も導かれる」．「国家はまずは援助を与え，給付を任意に求めるという選択肢を示し，しかる後に初めて親の意思に反する措置をとるよう義務づけられている」(Erichsen, 1985)．

　このような特殊な比例原則としての援助優位の考え方からして，「親の教育責任への後見裁判所による介入に対して優先するのは，親の申請あるいはその同意の下になされる国家給付すべてである．このことは，この国家給付が子どもの家庭外教育（Fremderziehung）と関連してなされる場合（里親養育（Familienpflege），施設教育（Heimerziehung），グループホーム（Wohngemeinschaft））であっても，この家庭外教育が個別事例において適切かつ

必要な援助である限り，妥当する」．優先するのは補導教育（Fürsorgeerziehung）ではなく「親の申請により与えられる任意的教育援助（Freiwilliger Erziehungshilfe）[9]）である——それが，通常そうであるように『適切な家庭あるいは施設において』なされる場合であっても」(Wiesner, 1981)．家族を再び機能させることが求められるからである．

要するに，介入としての補導教育と援助としての任意的教育援助とは，例えば里親養育や施設教育，あるいはグループホーム等，共に子どもが親から引き離されて養育されるという形態をとることがあり，その内容においては必ずしも区別されず，むしろ親の申請あるいはその同意の下になされるか，それとも職権で一方的になされるかによって区別されていたのであるが，この区別が家族を再び機能させるという観点からは重要な意味を持ち，親の申請あるいはその同意の下になされる任意的教育援助が優先されていたのである．援助優位の核心はまさにこの点に求められよう．先のベッケンフェルデの見解もこの点を念頭に置いたものと考えられる．

1990年児童少年援助法は，その37条1項で家庭外での援助における里親等と実親との協力を求めるが，2文以下で次のように規定している．

「相談及び支援によって，子どもあるいは少年の発達に鑑みて適切な期間内に，子どもあるいは少年を再び自ら教育しうるほどに元の家庭における教育条件が改善されることが求められる．この期間内においては，家族に付き添っての相談や支援によって，子どもあるいは少年と元の家族との関係が促進されるよう努められなければならない．」

援助的措置を通じての家族の再機能化への要請を明確に規定するものであり，これによって，民法1666a条における援助優位がさらに実質化することとなったといえよう．「1666a条は家庭裁判官をこのような後続措置についての責任に関与させるのであり，1項あるいは2項による介入は，同時に少年保護所と共同で元の家族の再機能化の可能性及び方法が検討され，確定される場合にのみ許される」(Coester, 1999)．後続の援助的措置による再機能化の観点を考慮に入れずに無責任に介入することは許されない．先に引用した介入による親の排除についての「国家は同時に積極的に

---

9) 「補導教育」「任意的教育援助」共に1990年児童少年援助法によるシステム再編の際に廃止された．

子どもの健全な成長のための生活条件を作り出さなければならない」との［D］決定の判断も，このような具体的意味を有するものとして捉え直されよう．

さてしかし，援助優位とはいっても援助的措置によって子どもの福祉の危機に対処しえない場合には，民法1666a条1項の文言からしても当然介入的措置が必要となる．援助優位の名の下に必要な介入的措置がなされず子どもの福祉の危機が放置されてしまってはいけない．このような観点から，以下，援助優位の限界について考察することとしよう．

まず，援助優位の意味が以上のようなものであるとすると，援助優位により介入ではなく援助がなされるための条件は，援助，例えば「児童少年援助法上の給付に不可欠な親の協調姿勢が期待できるか」(Coester, 1999) という点にある．援助優位の意義がその任意性にあるとすれば，援助的措置について親が積極的に受け入れる態度をとらない場合には，援助が効果的に作用することが期待できず，援助を優先する意義が乏しくなる．親の申請あるいはその同意を受けて支援がなされたとしても，実際の支援について親が拒絶あるいは消極的態度をとるなら，親の協調を前提とする限りで支援はより適切な措置とはいえない．

また，援助によって子どもの福祉の危機に対処しうるとして家庭裁判官が介入を拒む場合，当該援助は「具体的に説明され，その成功の見込みについて理由を示されなければならない」(Coester, 1999)．つまり援助的措置一般ではなく当該具体的措置について子どもの福祉の危機に対処しうるものであるか否かが問われなければならない．したがって，親の申請あるいはその同意についていえば，当該具体的措置に対する申請あるいは同意が問題となるのであり，子どもの福祉の危機に対処しうる措置に対する申請あるいは同意が必要とされる．不十分な措置に対して申請あるいは同意がなされたところで意味はなく，その場合には援助優位ではなく十分な介入的措置が求められる．

さらに，公的援助によって危険に対処しうるか否か家庭裁判所が審査しなければならないとしても，これは必ずしも「法律上予定されている，その都度の危機状況において考慮されるすべての公的援助を先立って利用することを前提とするものではない」(Hinz, 1992)．実際に援助が試みられ

なくても家庭裁判官がそれら援助が適切でないと確信するに至った場合には介入的措置がとられる．民法1666a条についての提案理由においても，「この規定は，個別の援助類型相互の関係ではなく，子どもを家族から分離することに向けられた配慮法上の介入とこのような介入を避ける公的援助の間の関係を扱うものである」(BT-Drucks. 11/5984) とされたところである．実際，「今日1666条，1666a条による裁判所の手続が開始されるのは，すでに少年保護所が家族とともに子どもの福祉の危機を防止するために協調的な解決を徹底的に試みている場合がほとんどである．少年保護所のそれまでの対応が不適切だったとか，あるいは危機的状態が進行するまで家族に注意が向けられず，なされるべき援助について親の同意が得られないような場合にのみ，1666条，1666a条による裁判所の手続に至る」(Wiesner, 1981) のである．その場合でも家庭裁判所は自らの責任で審査しなければならないが，「援助がすでに長い間提供されてきたのに，結局失敗に終わった場合には，分離よりも緩やかな介入によっては子どもの保護は達成されえないということが通常は推論されうる」(Coester, 1999)．

　加えて，民法1666a条に限らず，子どもの福祉が問題となる場合には常に時間的要因が重要な意味を持つことに注意しなければならない．ここでの問題についていえば，緊急を要する場合に援助優位が妥当しないことはいうまでもないが，そうでない場合であっても，例えば，「子どもが長期間にわたり不十分な（unbefreidigenden）境遇で成長し，家族関係を未決定のままにしておくことは正当化されない」．「『とりわけ幼少の子どもにとって耐えられる期間内に』」ということが重要であって，「親に関係を強化し子どもを再び取り戻す可能性を残しておくために，家族から引き離されなければならない子どもを最終的に引き取ることが何年もなされないままであるという傾向」は「『子どもが国家による家族回復の実験台になっている』」と批判されている (Coester, 1999)．

　要するに，「あらゆる個別事例において，危険にさらされた子どもに対してまだ『家族を通じて』援助がなされうるか，それとも――取り返しのつかない被害を避けるために――子ども個人の利益が『家族に対して』守られなければならないか，責任の重い決定がなされなければならない」(Coester, 1999)．

3　援助過程における侵害

　先に援助優位の限界として，援助について親が拒絶あるいは消極的態度をとるなら，親の協調を前提とする限りで援助はより適切な措置とはいえない旨指摘した．確かにそのような場合には援助優位を実現するのに困難が伴うであろう．したがって，介入的措置に頼らざるを得ないようにも思われる．

　しかし，問題はそれほど単純ではない．ここでは先に引用した連邦憲法裁判所［G］決定において示された判断を考察の出発点とすることとしよう．

　まず［G］決定の事案を簡単にみておこう．強度の難聴，脊椎湾曲に加えて1級から2級の精神薄弱で，夫も重度の知的障害者である妻が妊娠7ヶ月で女児を出産した後，少年保護所の申し立てにより，後見裁判所たる区裁判所が，仮命令の後，子どもは病院から親の家に退院させられると精神的身体的に危うくされるだろうという理由で最終的に親権を剥奪し，それを少年保護所に後見人として委ねたため，夫婦が，妻の母が後見人に任命されるべきであるとして抗告したというのが事件の発端である．その後一連の抗告手続を経た後に，上級地方裁判所により親権の剥奪が決定されたため，憲法抗告がなされた．

　連邦憲法裁判所は［G］決定において次のような判断を示した．
　「抗告人が自らの障害のために子どもの教育においても公的援助に頼る限りで，管轄機関との協力に必要な心構えが抗告人には欠けていたかもしれない．しかし，その場合，抗告人がすでに妊娠の初めから，自分たちが子どもを持ち，自分たちで引き取ることができないと思われているという印象を持たざるを得なかったことが考慮されなければならない．特に母親の抗告人にとっては子どもが生活の中心であるから，もし援助的な公的措置を用いて子どもを自分で世話することができるという感覚を彼女に与えていたなら，ひょっとしたら彼女は官庁に対してもっとうち解けていたかもしれない．彼女と子どもとの強い感情的結びつき，そして彼女の善意に鑑み——双方とも彼女について

は抗告された決定の中で確認される——，少年保護所と抗告人との間の関係が解きほぐれれば，子どものために必要とあれば官庁と協力するということができないし，その気がないということは簡単にはいえない．子どもが1978年から通った保育所の保育士と協力する心構えを両親が可能な限り示していたという経験からしても，そのようにはいえない」(BVerfG60, 79 (94))．

このような判断に基づいて，[G] 決定は「したがって，上級地方裁判所の見解とは逆に，比例原則を遵守して教育援助あるいは具体的な教育措置の命令によって将来における子どもの福祉の危険に対抗することは排除されないように思われる」と判示した (BVerfG60, 79 (95))．

以上のような [G] 決定の判断は，仮に援助について親が拒絶あるいは消極的態度をとるとしても，その原因が援助する側の親に対する対応，態度によるものと考えられる場合には，介入の条件が充たされているか否か慎重に判断する必要があることを示すものといえよう．この点，親が援助を拒む場合であっても，親は「通常弱者の側であって，それ故，後見裁判所には特別慎重にこの要件（＝親の心構え及び可能性：筆者注）を審査し，ありうる選択肢を詳しく調べることが求められる」との見解 (Münder, 1981) もみられる．先にみたように，ベッケンフェルデが援助優位の根拠として「家族が外部からの介入に対して反抗的に防衛的態度をとる傾向がある」ことを挙げるなら，親に反抗的に防衛的態度をとらせるような援助は実質的に介入と変わりないということになろう．援助としての任意的教育援助が介入としての補導教育と内容的に必ずしも区別されないものであったことについてもすでに述べた．

要するに，援助のあり方，援助の過程が問題とされなければならないのである．ここで扱うのは援助過程における侵害の問題である．

前述のように民法1666a条1項と共に実現するはずの少年福祉法改正は一旦挫折することとなったが，同法改正論議において最も激しく議論された論点の一つが，実務上拡大した事実上の援助的措置に法的基礎を与えようとする改正法案が憲法上の親の権利を侵害するのではないかという点であった．この論点をめぐる議論[10]からみていくこととしよう．

---

10) この点について考察する日本語文献として，横田守弘，1990をも参照のこと．

「有機体的」家族観に基づき限定的にのみ国家介入を認める立場から親の配慮法に批判的であったガイガー[11]は，少年福祉法改正による援助的措置の拡大に対しても批判的な立場をとった．すなわち，援助的措置の一部が改正民法1666条と関連づけられている点，少年自身に援助的措置への申請権を認める点等から，「これらすべてが合わさって，援助され教育力を強化されるべき家族を防御へと，弱者の地位へと押しやる．というのは，少年援助は少年が自らの人格を発展させるために家庭外の便利なものを利用し，窮屈で自らの要求にとって煩わしい家族の領域から抜け出そうとするよう誘惑するからである」との判断が示されている（Geiger, 1980）．ここでガイガーは少年援助法が強制的サーヴィスを含むものではないことを認めた上でこのような判断を示すのであるが，この点，イーゼンゼーはより明快に次のような見解を示している．「親の基本権は技術的意味における高権的介入にのみ関わるのであるが，少年援助においてはもっぱら国家の『サーヴィス』が問題となるのであるという確認に甘んじるなら，少年援助の憲法問題が過小評価されることになる．そのような『サーヴィス』は，その量及び多様性において家族をまさに取り囲んで圧迫する．給付は侵害効果をもたらしうるのである．公的主体の魅力的な『サーヴィス』は，場合によっては子どもを親の家から引き抜き，親子間の争いをもたらすかもしれない」．「少年援助のための公的施設の環境及び傾向は，特筆すべき教育的影響を有しうる．親はこの影響を統制することができなければならない．公的少年援助は親の家の競争相手にはなりえない．それは補完的機能を有するのである」（Isensee, 1980）．

このような少年福祉法改正批判に対し，ヴィースナーは「ここで提供される給付の意味は，まさに介入をできる限り避けるという目的から，できる限り早急に必要に応じた援助を行うことにある．さらに，発達が危険にさらされ，あるいは妨げられて初めて援助がなされるのではすでに遅すぎるということになりうる」と反論する．さらに，立法は「親の教育責任の履行に際し相談や援助を求める親」に対する援助を規定するもので，基本法6条の価値決定を考慮しており，親が求める援助を与えないことによって多くの場合に介入を必要とする状況に至るとし，「基本法の枠内におけ

---

11) ガイガーの理論構成についても，横田光平（5），2003を参照されたい．

る少年援助は，国家の監視人職務から生ずる義務をまさにできる限り履行しなくてもよいように，ということを目的として若者を育成し，家族を強化することである」との見解を示している（Wiesner, 1979）．

　要するに，ガイガーらが援助の侵害効果を主張して介入と援助の区別を相対化し，少年福祉法改正における援助の増大に対して消極的，あるいは慎重な立場をとるのに対し，ヴィースナーはあくまで介入と援助を峻別し，介入を避けるために援助が求められるとして，援助が積極的に評価されるのである．ここでは先に考察した改正民法1666a条における援助優位と基本的に同様の考え方が，より一般的な形で展開されているということができよう．

　さらにヴィースナーは少年援助の任意性について次のような見解を示している．「給付がその性質上押し付けられないし，ましてや強制されうるものではなく，むしろその利用は任意であるということは元々自明なことであるが，少年援助においては刑法及び警察法に由来することから特別に強調する必要がある」．「介入から給付への構造変化が介入に力点を置く少年福祉法よりもはるかに基本法6条の目標に合っているというだけでなく，ソーシャルワーク及び社会教育学の知見からして，援助をそのまま受け取る客体として個人を捉えるのでなく，それを超えて個人を積極的な共同作業へと動機づけようとして提供される援助の有効性にとっての不可欠な条件が任意性である．このことは，多くの領域で自助に向けた援助であって，当事者ができる限り早く再び自分たちの問題を自分たちで解決することができるようになることを目的とする少年援助には，まさに妥当する」（Wiesner, 1979）．

　民法1666a条の援助優位と同じく，ここでも，より一般的な形で，当事者の「再機能化」に向けた援助の前提として「任意性」が強調されているといえよう．

　こうしてみると，確かに介入を必要とする事態に陥らせないために，そうした事態に陥る危険のある家族に対して，早い段階で援助を提供することが必要であることは否定できないだろう．援助の侵害効果を語る見解は特定の理念的立場に基づくものもあり，様々な援助が全体として侵害効果を有しうると抽象的に主張するものであって，それによって援助の意義を

否定してしまうのは行き過ぎであろう.

ただ,援助の必要性は認めるとしても,他方で,援助の侵害効果の指摘にも容易に無視しえないものがあるように思われる.実際,先のイーゼンゼーの見解は,援助の侵害効果の故に援助自体を否定するものではなく,むしろ公的少年援助の補完的機能を語った上で次のような見解が示されることとなる.「したがって公的少年援助は協同へと義務付けられる.それ故,公的少年援助の主体が,『サーヴィス』を受け入れることについて親との協調を獲得し,親に相応の情報提供を行うよう義務づけられることが親の基本権の観点から適切であるように私には思われる」(Isensee, 1980). つまり,援助の侵害効果を指摘することによって,憲法上の親の権利の観点から援助の具体的なあり方が問題とされることになるのである.

この点,オッセンビュールは,国家による介入と給付の関係一般にまで議論の射程を広げ,次のような見解を示している.「『押し付けられた給付は基本権侵害の法形式となりうる』という確認は『ありふれた』ものである」.「高権的(規範的)強制は,協同,約束,説得,勧誘,アピール,報奨,督励,提供,そして脅しに取って代わられている」.「『心理学と宣伝の時代』においては,そのような間接的な強制が規範的な強制よりも目に見えないものであり,そしてとりわけより抗い難いものであることも知られている」.その上で,オッセンビュールは次のような見解を導いている.「このような指摘は,家族,少年政策への国家の積極的関与に反対する意見表明と誤解されてはならない.しかし,『介入』と『給付』の伝統的カテゴリーが現代の憲法においてはシステムを形作るような力を広範に失ったということは明らかにされよう.それ故,これは『給付法』であるというような大雑把な命題では,詳細な憲法的審査を不要にすることはできない.とりわけ基本権理論は,今日,市民の自由領域への国家介入が官報で読み返すことができるような法規範によって生ずるだけでなく,そのような介入がとりわけ事実上の高権的活動の『直接効果』でもありうることについて敏感になった」.「このような考察が,教育領域における国家の援助的給付の形成及び実施にとって直接の重要性を有する」(Ossenbühl, 1981).

一般論としてはそのようにいいうるかもしれないが,問題は,いかなる

場合に「詳細な憲法的審査」が必要となるかである．オッセンビュールは「『押し付けられた給付』」という「『ありふれた』」場合以外の間接的な強制をも念頭に置くようであるが，この点について必ずしも明確な見解が示されているわけではない．これに対し，「自由主義的」基本権理論の立場をとるベッケンフェルデ[12]は，あくまでも「法的問題は少年援助が押し付けられた場合にのみ生じうる．けれども，親，家族へのサーヴィスである限りは，基本法6条2項の観点からは全く問題はない．そのような問題は，親が子どものために少年援助を受け入れるよう強いられる場合に初めて生じる」とする（Böckenförde, 1980）．

確かに，先に考察したように援助が任意性を前提とするのであれば，任意性が疑われる場合には援助の正当性自体が問われることとなろう．しかし，任意性が疑われる場合とはどのような場合であろうか？　また，それ以外の場合には援助に関して侵害効果が問題となることはないのであろうか？

このような問いに対して，とりわけここでは介入を必要とする事態に陥る危険のある家族が援助の対象であることに留意すべきである．一般論として援助の任意性を指摘するだけでなく，そうした家族にとって援助がいかなる効果を有しうるかを個別具体的に慎重に判断する必要があろう．むしろ，援助の前提である任意性が，まさに援助を必要とする家族においては容易に損なわれやすく，にもかかわらず，そのような家族に対して任意性を前提とする援助を行う必要があることから，援助のあり方には細心の注意が求められるといえよう．

このことを踏まえた上で，ここで今一度民法1666a条をめぐる議論に立ち戻ってみよう．

ジーモンは，「親が少年援助の措置に同意しなければ子どもを家族から引き離すと少年保護所や後見裁判所が脅すというように1666条が濫用されうるのではないかという懸念を生じさせることになることが，公的援助を指示していること（1666a条1項）からは容易に予想されうる」と指摘する（Simon, 1980）．1666a条の濫用の可能性の如何にかかわらず，確かに

---

12) ベッケンフェルデの「自由主義的基本権理論」について考察する日本語文献として，参照，樺島，1995，1996．

民法1666a条の文脈においては，援助の任意性に疑問がないではない．

しかし，この点についてジーモンは次のように正当化している．「公的援助を指示していることはまさに親の権利の実現に仕えるものである」．「さらに，親が少年援助法における教育への援助に同意しなければ子どもを引き離すと脅すことは，脅した措置の要件が実際に存在する場合にのみ真剣に受け止められるだろう」(Simon, 1980)．確かに介入を必要とする場合においては，援助に任意性が欠けていたとしても，その効果の如何はともかく，援助の正当性は否定されえないだろう．また，介入要件が充たされていない場合も，介入を背景とすることによって援助の任意性に疑問が生じうるとしても，援助の必要性は認めてもよいのではないか．

もっとも，援助の任意性に疑問があることから，任意性を前提とする援助のあり方について慎重に判断する必要があろう．

もう一つ別の議論についてみてみよう．

連邦行政裁判所1977年3月31日第5部判決[13]は，原告の扶養のために少年福祉法における育成及び教育への援助として「『経済的援助』」を与えることを義務付けた原審の判断を取り消すに当たり，「教育の保障について家族の教育関係への国家介入が劣位することが潜脱されるだろう」．「その場合には『援助』が通常同時に『介入』を意味することになることが見落とされている．この領域における給付には通常は監視が伴うはずであるから」との判断を示した (BVerwGE52, 214 (217))．この判断は給付に国家の監視が伴うことをもって「『介入』」とし，それによって「『経済的援助』」の給付拒否を正当化するものであるが，「監視を伴う給付」の介入効果を指摘したことによって議論が生ずることとなった．

この点，「あらゆる少年援助給付に当てはまる命題ではな」く，幼稚園等は「家庭教育の『監視』を前提としない」との指摘 (Erichsen, 1985)，さらには「給付によって給付権を有する者が法律に定められた目的の達成

---

13) 本判決の事案は，1971年生まれの非嫡出子の娘を，養育する意思も能力もない母親に代わって養育していた祖父母が，経済的に養育不能であることを理由に少年保護所に経済的支援を求め，当初は金銭給付がなされていたが，社会扶助によるべきとして給付が撤回されたため，行政裁判所に対して出訴がなされたというもので，同裁判所において請求が認容された後，跳躍上告がなされ，本判決において原判決が取り消された．本判決の主たる理由は，もっぱら経済的な援助は少年福祉法の目的とするところではないという点にあった．

に向かっているか否か給付官庁が監視する場合にも，介入効果は認められない」とする見解（Jestaedt, 1995）も現れているが，しかし，「個別事例においては有効な援助のために家族の状況について見渡すことが必要となり（例えば教育相談），それによって『介入』の起点となりうる」（Erichsen, 1985）ことは否定できないだろう．

確かに「『その都度の教育需要に応じて』」「『適切な時機に十分に』」与えられるべき「『必要不可欠な』」援助については，「援助の需要，必要性及び適切な時機であることを家庭の教育関係をより詳細に調査することを通してのみ確認しうる」（Erichsen, 1985）．また，「国家は反応して活動する，つまり，すでに教育損害が生じてから初めて介入することができるだけではな」く，「むしろ国家の監視人職務の重点は危険配慮及び危険防止にある．このような任務を国家は論理必然的に，教育状況を一般的そして個別具体的に注意深く観察し，情報を得る場合にのみ適切になしうる」（Ossenbühl, 1981）．「国家の監視人職務が子どもの被害及び危険を防ぐという任務を果たしうるためには侵害が生ずる前にすでに情報権が必要であり，まさにそれによってまず第一に介入ではなく支援的援助的に活動することができることにもなる」（下線部原文イタリック体）（Böckenförde, 1980）からである．援助優位の実現のためにも調査等による情報収集が求められているといえよう．

しかし，「国家が個別の家族の教育のあり方についての情報をどのようにして調達すべきかという問題は，慎重な配慮を要する領域に行き着くことになる．というのは，基本権として保護されたプライヴェートな領域としての家族関係をのぞき見るだけでもすでに正当化を必要とする国家介入を意味するからである」（Ossenbühl, 1981）．

こうして具体的には「国家による給付の付与についての監視は家庭的な要件の有無に限られ，したがって，与えられた手段の家族固有の利用は原則として国家によって監視されない」として情報の内容により限定する見解（Kirchhof, 1978），あるいは「情報権は親の後見へと転換するための手段とはなりえない．それは例えば継続的な報告義務，あるいは理論的に考えられうる類似の制度については当てはまるだろう．他方で，子どもの発達，場合によっては子どもの福祉にとっての危険状態について正当な根拠

が存在する場合（中略）には相談，訪問等による情報の可能性が必要である」として情報収集の手段により限定する見解（Böckenförde, 1980）が主張されることとなる．

　以上のように，ここで考察の対象とした法分野においては，援助が必要とされる場合であっても，援助の任意性にとどまらず，援助過程の具体的あり方について細心の配慮が求められているといえよう．先に引用した連邦憲法裁判所［G］決定の判断もこのような文脈に位置づけられよう．

　このような理論状況を背景として，1990年児童少年援助法は，その36条1項1文で次のように規定する．

> 「身上配慮権者と児童あるいは少年は，教育への援助の利用について決定する際，そして援助の種類及び範囲を必要に迫られて変更する際に前もって相談されなければならず，児童あるいは少年の発達について予想される結果について伝えられなければならない．」

　先のイーゼンゼーの見解が想起されるが，しかし，ここでは「児童あるいは少年」も主体とされている点に注意する必要があろう．任意性を前提とする援助にとって援助を受ける者の自発的意思が極めて重要であること，さらに，援助にとって必要な情報をどのように調達すべきかという観点からみても注目すべき規定といえよう．

　さらに同法はより具体的に個別の場合に焦点を当てた規定も置いており，例えば続く36条1項3文及び4文は次のように定める．

> 「元の家族の外での教育への援助が必要な場合には，1文に挙げられた者が施設あるいは里親養育の場所の選択に参加させられなければならない．不相当に多大な費用がかかるのでない限り，希望には応じられなければならない．」

　また，続く同法36条2項は次のように定める．

> 「教育への援助が長期間にわたって提供されなければならないことが見込まれる場合には，個別事例において指示される援助種類についての決定は，多数の専門家の協力の下になされるべきである．援助の構成についての基礎として，それらの者は身上配慮権者と児童あるいは少年と共に，教育上の必要，与えられるべき援助の種類，並びに必要な給付についての確認を含む援助計画を策定すべきである．」

家族の状況に応じて援助のあり方が区別されて考慮されているといえよう．

4　まとめ

　以上のドイツ法の考察は，当然のことながら，直接日本法の解釈論に持ち込めるものではない．しかしながら，基本的な考え方という点で日本法の理解についてもある程度の方向性を示唆するものではないかと思われる．以下，ドイツ法についての考察結果を簡単にまとめつつ，日本法理解にとって参考となる若干の点を指摘することとしたい．

　まず，ドイツ法においては，基本法6条2項の「親の権利」規定の存在を前提として，連邦憲法裁判所の判断，及び民法1666a条といった法律規定を手がかりに，児童虐待事例等に対する国家の対応について，比例原則の具体化とされる「（介入に対する）援助の優位」の考え方が一般に認められている．この「援助の優位」は実務における援助的措置の拡大を背景とするものであるが，考え方の核心は，援助の任意性，すなわち援助を受ける者の自発的意思に求められる．つまり，当事者である親と子どもの関係，家族の「再機能化」こそが子どもの福祉に適うものとして求められているのである．ここに通常の意味での比例原則とは異なる「援助の優位」の独特の意義が見出される．したがって，介入は常に援助との関連において捉えられねばならず，とりわけ後続の援助による再機能化の観点を考慮に入れず無責任に介入することは許されない．

　このような考え方からすると，日本において司法警察が援助の観点を無視して一方的に介入する事例が伝えられているのは，「再機能化」の可能性を損ねるものとして子どもの福祉の観点から問題があるといえよう．一方で「再機能化」を可能にさせる援助的措置の充実が求められていることはいうまでもないが，児童福祉行政において現になされている慎重かつ繊細な対応，さらには介入後の援助による「再機能化」の問題を無視して無責任に介入すべきではない．日本法においても比例原則は一般的に認められているが，それは警察法原則に由来する比例原則にとどまるものであって，子どもの福祉の観点から「援助の優位」を導きうるものではなく，こ

の分野における行き過ぎた介入の統制原理としては機能していない．この分野における子どもの福祉の観点からの比例原則の再構成，あるいはそれに代わる理論構成の構築が求められているといえよう．そのためにも前提としての「親の権利」についての理解が確立される必要があると思われる．

　この点，ドイツ法において，以上のような「援助の優位」の前提となっていると考えられるのが，「子どもの福祉」を基準とする「親の権利」理解であり，それに対応した「子どもの利益は親によって最も良く守られる」との「親の権利」の正当化である．日本において司法警察による一方的介入が問題化しているとすれば，それは，児童虐待を行っている親だけでなく，児童虐待に対処する関係機関・団体の側においても「親の権利は子どもの福祉のために保障されるものである」との考え方が浸透していないことを意味しているのではないか．

　もちろん深刻な児童虐待の故に迅速な介入こそが求められる場合があることはいうまでもない．しかし，その場合でも子どもの福祉のみが介入の基準となることはドイツ法が示す通りである．

　次に，ドイツ法において「援助の優位」の核心が援助の任意性，援助を受ける者の自発的意思であるとすると，「援助の優位」に基づき援助が求められるだけでなく，援助の具体的あり方が問題とされなければならない．援助の侵害効果が語られるが，援助の任意性が疑われる場合の他，監視を伴う援助が問題とされる．確かに援助のためには情報が必要であるが，家庭教育についての情報調達は，基本権として保護されたプライヴェートな領域に関わるものであり，監視に制約を課す見解が示されている．援助過程においても様々な形で侵害の可能性がありうるのであり，それぞれの場合ごとに慎重な配慮が必要とされる．

　日本の問題に戻って考えてみよう．司法警察による介入，例えば虐待する親の逮捕，勾留は援助のあり方以前の問題である．しかし，司法警察による介入はそれだけではない．刑事捜査の一環として家庭に侵入し，捜索がなされるといった形での介入もあるのであり，その場合，仮に任意捜査であったとしても問題の本質は変わらないように思われる．すなわち，確かに任意捜査であれば捜査自体をみる限りは自由を侵害するものではないといいうるかもしれないが，援助過程において捜査の形で家庭内への立ち

入りがなされることによって，援助過程全体が当事者にとって「監視を伴う援助」＝侵害的なものとなり，援助を支えていた自発的意思が損なわれる危険性があると考えられるのである．援助過程全体を考慮した上で司法警察においても慎重な対応が求められよう．もちろん司法警察に限らず，児童福祉法29条に基づく質問調査についても同様のことがいえよう．一般に給付の履行をもって行政の過程が完結せず，私人の側の自発的意思によって行政目的が達成される場合にあっては，私人と行政の間の一連の過程全体を視野に入れた上で問題を考察する必要がある[14]．

　虐待防止法4条は，2004年の法改正により，児童虐待の早期発見及び迅速かつ適切な児童の保護に加えて，「児童虐待を行った保護者に対する親子の再統合の促進への配慮その他の児童虐待を受けた児童が良好な家庭的環境で生活するために必要な配慮をした適切な指導及び支援を行うため」にも，関係省庁相互間その他関係機関及び民間団体の間の連携の強化を求めるに至ったが，この点，本章で以上考察したところを踏まえて理解すべきであろう．

【文献表】

Böckenförde, E-W., 1980, Elternrecht - Recht des Kindes - Recht des Staates. in : Krautscheidt / Marré（hrsg.）, *Essener Gespräche zum Thema Staat und Kirche. Bd. 14*, S. 54ff.

Coester, M., 1991, Die Bedeutung des Kinder- und Jugendhilfegesetzes （KJHG） für das Familienrecht. FamRZ1991, S. 253-263.

Coester, M., 1999, in : *J. v. Staudingers Kommentar zum Bürgerlichen Gesetzbuch. BdIV Familienrecht §§1638-1683. 13. Aufl.*, §1666.

Erichsen, H-U., 1985, *Elternrecht - Kindeswohl - Staatsgewalt*.

Geiger, W., 1980, Kraft und Grenze der elterlichen Erziehungsverantwortung unter den gegenwärtigen gesellschaftlichen Verhältnissen. in : Krautscheidt / Marré（hrsg.）, *Essener Gespräche zum Thema Staat und Kirche. Bd. 14*, S. 9ff.

Happe, G., 1987, Jugend- und Familienhilfe. in : *Deutsche Verwaltungs-*

14）　そのような分野として他に生活保護が挙げられよう．生活保護法27条に基づく指導について，被保護者と保護の実施機関の関係全体を視野に入れて論ずるものとして，参照，太田，2001.

geschichte V.

林弘正, 2001,「児童虐待防止法」法教 255 号 73-77 頁.

Hinz, M., 1992, in : *Münchener Kommentar zum Bürgerlichen Gesetzbuch. Bd. 8 Familienrecht II §§1589-1921・KJHG 3. Aufl.*

Isensee, J., 1980, Diskussionsbeitrag. in : V. Simon, D., *Die Reform des Rechts der elterlichen Sorge*. : Krautscheidt/Marré（hrsg.）, *Essener Gespräche zum Thema Staat und Kirche. Bd. 14*, S. 128ff.

岩志和一郎＝鈴木博人＝高橋由紀子, 2002, 2003,「ドイツ『児童ならびに少年援助法』全訳 (1) (2)」早稲田大学比較法学 36 巻 1 号 (2002) 303-317 頁, 37 巻 1 号 (2003) 219-231 頁.

Jestaedt, M., 1995, in : *Kommentar zum Bonner Grundgesetz*. : Art. 6 Abs. 2 und 3. 75. Lieferung（Stand : 1997）.

樺島博志, 1995, 1996,「自由主義的基本権理論の再構築 (1) (2・完)」自治研究 71 巻 12 号 (1995) 106-119 頁, 72 巻 3 号 (1996) 108-124 頁.

Kirchhof, P., 1978, Die Grundrechte des Kindes und das natürliche Elternrecht. in : *Praxis des neuen Familienrechts*, S. 171-187.

小早川光郎, 2000,「並行権限と改正地方自治法」『公法学の法と政策　金子宏先生古稀祝賀　下巻』有斐閣, 289-312 頁.

Maunz, T., 1980, in : Ders./Dürig/Herzog/Scholz/Lerche/Papier/Randelzhofer/Schmidt-Assmann, *Grundgesetz, Kommentar*. : Art. 6（Stand : 1996）.

Münder, J., 1981, in : Derleder/Fieseler/Finger/Höhler/Huhn/Lange-Klein/Münder/Teubner/Troje, *Reihe Alternativkommentare. Kommentar zum Bürgerlichen Gesetzbuch. Bd. 5 Familienrecht（§§1297-1921）*.

太田匡彦, 2001,「生活保護法二七条に関する一考察」『行政法の発展と変革　塩野宏先生古稀記念　下巻』有斐閣, 595-628 頁.

Ossenbühl, F., 1981, *Das elterliche Erziehungsrecht im Sinne des Grundgesetzes*.

塩野宏, 2005,『行政法Ⅰ〔第 4 版〕』有斐閣.

V. Simon, D., 1980, Die Reform des Rechts der elterlichen Sorge. in : Krautscheidt/Marré（hrsg.）, *Essener Gespräche zum Thema Staat und Kirche. Bd. 14*, S. 128ff.

須藤陽子, 1990, 1991,「行政法における比例原則の伝統的意義と機能―ドイツ警察法・学説の展開を中心にして (1)～(3)―」東京都立大学法学会雑誌 31 巻 2 号 (1990) ～32 巻 2 号 (1991).

鈴木博人, 1992,「ドイツ『児童ならびに少年援助法』成立の背景と根本原則―子ども・親・国家の関係をめぐって―」茨城大学教養部紀要第 25 号 77-99 頁.

高橋由紀子, 1994, 「ドイツ『児童ならびに少年援助法』(KJHG) と少年保護所の職務」帝京女子短期大学紀要 14 号 281-298 頁.

Wiesner, R., 1979, Elternrecht, Jugendhilfe und die Stellung des jungen Menschen. ZRP1979, S. 285-292.

Wiesner, R., 1981, Die Kompetenz des Vormundschaftsgerichts bei der Abwehr von Gefahren für das Kindeswohl. ZfJ1981, S. 509-524.

横田光平, 2002, 2003, 「親の権利・子どもの自由・国家の関与 (2)(4)(5)(7)」法学協会雑誌 119 巻 11 号 (2002) 2109-2167 頁, 120 巻 1 号 (2003) 138-199 頁, 120 巻 2 号 (2003) 362-425 頁, 120 巻 4 号 (2003) 800-865 頁.

横田守弘, 1990, 「親の教育権と国家の『監視』(3)・完」西南学院大学法學論集 23 巻 1 号 95-115 頁.

第5章

保育サービスの供給システムとサービス供給の実態
家族政策としての保育政策を考える

福田 素生

1 はじめに

　出生率が人口の置換水準を大きく超えて低下を続ける中，子育てを望む者が安心して産み，育てられるような環境の整備として育児支援策の充実が求められており，保護者の就労と育児の両立支援及び乳幼児の健全育成を目的とする保育サービスは，ますます重要になっている．本章では，我が国の保育サービス供給システムを歴史的及び国際的な視点を交えて検証するとともに，保育サービス供給の実態をデータに基づき分析し，保育サービス供給システムとの関係を指摘する．さらに先進諸国の家族政策なども踏まえて今後の保育政策の在り方を検討し，その方向性を提示する．

2 保育サービスの供給システム

1 福祉サービスの供給システム

　保育，介護等の対人社会サービス（personal social service）の供給システムは，政府と市場の関係において，政府による無料の直接供給と市場による供給を左右の両極として，公的関与の度合いをメルクマールに多様である．また，こうしたサービスの供給には，家族やコミュニティなどイン

フォーマルな部門が大きな役割を果たしている場合が多いほかボランティア部門が重要なこともあり，多元的で多様なシステムが可能である（Johnson, 1987）．対人社会サービスの供給システムは，①サービスの供給主体，②財政支援の有無及び仕組み，③サービスの質などに関する規制，④利用方式などやそれらの組み合わせにより一定の整理を行うことができ，システムの評価は，サービスを必要とする者がもれなく良質なサービスを効率的に受けられるかどうか，換言すれば，アクセス，質，効率性を基準に行われることになる（福田，1999）．

歴史的には，市場に委ねた供給，政府による無料の直接供給といった一般化された極端な議論は，市場も政府も失敗するという様々な経験を経て次第に説得力を失うようになった．そして，できる限りイデオロギー的な志向から離れ，多元的な主体による多様なシステムの可能性を前提とする相対的な視座の中で，それぞれの国や地域において，個別のサービスごとに最適の供給システムを，不断の実証的な検討を踏まえ，住民参加により利用者本位のものとして構築していくというアプローチが有力になっていると言ってよい（福田，1999）．

2　我が国の保育サービスの供給システム

前述のように，対人社会サービスは，多元的な主体により多様なシステムを通じて供給されうるものであり，実際，国，地域により，時代により，またサービスの種類により，多元的な主体が様々なシステムを通じて供給してきた．これに対し我が国の場合，行政対住民という関係において行政がサービスの供給を独占的，主導的に決定するいわゆる措置（委託）制度が，高齢者，障害者，児童，生活困窮者といった対象者及び在宅，施設を通じたサービス内容の多様性にもかかわらず，対人社会サービス供給のための統一的システムとして半世紀にわたり基本的な変更が加えられることなく続いてきた．その後，高齢者の介護サービスは2000（平成12）年度から介護保険制度を通じ，また障害者に対する福祉サービス[1]は2003（平成15）年度からいわゆる支援費制度を通じ，利用者とサービス提供者の相対の契約により提供されるようになり，原則として[2]措置（委託）制度か

1）障害児に対する在宅サービスを含む．

図1 民営保育所入所の法律関係

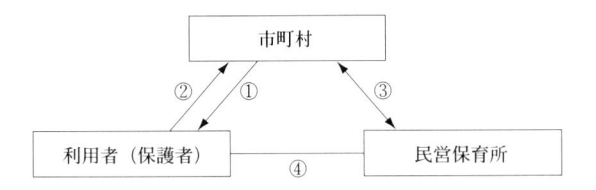

```
           市町村
         ↗  ↕  ↖
        ② ①   ③
       ↙       ↘
  利用者（保護者）――④――民営保育所
```

1998（平成10）年改正前	1998（平成10）年改正後
①入所の措置および費用徴収（いずれも行政処分）	①保育の実施および費用徴収（保育の実施を一種の行政上の契約とする説明もあるが，費用徴収を含め，従来通り行政処分と解するのが自然ではないか）
②行政解釈はサービスの利用は反射的利益とする．学説は入所措置請求権を認めるが，措置権者に裁量権を留保する．施設選択は措置権者の裁量に属し，利用者に施設選択の権利はないと解されるが，一部に施設選択権を認めるべきとの学説もある．	②入所希望保育所の申し込み（やむを得ない事由がある場合を除き，市町村は希望を尊重しなければならない）
③措置委託契約（公法上の準委任契約に類するものと考えられるが，この契約を利用者を第三者とする第三者のためにする契約であると解する説がある．）	③同左
④権利義務関係不明確．③を第三者のためにする契約と解すれば，利用者による受益の意思表示（民法第537条第2項）を前提に施設に対し直接利用を請求できると考える余地もあるが，そうでないとすれば施設に対し不法行為責任を問えるだけになる．なお，独自の契約関係が成立するとの下級審判例があるが疑問を呈する者が少なくない．	④同左

出所）筆者が作成

ら離脱した．これに対し，保育サービスの場合，後述のように1998（平成10）年の改革が限定的だったこともあり，行政（市町村）対住民という関係において，市町村がサービスの供給を独占的に決定するというシステムの基本的な構造がそのまま維持されている．

図1は，1998（平成10）年改正前後の民営保育所入所にかかる関係3者

---

2) 例外的なケースについて措置（委託）制度は残っている．老人福祉法11条1項2号など参照．

図2 介護保険及び支援費制度の法律関係

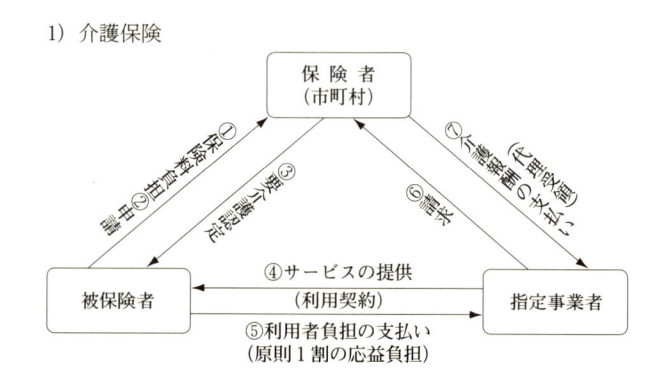

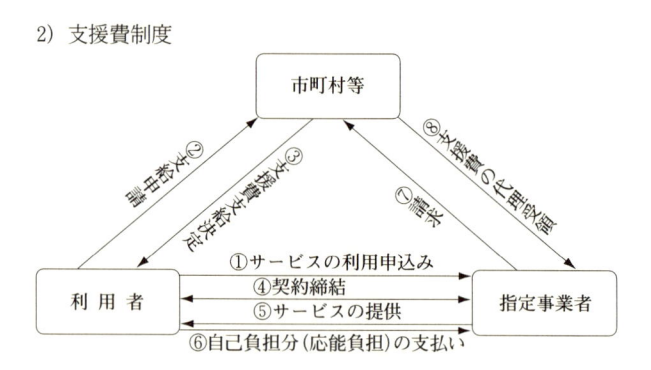

1) 介護保険

```
              保険者
              (市町村)
            /    |    \
       ②    ③    ⑥    ①介護報酬の支払い
   要介護認定  要介護認定 請求     (代理受領)
   の申出       
     /          |          \
  被保険者 ──④サービスの提供── 指定事業者
           (利用契約)
         ⑤利用者負担の支払い
         (原則1割の応益負担)
```

2) 支援費制度

```
              市町村等
            /    |    \
       ②    ③    ⑦    ⑧支援費の支払い
   支援費支給  支援費支給 請求     (代理受領)
   申請       決定
     /          |          \
  利用者 ──①サービスの利用申込み── 指定事業者
         ──④契約締結──
         ──⑤サービスの提供──
         ⑥自己負担分(応能負担)の支払い
```

出所) 厚生労働省資料

――市町村, 利用者, 民営保育所――間の法律関係を示したものである[3]. 介護保険制度や支援費制度 (図2参照) は, 利用者とサービス提供者の双務的なサービス提供契約をベースに, 保険者または行政が, 利用者に対し, サービスの対価たる利用料の助成を行うものである. これに対し, 保育サービスの供給システムは, 市町村が利用者との関係においてサービスの提供を独占的に決定し, 民営保育所は市町村からサービス提供の委託を受け

---

[3] 保育所入所の法律関係については, 福田 (2000) を参照. なお, 公営保育所の場合は, 行政 (市町村) と保育所が重なった場合として捉えることができる.

てシステムに参加することに特徴がある．従って，介護保険制度や支援費制度の場合，利用者の自己負担は，サービスの対価たる利用料の一部として利用者からサービス提供者に支払われるのに対し，保育サービスの供給システムでは，運営費全額が市町村から委託費として民営保育所に支払われ，利用者の自己負担（保育サービスの対価ではなく，市町村が児童福祉法[4]を根拠に課す負担）は，市町村が別途利用者から徴収することになる．1998（平成 10）年の改正により，保護者による入所希望保育所の選択を尊重し，市町村に保育所に関する情報の提供を義務づけるなど[5] 3 者関係のうち市町村と利用者の関係については若干の改良が加えられたが，市町村と保育所及び利用者と保育所の関係に変更はなかった．従って，双務的な契約である場合には明確になる利用者と保育所の権利義務関係は不明確であり，当事者であるはずの保育所が利用者に直接責任を負っているかどうかわからないという制度的欠陥は放置されたままである．また，公的な保育サービスはこれまで通り，市町村と利用者の関係において市町村が決定するものに限定され，保育所は市町村からの委託を受けてサービスを提供するだけになるため，介護保険制度や支援費制度の場合のように民間事業者が自ら主体となってサービスを提供できる余地がない．その意味でサービス供給主体の多元化は阻害され，行政から独立した民間福祉事業としての保育所は存立しないことになる（福田，1999）．また，委託を受けることができないいわゆる無認可保育施設の利用者は，認可保育所と同質のサービスを受けても行政から同等の支援を受けることはできず，認可保育所利用者との間に分配上の不公平を生じさせる[6]．

3 我が国の保育サービス供給システムの歴史など

従来，保育サービスの供給システムについては，サービスの提供の決定と（第 1 次的な）費用負担を市町村に義務づけていることから，GHQ の指導と憲法 25 条の下で，保育に対する公的責任を具現化した制度として肯定的に捉えるのが社会福祉（法）学者の間では支配的だった．私見では，

---

4) 児童福祉法 56 条 3 項．
5) 児童福祉法 24 条 2, 3, 5 項．
6) 認可保育所利用者との不公平は，自宅保育者や幼稚園利用者との間にも生じる．

憲法89条により民間福祉事業に対する助成に制約が加えられる中で，民間福祉事業（による供給）を行政の統制下に置きながら委託費という名の実質的な助成により活用しようとした国際的にも異例の制度[7]であると考える．その背景には，多数の戦災孤児や必需的就労に就く母親の存在などのニーズと，民間福祉事業の活用なしに行政だけでサービスを提供することは実際には不可能であり，また戦前から国家の保護と統制の下にあった民間福祉事業の側も公的な助成なしに事業を継続することは困難であったという現実があった．保育サービス供給システムは，こうした現実やGHQ，憲法89条の存在など当時の政治経済社会の複合的な要請に応えるものであったが，それは野口（1995）が「1940年体制」と呼んだような国家統制の要素を色濃く残し，保育所の主体性と保育所間の競争を否定したものであった．ちなみに保育所の措置（委託）制度は，国家総動員法と同じ1938（昭和13）年に制定された社会事業法に盛り込まれた託児所への収容委託制度にその原型を求めることができる[8]（福田，1999）．

それでは何故このような異例のシステムが，基本的に変更されることなく，半世紀も維持されてきたのだろうか．政策の形成過程では，社会的な集団の間で多様な利害が調整されコンセンサスを作る必要がある[9]．そのため，担当の国家官僚が（エリートというよりも）仲介役となって，多元的な利益団体を（公的な）政策決定過程に参加させ，その政治力を踏まえ，利益の部分的な達成を許容するとともに協力を求め，政策を形成しようとすることがある．筆者の約20年に及ぶ厚生（労働）省勤務の経験からすると，保育所など社会保障制度の在り方は，政府の審議会等を含むそうした政治過程の結果として形成されたコンセンサスに近いと考えてよい場合が少なくないように思われる[10]．無論，利益団体が自己の利益をストレ

---

7) 管見によれば，我が国と同様の保育サービス供給システムを採っている主要国はない．また，北欧など政策選択として保育サービスに対し強い公的関与を行っている国はあっても，観念的でアプリオリな公的責任論や「措置か契約か」といった我が国の議論の枠組み自体異例であり，こうした議論がなされている先進国の例を筆者は寡聞にして知らない．

8) 無論，サービスの提供が国の義務として明記され，最低基準という形でサービスの質が担保されるとともにその維持のための経費として運営費の公費負担が保障され，本人及び扶養義務者からの費用徴収を明記するなど戦後福祉改革の意味は大きく，戦前から大きな転換があったことは疑いない．

9) （Esping-Andersen, 1996）

10) ちなみに医療保障システム研究の泰斗B. エイベルスミスは，「各国の医療保障システ

ートに表明することはむしろ稀であり，実際の政治過程では「子どもの利益」，「患者の利益」といった公益増進の主張の影に忍び込ませる場合も多いであろう．従ってここでの検討は，関係審議会における発言や要望書などの断片的な資料をベースにした試論の域を出ないものであるが，そういう前提で保育サービスの供給システムに対する利益団体や関係省庁の基本的な立場を次頁表1のとおりまとめてみた．仮にこうした状況にあるとすれば，幼稚園なども含め複雑な利害関係が形成されている[11] 中で，既得権を守るための現行制度維持論あるいは，価値配分体系の変更に伴い貧乏くじを引きたくないという慎重論も加わって，良質なサービスが効率的に提供される利用者本位の制度となるよう制度を積極的に改革しようというコンセンサスが形成される可能性は低いように思われる．サービス供給者の団体の意向に左右されることの多い政党の対応も相俟って，社会経済状況が大きく変化したにもかかわらず，半世紀以上にわたって行政主導型の統制，保護色の強い制度が基本的に維持される原因の一つとなったのではないだろうか．

　なお，2004（平成16）年度予算に盛り込まれ，関連する児童福祉法の改正法案がいわゆる日切れ法案として成立して公立保育所の運営費の一般財源化が実施された．これにより制度創設後半世紀を経てはじめて価値配分体系に一定の変更が加えられたことになり，サービス提供の決定者である市町村に影響を与えることも考えられる．今回の改革を，いわゆる三位一体の改革による国，地方を通じた税財源と権限配分の見直しという大きな動きの中で，いかなる政治力学が働いたもので，その結果をどう理解するかについては詳細な検討を要し，ここでこれ以上立ち入ることはできない．ただ，現時点での筆者の理解を簡単にまとめると以下の通りである．公立の障害者施設はそうならず，公立保育所だけ運営費の一般財源化が盛り込まれたのは，障害者に対する支援費の場合，利用料補助としての給付は原則として利用者本人へ支払われる[12] のに対し（従って，障害者がたまたま

　　　ムは，利害関係者——医療供給者，消費者，政府，企業，労組など——の相対的な政治的
　　　力関係に依存する」（Abel-Smith, 1996）と述べている．
　11）　幼稚園と保育所の関係については，古くから議論があり，構造改革特区などにおいて
　　　試行的取組みも行われるようになっているが，一元化に対する慎重な意見も根強いように
　　　思われる．

表1 保育所措置（委託）制度に対するスタンス（試論）

関係省庁・団体	基本的な立場（連想）	保育所措置（委託）制度に対するスタンス等
財務省	国家財政の健全な運営（財政支出の削減、効率化）	・保育所措置（委託）制度は、公費のかたまりであり、制度に対する改革すべき。ただし、年金や（老人）医療などと比べると社会保障予算全体に占める比重は大きくなく、他制度の動向も見極めながら、他制度改革などが大きな動きがあるときは、そちらを優先し、同時並行は正面対決が続きそうな中、改善策を図る可能性。利害関係者が続きそうな中、改善策を図る可能性。
総務省	地方行財政の健全な運営（地方財政の効率化、国庫による公費負担の地方転嫁反対）	・都道府県と市町村との役割分担では、（措置制度維持費は多い、下手をとると、市町村を役所、議会、労働、住民の関係で大リムにとっている意向を尊重。国の財政負担を減らしても、市町村の関係でスリム化できず、住民の関係で大を引くのは避けたい。
厚生労働省 （旧厚生省）	児童の福祉の向上	・措置制度の下、助成と監督による保護統制の従来の路線。少子化の進行による需要縮小を背景に供給の弾力化を求められ、マーケットの管理、所管業界の管理（産業政策的なスタンス）へ、方向転換？
（旧労働省）	女性の就労支援	・子育てと就労の両立のためには、保育サービスだけでなく、労働時間の短縮や育児休業の充実など就業環境の改善（旧労働省）が不可欠だが、保育の充実を主張するのは、就業環境の改善が進んでいないことへの反動。育児という支援供給の受け皿を与えるべき可能性があるのが、多少時期的
文部科学省	幼児教育の充実	・（保育所）任さ分けの現行制度の枠組みでは（保育所）に任せて（幼稚園）所管分野での活かすための保育育成。
日経連、経団連など経済団体連合会	良質な労働力の効率的な確保	・保育サービスの効率化、弾力化、措置制度の抜本的な改革を主張。女性の社会進出を促進しないために、女性は家庭にいる側の組織（の）組織労働者（女性）働く女性、民間の組織雇用の最大組織
自治労	地方公務員（特に公立保育所）常勤労働者の権利、利益	・組合員の比率に占める（公立保育所）保育士の比率は極めて大きく、行政改革の名の下、労働条件の改悪や民間への入が効率化に反対。保育士に限らず、他部門で（民間）への部分との整合性問題もある。
日本保育協会など民間保育団体	民間認可保育所の利益	・行政による利用者確保と保育所措置制度という色合いの強さを維持したいため（競争制理で多少の政治的な色合いを入れたとしても業界全体にとって心地よく、基本的には現状維持。保育所に限らず、他の多くの公的規制の利益を持って（サービス供給の弾力化、サービス供給の大幅な拡大では、少子化の中でもどこかを養界の先細りという危機感も若手経営者の一部にある）
認可外保育施設等の関係者	認可外保育施設の利益	・認可保育所との対等な競争条件の確保。・地方、認可保育所と比べる余計認可外保育所が参入しやすいという面もある。・認可外保育所に対する補助金の政治的な影響力は、はるかに小さい。
幼稚園団体	幼稚園の利益	・（部分的に）競争関係にあり、保育所における「保育の入所条件は不可欠」という保育の単独化負担）の上乗せ、保育料の軽減化による二重の税負担となっており、受け皿となる民間の事業主体もあるので、基本的には効率化を希望するが、当局の財政から年の負担は関係者には反対、新たな義務的な補助金の維持、負担金の維持、国の財政負担は減らされず、効率的な関係では市民主体による育児代わりの雇用の機会もなくされる可能性もある育てを余儀なくされるのだけは、避けたい。
市長会（特に都市部）	市（部）の利益	・応能負担による現行制度と、都市部から都市への所得移転の要求を含んでおり、保育士などの採用、保育料負担も地域の雇用にも貢献。・サービス供給の弾力化の必要性も、都市部などより地現行制度の肯定的。
町村会	町村の利益	・市町村の仕事づけの維持、仕事を他の都市に譲らない範囲で、市町村に、単独負担による負担転嫁も、都市部より保育行政化に比べれば小さい。
知事会	都道府県の利益	・市町村への負担転嫁にならなければ、現行制度の限りでは望ましい。・都道府県への負担転嫁は認められず、市町村行財政への関与はなるべく、全体として肯定的。

出所：関連資料をもとに筆者が作成

公・民いずれの施設を選ぶかによって取り扱いを異にするのは困難であろう），保育所の場合，施設の運営費として直接市町村から保育所に支払われる仕組みをとり続けてきたことが一般財源化を可能にする一因になったように思われる[13]．そして一般財源化が実施されれば，支援費制度のような利用者支援の仕組みに改める[14]ことはさらに困難になる．また，公立保育所の保育は全国的に一定の下支えを受けるものではなくなり，個別の自治体の判断で提供されるものになるため，財政的に脆弱な小規模自治体などでは縮小される可能性も否定できない．いずれにしろ，厚生労働省のホームページで公開された平成16年度予算の資料に「公立保育所の運営費（1,661億円）については，三位一体の改革（国庫補助負担金見直し）の平成16年度における対応として一般財源化を図ることとされたが，その際に，官房長官，総務大臣，財務大臣，厚生労働大臣，自民党政調会長及び公明党政調会長の6者の間で「公立保育所については，地方自治体が自らその責任に基づいて設置していることにかんがみ一般財源化を図るものであり，民間保育所に関する国の負担については，今後とも引き続き国が責任を持って行うものとする」と合意された（平成15年12月10日）．」という異例の記述があることは，今回の決定が，一般財源化が民間保育所に波及することを恐れる関係団体の意向に政官が配慮した（少なくともそのポーズをとった）ものであることを示しているようにも思われる[15]．

---

12) なお一定の要件を満たせば，施設が本来の受給者である障害者本人に代理して受領することができる．身体障害者福祉法17条の11，8及び9項など．
13) ちなみに公民の軽費老人ホームの運営費も同様に一般財源化されたが，軽費老人ホームの運営費も保育所同様施設運営費として，直接施設に支払われていた．軽費老人ホームが保育所のように公・民で扱いが異なるという奇妙な形にならなかったのは，関係団体の政治的影響力行使の意思と力の違いや介護保険制度改革が近未来に予想されていたことなどがあったからかもしれない．
14) 利用者支援の仕組みになれば，フィンランドなどのように自宅保育者に対する保育手当の支給とセットで構想することも可能になる．
15) 例えば，日本保育協会発行の『保育界』2004年1月号参照．

表2 保育所と全社会福祉施設の施設数・定員など (2001.10.1現在)

		施設数	定員(人)	在所者数(人)	従業者数(人)
保育所 (A)		22,231	1,939,067	1,949,899	428,693
	うち公営 (割合%)	12,580 (56.6)	1,086,043 (56.0)	1,005,903 (51.6)	225,648 (52.6)
全福祉施設数 (B)		79,140	2,876,317	2,754,691	1,068,281
	うち公営 (割合%)	30,206 (38.2)	1,228,750 (42.7)	1,110,871 (40.3)	329,195 (30.8)
(A)/(B) (%)		28.1	67.4	70.8	40.1

出所) 厚生労働省

3 保育サービス供給の実態

1 保育所数, 定員, 利用児童数など

表2は，最新のデータで保育所と全社会福祉施設の施設数，定員，在所者数，従事者数とそれぞれについて公営施設が占める割合などを示したものである．2001年10月1日現在，保育所は，全国で22,231ヶ所設置され，1,939,067人の定員に対し，それを上回る1,949,899人の児童が利用しており[16]，428,693人の職員が従事している．これらは，全社会福祉施設のそれぞれ，28.1%，67.4%，70.8%，40.1% に当たり，保育所が社会福祉施設の中で大きな位置を占めていることがわかる．また保育所の場合，施設数，定員で56%を占めるなど他の福祉施設と比べて[17] 公営施設の比率が高い．

なお，後述の調査に基づき保育所運営費を推計すると，1998(平成10)年度の我が国の保育所運営費は全体で約2.1兆円程度であり，国内総生産比で0.42%程度と考えられる(福田，2002)．

2 保育サービス供給の実態

このように，保育所は社会，経済において大きな位置を占め，重要な役

[16) なお，厚生労働省の資料によれば，2000(平成12)年4月1日現在の待機者は，約3万3千人である．

[17) 例えば，代表的な社会福祉施設である特別養護老人ホームの場合，公営施設は施設数，定員で全体の7%弱を占めるにすぎず，90%以上が民営の施設である．

割を期待されている．ところで，保育所が期待された役割を果たしているかどうか，すなわち良質な保育サービスが，必要とする者にもれなく効率的に提供されているかを判断するためには，これまでほとんど行われてこなかったサービスの生産コストなど供給面についての実態調査と実証分析が不可欠である．このため社会福祉法人恩賜財団母子愛育会では，1998（平成 10）年度に「保育サービス供給の実証分析研究」を行い，筆者も参加する機会を得た．ここでは，この研究の調査結果から試算した保育所運営コストなどを中心に，自治体規模及び公・民営別に保育所における保育サービス供給の実態を見ることにしたい．これらのデータは，若干古くなりつつあるが，最近出された内閣府の報告書[18]でもほぼ軌を一にする結果が確認されており，保育サービス供給の実態を知ることができる．なお，前述した公立保育所運営費の一般財源化が保育サービスの供給面にいかなる影響を与えるかは，一定期間経過後に別途の詳細な調査と実証分析が求められる．

次頁表 3 は，自治体規模（人口 10 万人以上の市，その他の市，町，村）別，児童の年齢別及び公・民営別の保育所の定員充足率（入所児童／定員）と自治体規模別及び児童の年齢別の待機率（待機児童数／定員）をとって保育サービスの供給と利用の状況を見たものである．定員充足率を見ると 0 歳児の場合が低く，年度途中の入所の可能性が高い 4 月時点での状況であるが，全市区町村平均で 67％ と定員の 3 分の 1 が空いていることになる．また市町村規模別に見ると規模の小さな自治体ほど空きが多く，公・民営別では，民営の場合の方が充足率が高い傾向がある．他方，待機率を見ると，自治体規模が大きいほど，また児童の年齢が低いほど待機児童の割合が高いことがわかる．このように 0 歳児の場合で定員の 3 分の 1 の空きがある一方，定員の 1 割以上の希望者が保育所に入所できないなど児童の年齢が低い場合を中心に，保育ニーズとサービス供給の間に相当のミスマッチが発生し，利用者のニーズに対応したサービスの供給が行われていないことが窺われる．

それでは，市区町村が独占的，主導的に決定する保育サービスの供給を

---

18) 内閣府国民生活局物価政策課『保育サービス市場の現状と課題 —「保育サービス価格に関する研究会」報告書—』(2003 年 3 月 28 日)．

表3　保育サービスの供給と利用の状況

		0歳児			1・2歳児			3歳児			4歳以上児		
全市町村		公	民	公民計	公	民	公民計	公	民	公民計	公	民	公民計
入所児数／定員（％）		65	76	67	93	104	94	88	102	95	85	94	91
待機児数／定員（％）		12			8			3			0		
		0歳児			1・2歳児			3歳児			4歳以上児		
人口10万人以上の市(サンプル数70)		公	民	公民計	公	民	公民計	公	民	公民計	公	民	公民計
入所児数／定員（％）		67	75	68	93	104	94	89	100	97	85	93	92
待機児数／定員（％）		12			9			4			1		
		0歳児			1・2歳児			3歳児			4歳以上児		
人口10万人未満の市(サンプル数38)		公	民	公民計	公	民	公民計	公	民	公民計	公	民	公民計
入所児数／定員（％）		61	64	62	91	97	94	88	94	90	85	102	90
待機児数／定員（％）		6			3			1			0		
		0歳児			1・2歳児			3歳児			4歳以上児		
町（サンプル数154）		公	民	公民計	公	民	公民計	公	民	公民計	公	民	公民計
入所児数／定員（％）		35	64	45	85	101	90	84	89	86	84	94	87
待機児数／定員（％）		3			1			0			0		
		0歳児			1・2歳児			3歳児			4歳以上児		
村（サンプル数48）		公	民	公民計	公	民	公民計	公	民	公民計	公	民	公民計
入所児数／定員（％）		31	61	37	89	105	90	88	78	83	92	118	94
待機児数／定員（％）		2			2			0			0		

出所）（福田，2002）

表4 0歳児換算の児童1人当たり保育コスト（千円）

	公　営	民　営	公／民
平均	346.1	223.2	1.55
人口10万人以上の市	365.3	226.1	1.62
人口10万人未満の市	294.6	204.5	1.44
町	270.5	205.1	1.32
村	264.1	206.0	1.28

出所）（福田，2002）

規定しているのは，何であろうか．表4は，0歳児1人当たりに換算した保育所運営コスト（月額）を試算したものである．全市区町村平均で，公営34.6万円，民営22.3万円といずれも国基準の0歳児月額保育単価15.4万円を大幅に上回っているが，平均で公営の方が55％も高いことがわかる．保育所と異なり24時間体制である特別養護老人ホームの介護報酬（要介護者：介護・看護職員が3：1の施設で要介護度が最も高い要介護5の場合）が2000年度に月額で30万円程度であったことを考えても多くの公営保育所が高コスト体質にあることが指摘できよう．また公営の場合，自治体規模が大きくなるほどコストが上昇する傾向があるのに対し，民営の場合，人口10万人以上の市を除いて自治体規模と保育所運営コストの間に関係はないように見える．このため，自治体規模が大きくなるほど公・民のコスト格差が広がり，村では28％増に過ぎなかったものが，人口10万人以上の市では公営の方が62％も割高になっている．母子愛育会の研究でも，事例調査の中で0歳児1人当たり保育所運営コストが月額で60万円を超えるというにわかには信じられないような自治体の例が報告されており，都市部を中心に公営保育所におけるサービスの生産が著しく非効率になっていると考えられる[19]．

次頁図3は，保育所運営費の負担の構造を示したものである[20]．保育

---

19) なお，アウトプットを見る場合，サービスの質を併せて評価することが不可欠であるが，母子愛育会の調査では，障害児保育を除く特別保育事業に対する取組みについて総じて民営保育所の方が上回っているとの結果が得られている．
20) なお，図3及び表5に関する検討は，いずれも公立保育所の一般財源化が実施される前のシステムを前提としたものであるが，公立の場合一般財源化により，図3の国及び都道府県の法定負担分が市町村の一般財源の中に計上されたとも考えられるため，コストが高くなるほど市町村の超過負担が増えるという負担の構造自体は基本的に変わっていないと考えられる．また，民営保育所については，変更がないので，ここでの議論の枠組みは

図3 保育所運営費の内訳

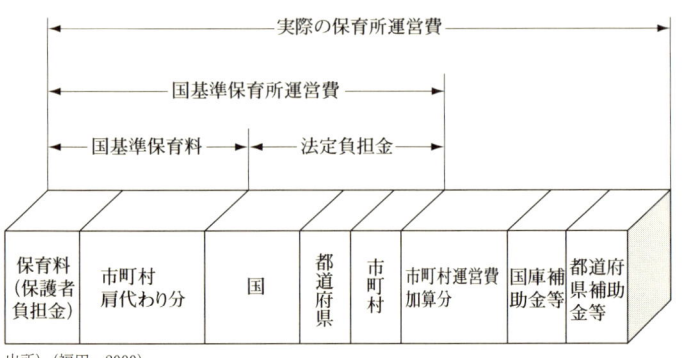

```
|←――――――――― 実際の保育所運営費 ―――――――――→|
       |←――――― 国基準保育所運営費 ―――――→|
　|←― 国基準保育料 ―→|←―― 法定負担金 ――→|
```

| 保育料（保護者負担金）| 市町村肩代わり分 | 国 | 都道府県 | 市町村 | 市町村運営費加算分 | 国庫補助金等 | 都道府県補助金等 |

出所）（福田，2000）

所が国基準の負担金の範囲内で運営されていれば，市町村の負担は最大でも4分の1にとどまる（保護者に負担能力がなく保育料徴収がない場合で，法定負担金の4分の1になるため）はずであるが，実際には運営費の超過負担や保育料の単独軽減により，市町村がそれを超えて負担する実態になっている場合が多い．表5は，公・民営別に実際の市町村の負担割合を試算したものである．公営保育所の場合に市町村の負担が大きく，また自治体規模が大きくなるほど市町村の負担割合が増える傾向があるため，人口10万人以上の市では3分の2を超えることがわかる．これに対し，民営保育所の場合，市町村の負担割合は平均で38％と公営の場合と比べて大幅に軽減されることになる．こうした費用負担構造のため，費用のかかる低年齢児の保育を公営保育所で提供する場合，市町村の負担は特に大きく，自らサービス供給の決定権を持つシステムのもとでサービス供給の抑制要因として働く可能性が高い．児童の年齢が低いほど，また自治体規模が大きいほど（いずれもコストを上昇させ，市町村の単独負担を増加させる）待機児童が増えるという事実は，都市部を中心とする公営保育所の高コスト体質と保育所運営費の費用負担構造の帰結ではないかと考えられる．このように市町村が決定する保育サービスの供給は，利用者のニーズに応じたものというよりもむしろ費用やその負担構造など供給側の要因によってより強く規定されているように思われる．

現在でもほぼそのまま適用できると考えられる．

表5 保育所運営費に占める市区町村の負担割合（%）

	公 営	民 営	公/民
平均	66.0	37.7	1.75
人口10万人以上の市	68.2	38.7	1.76
人口10万人未満の市	57.8	26.7	2.16
町	53.1	28.8	1.84
村	45.7	30.0	1.52

出所）（福田，2002）

4 家族政策[21]から見た先進諸国の保育政策

1 家族政策の類型化

1990年に出版されたエスピン・アンデルセンの *The Three Worlds of Welfare Capitalism* は，その後の比較福祉国家研究に極めて大きな影響を与え，その基礎となっていると言ってよい．そこでは，主として経済発展の程度から福祉国家発展の程度を説明しようとしたウィレンスキー（1975）らに代表されるいわゆる収斂理論から離れ，福祉国家は1つではないとする立場から「（労働者の）脱商品化」と「社会的階層化と連帯」という2つの指標を用いて「福祉国家レジーム」を類型化し，質的に異なる自由主義，保守主義，社会民主主義という3つのレジームを提示した[22]．この記念碑的労作に対しては，フェミニストからジェンダー的な視点が欠落しているという批判が寄せられ，エスピン・アンデルセン自身もその批判が正当なものであることを認めている[23]．そうした状況の中で，ジェンダー的な視点を盛り込んだ福祉国家の類型論[24]が提示されるようにな

---

21) ここでは，被扶養児童を持つ家族を対象にする施策全般を指して，家族政策と呼ぶことにする．
22) 各国の政策は，それぞれの社会規範や文化的伝統の中で形成されるので，例えば家族政策の場合，その社会における「自然な」あるいは「望ましい」家族の在り方を反映したものになるのは確かであろう．他方，グローバル化などに伴い，社会政策の収斂化が進んでいるとの指摘もあり，質的に異なるレジームといってもあくまで相対的なものであることに留意する必要がある（福田亘孝，2003）．
23) （Esping-Andersen, 1990）の邦訳版序文参照．
24) 福祉国家を，①「男性稼得者型」（Strong male-breadwinner），②「修正男性稼得者型」（Modified male-breadwinner），③「弱男性稼得者型」（Weak male-breadwinner）の3つの型に分類したLewis（1992）など．

り，家族政策の類型化なども行われている．ここでは，代表的な先行研究[25]を参考にしながら保育政策，育児休業，児童手当などの現金給付を中心に先進諸国の家族政策を以下の4つに類型化してまとめてみた．

(1) 英米などのアングロサクソン諸国に代表される「不介入モデル」

個人主義的な考え方，また家族の問題は私的なことという意識が強く，伝統的に一般的な家族の問題に政府は極力介入しない傾向が強い．ほとんどの人にとっては市場が適切で望ましい所得や福祉の源泉であるとし，政府の関与は困窮家族や特別な保護を要する児童へのミーンズテスト付きの援護が中心になるため残余的なものになる．一般的な保育サービスは，営利部門を含めた民間部門によって私的に供給されることが期待されている．公的な保育サービスは，母子家庭等の貧困家庭などを対象にした残余的なものであり，供給量も極めて限定されている．このため，未就学児の保育は，社会的な階層によって分化する傾向がある．育児休業制度も寛大なものではなく，イギリスがEUの勧告を受けて，無給で短期間の育児休業制度を制定したのは，ようやく1999年のことであり，母親はフルタイムからパート就労へ移行せざるを得ない場合が多い．アメリカが児童手当制度を持たない例外的な国であることはよく知られている．イギリスはベヴァリッジ報告に基づき，早くも1946年に第2子以降を対象に児童手当が制度化され，1977年に児童扶養控除の廃止と合わせて支給対象を第1子からに拡大したものの給付水準は並以下で，1991年以降第1子の手当額を第2子以降よりも高く設定している点に特徴がある．

(2) フランス（ベルギーなどが近い）に代表される「出生促進モデル」

早い時期からの出生率の低下を受け，早くも1930年代から家族主義を土台に明示的な出生促進の目的を持つ家族政策を実施し，(特に3人以上の) 児童を養育する家族を支援してきた．児童手当 (家族手当) を中心に乳幼児手当や住宅手当など多様かつ体系的な家族給付が古くから発達し，児童養育世帯の所得保障が手厚い点に特徴がある．児童手当は，第1子は支給対象にならず，第2子から支給される一方，第3子への支給水準を最も高くしている．N分のN乗方式 (世帯の総所得を家族総数 (N) で割り，税

---

[25] Gauthier (1996), 阿藤 (2000), 白波瀬 (2000a), (2002b), 福田亘孝 (2003) など．なお，これらの先行研究の結論は相互に少しずつ異なったものになっている．

額を計算した上で N 倍して税額を決める方式で，多子世帯に有利な仕組み）をとる所得税制をはじめ，様々な分野で多子世帯を優遇している．低年齢児向けのものを含めた公的な保育施設は，地域的な偏在などはあるものの全体として相当の水準で整備されており，保育ママなどの家庭的な保育や保育手当の支給，時間外の補足的サービスなどメニューも多様なので，フルタイムでの就労継続の選択も可能になる．早くから出産休暇が制度化されたほか，育児休業制度は，1994 年から 2 人以上（従来は 3 人以上）の子どもを持つ世帯に認められるようになり，ドイツより高水準の定額給付を受け，最長 3 年間（休業期間中のパートタイム就労も可能）の取得が可能である．

(3) ドイツに代表される「保守主義モデル」（イタリア，スペインなどの南欧諸国もこのモデルの延長線上に位置づけられよう[26]が，一般的な家族政策の水準は概して低いとされている）

男女の役割について，男が主たる稼得者，女は家事・育児を中心的に担当するという伝統的な家族観や 3 歳未満の乳幼児の育児は母親によることが望ましいという考え方が根強く，それを推奨または維持する方向で制度が設計されている場合が多い．家族による供給が期待される乳幼児（特に 3 歳未満児）に対する保育サービスの公的な提供は極めて限定されている．従って，1986 年以降育児休業制度が導入された（休業期間は長いが，定額の所得補償水準は低い）が，母親によるフルタイムの就労継続は困難とされ，実際もパート就労が多い．なお，父親の育児休業取得は 1% にも満たない．児童手当の創設は遅かったが，その後第 1 子からの普遍的な制度として拡充された．給付水準も高く，第 3 子以降手当額が高くなる仕組みになっている．なお，ドイツについては，1990 年の東西ドイツ統一に留意する必要がある．それまで，無償の託児所を利用して就労し，男性と同等の経済的な地位を確保していた旧東独の女性は，統一によって保育サービスの利用が困難になり，失業率が上昇するとともに，出生率は大きく低下し，その立場は不安定なものになった．

(4) **スウェーデンなど北欧諸国に代表される「男女共同参画モデル」**

スウェーデンの家族政策は，大戦前のミュルダールらによる出生率の低

[26) スペイン，ポルトガル，ギリシャ，イタリアの南欧諸国をカトリック教会の強い影響下にあるモデルとして別に類型化する立場もある（Leibfried, 1992）．

下への警鐘もあり，当初低出生率対策として開始されたが，現在ではジェンダーにとらわれることなく，子どもを持つことを希望する男女が仕事，家事・育児を分担する家族モデルを経済的にも就労との両立の面でも公的部門が積極的に支援する男女共同参画モデル[27]を志向する．スウェーデンの場合，1974年に創設され，1994年には父親の取得が義務づけられた寛大な育児休業制度（最初の1年ほどは，賃金の80％が給付される）と親が希望する1歳以上の子どもが原則としてすべて利用できる高水準の公的保育サービスの提供により，就労と子育ての両立が可能になっており，実際に未就学児童を持つ母親の約80％が就労している．このように育児休業（出産休暇と一体化されている場合も多く，賃金比例で高水準の所得補償がなされる）と公的保育の水準は全般的に高いが，ノルウェー，フィンランドなどでは，公的な保育サービスの費用と同等の自宅保育手当を受けて在宅での保育を選択することも可能である[28]．児童手当も高水準を保っている．

2　我が国の保育政策と家族政策[29]

これに対し我が国の場合，保育制度は，働かざるをえない母親を対象に主として救貧的なものとしてスタートした．右肩上がりの経済成長の中で，第2次ベビーブーム，女性就労の増大などを背景に，保育所は公営施設をその過半に含みながら1980（昭和55）年頃まで量的拡大を続けてきた．その後，児童の減少に伴い定員は若干減少したものの，乳児保育の制度化，所得制限の段階的撤廃などによる部分的な対象拡大といった形で乳幼児をはじめとした新たな利用者を取り込み，一定のプレゼンスを維持してきた（表6参照）．90年代に入り少子化関連施策とされてからも，エンゼルプランが現行制度を前提にしたものであることが示すように，公営を中心にサ

---

27)　なお，北欧諸国においても，労働市場においては，相当の男女間格差（女性の多くは，公的セクターのケアサービス職についている）が存在していることに注意する必要がある（白波瀬，2002b）．

28)　北欧諸国間でも家族政策にはかなりの差があり，在宅保育手当の存在は，家庭における育児を社会的に評価しているものと考えられる．

29)　エスピン・アンデルセンは，我が国を自由主義と保守主義の混合したレジームと暫定的に位置づけているのに対し，日本を家族による育児，介護などを強調する儒教的規範が強い東アジア型福祉国家として位置づける立場もある．Goodman and Peng（1996）など．

表6 保育所の施設数等の推移

年	施設数			定員 ②(人)	年齢別措置児童数				計 ③ (人)	③/② (%)
	公営 (ヶ所)	私営 (ヶ所)	計 ① (ヶ所)		0歳児 (人)	1・2歳児 (人)	3歳児 (人)	4歳以上児 (人)		
1970	8,582 (62.1%)	5,236 (37.9%)	13,818 (100.0%)	1,164,917	8,325 (0.8%)	148,558 (13.4%)	46,959 (4.2%)	906,020 (81.6%)	1,109,862 (100.0%)	95.3
1975	11,387 (63.2%)	6,622 (36.8%)	18,009 (100.0%)	1,676,720	18,481 (1.2%)	242,651 (15.5%)	350,028 (22.4%)	950,237 (60.9%)	1,561,397 (100.0%)	93.1
1980	13,275 (60.5%)	8,685 (39.5%)	21,960 (100.0%)	2,128,190	30,240 (1.6%)	336,017 (17.3%)	449,944 (23.2%)	1,124,592 (57.9%)	1,940,793 (100.0%)	91.2
1985	13,600 (59.4%)	9,299 (40.6%)	22,899 (100.0%)	2,080,451	37,066 (2.1%)	335,069 (18.9%)	408,843 (23.1%)	989,452 (55.9%)	1,770,430 (100.0%)	85.1
1990	13,380 (58.9%)	9,323 (41.1%)	22,703 (100.0%)	1,978,989	39,183 (2.4%)	326,119 (19.9%)	383,519 (23.4%)	888,248 (54.3%)	1,637,069 (100.0%)	82.7
1995	13,194 (58.7%)	9,302 (41.3%)	22,496 (100.0%)	1,923,697	52,364 (3.3%)	370,527 (23.2%)	376,896 (23.7%)	794,086 (49.8%)	1,593,873 (100.0%)	82.9
2000	12,723 (57.3%)	9,472 (42.7%)	22,195 (100.0%)	1,923,157	65,782 (3.7%)	460,935 (25.8%)	409,130 (22.9%)	852,578 (47.7%)	1,788,425 (100.0%)	93.0
2002	12,426 (55.8%)	9,842 (44.2%)	22,268 (100.0%)	1,957,504	71,134 (3.8%)	501,755 (26.7%)	426,486 (22.7%)	880,193 (46.8%)	1,879,568 (100.0%)	96.0

(厚生省報告例:各年4月1日現在。ただし、1970年から1980年の「年齢別措置児童数」は各年3月1日現在)
出所)厚生労働省資料

160 —— II 子どもを育む

図4 保育サービスの需給・待機児童数の推移

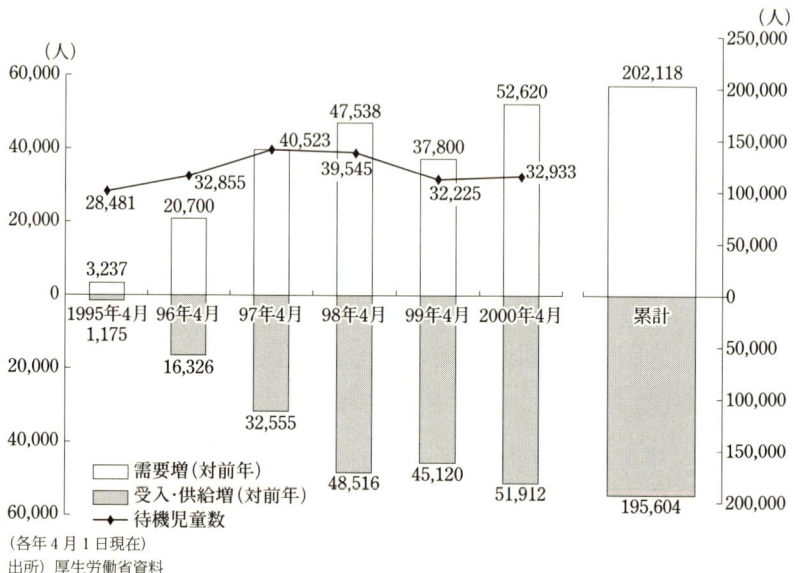

(各年4月1日現在)
出所）厚生労働省資料

ービスの生産が非効率で利用者本位になっていないといったシステムに内在する問題をかかえたまま維持，拡大されている．近年は，待機者の解消を目指して，低年齢児を中心にさらに公費を投入し供給を拡大しているにもかかわらず，待機者が一向に減少しないなど制度のパフォーマンスが悪い（図4参照）．前述の4つのモデルと比較しても我が国の公的な保育サービスは，英米やドイツの場合ほど限定されているわけではなく，量的には安定的に一定のプレズンスを確保している．そうかと言ってスウェーデンのように普遍化されているわけではなく，またフランスのように利用者の多様な選択を可能にするような柔軟な仕組みでもないように思われる．全体として，我が国の保育政策は，前述したような複雑な利害関係の中で，半世紀にわたって制度の抜本的な見直しを行うことなく，その時々の社会経済，財政の状況に翻弄されながら，保育サービスの業界に一定のプレゼンスを認めて保護しつつ，いわば哲学なきまま，なし崩しで行われているという印象が強く，公平で利用者本位のものになっていない．

一方，育児休業制度の導入は遅く，雇用保険から給付される休業期間中

の所得補償の水準もごく最近まで低かった．こうしたことなどのため，出産による離職が多い．育児休業と保育サービスを利用してフルタイムの就労を継続することは，雇用慣行もあって困難を伴い，育児が一段落してからパートとして復帰する場合が多い．児童手当については，支給対象児童の範囲が狭く，手当額も低いため，制度の規模が極めて小さい他，3歳を境に手当の財源構成が変わるなどつぎはぎだらけで趣旨のはっきりしない制度になっている．このため，扶養控除を含めても育児世帯に対する経済的な支援は南欧諸国と並んで先進国で最低のレベルにとどまっている．また，保育政策が育児休業や児童手当といった相互に連携することが必要な他の家族政策と関連づけて議論されることも少ない．男は仕事，女は家事・育児という保守的な考え方もまだまだ根強いようにも思われるが，それ以前に，そもそも家族，労働市場，国家の位置や相互の関係（役割分担）といった家族政策のベースとなる基本的な考え方やそこでの保育政策の位置づけなどを整理し――十分にコーディネイトされた有効な総合的公共政策の前提であろう――明確な意図を持って家族政策としての保育政策を行ってきたようには見えないのである．

5　今後の方向

1　保育サービス供給の問題点

　2, 3節で見たように，我が国の保育サービスは，行政がサービス供給を独占的に決定するシステムにおいて，ニーズに応じたものというよりもむしろ費用などによって供給が規定されているため，ニーズとサービス供給のミスマッチが生じるなど利用者本位のものになっていない．このため，育児と就労の両立支援策として有効に機能しているかどうか疑問である．また，育児に対する支援という面から見ると，例えば，前述の都市部の保育所の運営コストからその利用者は，月額で「60万円－徴収される保育料（最大でも15万円程度）」の助成を受けていることになり，何の援助も受けていない自宅保育者や無認可施設利用者，あるいは幼稚園利用者との間に不公平を生じさせている．一方，保育所入所の「保育に欠ける」という

要件があいまいなこともあって，要件を満たさない利用者のサービスの濫用も指摘されており，こうした分配面での不公平の問題がある．さらに3節で述べたように都市部の公営保育所を中心にサービスの生産が著しく非効率になっており，それが，サービス供給の阻害要因にもなっていると考えられるほか，公的部門内部における配分の非効率を生じていることも懸念される．

2 改革の方向性

(1) 弾力的な保育サービスが効率的に供給されるような保育サービス供給システムへの改革

介護保険制度と支援費制度の実施により，対人社会サービスの多くは，半世紀続いた措置（委託）制度から，利用者がサービス提供者と直接向き合い，主体的にサービスを選択して利用するのを財政，質の規制，利用者の権利擁護などの面で公的に支援する方式に変更された．こうした中で，保育所は生活保護の施設などとともに，行政と住民との関係において行政が独占的にサービスを決定する制度に固執している．しかし，知的障害者に対するサービスまで利用者が事業者を直接選択できる支援費方式に移行する中で，選択的なサービスとしての性格を強めている保育サービスの供給を行政が独占的に決定するという半世紀前のシステムを維持しなければならない理由は見当たらない．前述のように，現在の保育サービスの供給が費用など供給側の要因により規定されてきた面があることを踏まえ，保育サービスが利用者本位で効率的，弾力的に提供されるようなシステムへと転換を図っていくことが求められる．ただその場合，保護者の長時間労働のために子どもが長時間保育を強いられるといった結果にならないよう子どもの権利の十分な保護や男性を含めた雇用慣行の見直しなどを同時に進めることが不可欠である．

(2) 公営保育所の民営化，民間委託の推進

Le Grand (1991) によれば，政府によるサービスは，競争原理が働かない環境で独占的に供給される場合が多く，コスト最小化のインセンティヴが十分働かないため非効率になりやすく，また，弾力的に対応しにくいため利用者本位になりにくいとされる．我が国の公営保育所は，特に都市

部においては，効率性の面から見て彼の言う「政府の失敗」と言わざるをえない状況にある場合が多いように思われる．2節で述べたように福祉多元主義の潮流が有力になる中で，対人社会サービスの供給主体（サービスの生産者）としての自治体の役割を限定する——その場合自治体は，利用者のための財政支援や規制などを通じて，民間を中心とする多元的な供給主体から良質なサービスが利用者本位で効率的に提供されるよう環境を整備する主体（enabler）へと転換することになる[30]——ことが先進国共通の傾向になってきている（福田，2002）．こうした中で，我が国の公営保育所についても，民間参入が期待できる都市部を手始めに，コストやアウトプットなどの情報を完全に公開した上で，一般住民の参加を得て民営化や民間委託を検討，推進する必要があろう．現行システムの改革が必要なことは，(1)で述べた通りであるが，現行システムを前提にしても，民営化により相当の効率化やサービス供給の拡充，弾力化が期待できる．その場合，保育士など職員の処遇が最大のネックになりそうである．児童虐待などより強い公的関与を必要とする部門への専門教育の上での再配置など公的部門における人的資源の適切な配分の観点も含め総合的な検討が必要になろう[31]．

(3) 家族政策に対する基本的考え方の確立と育児の普遍的支援

その在り方が多様化しているとしても，それに代わるものは見当たらず，未成熟子の基礎的養育単位としての家族が私たちの生活を支える基盤であり，福祉国家の土台の一つであることはこれからも不変であろうし，そうしたものとして社会的に支援していく必要があろう．他方，福祉国家のもう一つの土台であり，一家の稼ぎ手たる男性に安定した雇用と所得を提供してきた労働市場は，変貌を余儀なくされている．むしろ，「社畜」，「会社人間」などと揶揄されるような働き方をやめ，職業訓練などの積極的労働市場政策なども活用しながら，多様な働き方，生き方が選択できる弾力的な労働市場の在り方を模索していくべきではないか．そうした中で，父親一人の所得に頼った生き方はリスキーになりつつあり，共働きや女性の

[30) 介護保険制度や支援費制度をそうした流れの中で創設されたものと位置づけることもできよう．
31) 児童福祉法が改正され，2005（平成17）年度より市町村が児童相談の窓口としての役割を担うことになった．児童福祉法10条1項．

就労は労働市場の変化に対する有力な選択肢の一つとなっている．そうだとすれば，必須の前提である児童養育世帯の追加的な費用に対する経済的支援に加え，（女性の）就労を妨げている要因の除去が重要になる．特に家族の不安定化，地域社会の変化で脆弱になっている育児を支援し，就労との両立を可能にするためには，育児休業制度の拡充をはじめ，男性を含めた就労環境の見直しとそれと連携した弾力的で利用者本位の保育サービスの提供が不可欠である．ただし，それは児童の養育者に就労，共働きを強いるようなものであってはならず，家庭で育児に専念したいという者については，外部効果のある労働として，家庭での育児に一定の社会的評価を行い，親の就労には中立で，育児を普遍的に支援する制度とすることが望ましい．そして，分配面での不公平など前述した現在の保育制度の問題点を解消し，家庭での育児を含めて普遍的に支援するのであれば，保育サービスと在宅保育手当を利用者が選択できる給付システムを創設することが必要[32]である．それは，高齢者の年金と医療に偏っている現在の社会保障制度の給付構造を子育て・子育ち支援重視型，福祉サービス重視型のものへと転換させることにつながり，育児環境の整備として少子化対策の効果[33]も期待できよう．子育て・子育ちの普遍的支援など家族政策に対する基本的な考え方の確立とそれに基づく有効な保育政策の設計，実施が求められている．

【文献表】

Abel-Smith, B., 1996, The Escalation of Health Care Costs : How Did We Get There? *Health Care Reform : The Will to Change*, OECD.

阿藤誠，2000，『現代人口学—少子高齢社会の基礎知識—』日本評論社．

Esping-Andersen, G., 1990, *The Three Worlds of Welfare Capitalism*, Polity Press. 岡沢憲芙＝宮本太郎監訳，2001，『福祉資本主義の三つの世界—比較福祉国家の理論と動態—』ミネルヴァ書房．

---

32) 筆者は，普遍的に育児を支援するとともに良質な福祉サービスが効率的に提供されるよう現在の介護保険をベースに「総合福祉保険制度」の構想を提案している．詳細は，福田（2003）などを参照いただきたい．

33) 先進国の国際比較分析によれば，1970年頃までは，女性の労働力率と完結出生率は負の相関関係を示していたが，90年代に入ると正の相関関係を示すようになった．OECD（1999）．

Esping-Andersen, G., (ed.) 1996, *Welffare States in Transition : Natinal Adaptations in Global Economies*, London : Sage.

Esping-Andersen, G., 1999, *Social Foundations of Postindustrial Economies*, Oxford : Oxford University Press. 渡辺雅男＝渡辺景子訳，2000，『ポスト工業経済の社会的基礎―市場・福祉国家・家族の政治経済学―』櫻井書店.

福田素生，1999，『社会保障の構造改革―子育て支援重視型システムへの転換―』中央法規出版.

福田素生，2000，「保育契約の法的性格」『別冊ジュリスト 社会保障判例百選』有斐閣.

福田素生，2002，「保育サービスの供給―費用面からの検討を中心に―」国立社会保障・人口問題研究所編『少子社会の子育て支援』東京大学出版会.

福田素生，2003，「総合福祉保険制度の構想―子育て支援の強化と利用者本位の効率的な福祉サービスの提供のために―」『年金と経済』Vol. 22, No. 1，(財) 年金総合研究センター.

福田亘孝，2003，「子育て支援策の国際比較：日本とヨーロッパ」『人口問題研究』第59巻第1号.

Gauthier, A. H., 1996, *The State and The Family : A Comparative Analysis of Family Policis in Industrialized Countries*, Clarendon Press.

Gilbert, N. & Gilbert, B., 1989, *The Enabling State*, Oxford University Press.

Goodman, R. & Peng, I., 1996, "The East Asian Welfare States" in G. Esping-Andersen (ed.), *Welfare States in Transition : National Adaptations in Global Economies*, London : Sage.

堀勝洋，1987，『福祉改革の戦略的課題』中央法規出版.

池本美香，2003，『失われる子育ての時間―少子化社会脱出への道―』勁草書房.

Johnson, N., 1987, *The Welfare State in Transition : The Theory and Practice of Welfare Pluralism*, Brighton : Wheatsheaf. 青木郁夫＝山本隆訳，1993，『福祉国家のゆくえ―福祉多元主義の諸問題―』法律文化社.

Johnson, N., 1999, *Mixed Economies of Welfare*, Prentice Hall Europe. 青木郁夫＝山本隆監訳，2002，『グローバリゼーションと福祉国家の変容―国際比較の視点―』法律文化社.

菊池馨実，2002，「育児支援と社会保障」『社会保険旬報』No. 2144，2145.

国立社会保障・人口問題研究所編，2005，『子育て世帯の社会保障』東京大学出版会.

Le Grand, J., 1991, *The Theory of Government Failure*, Bristol : School for Advanced Urban Studies.

Leibfried, S., 1992, "Towards a European Welfare State? : On Integrating Pov-

erty Regimes into the European Community" in Z. Ferge & J. E. Kolberg (eds.), *Social Policy in a Changing Europe*, Frankfurt am Main : Campus Verlag.
Lewis, Jane, 1992, "Gender and the Development of Welfare Regimes." *Journal of European Social Policy*, Vol. 2.
内閣府国民生活局物価政策課, 2003, 『保育サービス市場の現状と課題―「保育サービス価格に関する研究会」報告書―』.
野口悠紀雄, 1995, 『1940年体制』東洋経済新報社.
OECD, 1999, *A Caring World : The New Social Policy Agenda*, OECD.
坂田周一, 2003, 『社会福祉政策』有斐閣アルマ.
白波瀬佐和子, 2002a, 「ヨーロッパにおける家族政策―育児支援策からみた福祉国家のありかた―」国立社会保障・人口問題研究所編『少子社会の子育て支援』東京大学出版会.
白波瀬佐和子, 2002b, 「ジェンダーと福祉国家」『転換期における福祉国家の国際比較研究最終報告書』国立社会保障・人口問題研究所.
社会福祉法人恩賜財団母子愛育会, 1998, 『保育サービス供給の実証分析研究報告書』.
堤修三, 2004, 『社会保障の構造転換―国家社会保障から自律社会保障へ―』社会保険研究所.
宇野裕, 2002, 「保育手当の可能性」『社会保険旬報』No. 2136.
Wilensky, Harold, 1975, *The Welfare State and Equality*, Berkeley : Univ. of Calif. Press. 下平好博訳, 1984, 『福祉国家と平等』木鐸社.

III
家族を開く

第6章

行政組織を通じた養育費の取立て

碓井 光明

1 問題の所在

1 市民の債権実現に対する政府の対応

　伝統的な法制度にあっては，私人（以下においては，便宜上「市民」と称する）の民事上の債権の実現は，まず，個々の市民の努力により実現すべきものとし，その能動的な行動を前提にして裁判所が手を貸すという方式であった．行政権が，そのような場面に直接に乗り出すことは原則としてないものとされてきた．しかし，すべてを市民の努力に委ねていたのでは，結果的に債権を満足することができないこともある．そこで，国としては，さまざまな制度的対応を迫られるようになる．

　第一に，強制加入の保険制度の創設である．典型的には，自動車損害賠償保障法が，「自己のために自動車を運行の用に供する者」に対して，「その運行によって他人の生命又は身体を害した」ことにより生じた損害の賠償責任を課したうえ（3条），自動車損害賠償責任保険または自動車損害賠償責任共済の契約が締結されていなければ運行に供してはならない（5条），としていることに見出すことができる．保険給付をめぐる法律関係は，保険者である保険会社等と被害者との間の関係となる．

　第二に，社会保障の性格を有する制度の創設を挙げることができる．た

とえば，労働者災害補償保険法は，保険給付の原因たる事故について当然に事業主に支払債務があるわけではないが，労働者が業務上の負傷，疾病，障害または死亡という事態に至った場合に，個別に賠償責任の有無を確定する手続をとることの困難さ，及び，現実の債権の実現の困難さに鑑み，社会保障制度としての保険制度を設け，事業者に保険料納付義務を負わせて，労働者を保護しようとしている．ただし，同法は，前述のような業務災害のみならず，通勤災害及び二次健康診断等をも保険給付の対象にしている．労災保険の場合には，政府が保険を管掌するので，保険給付の法律関係は，保険給付を受ける権利者と政府との間の法律関係として成立する．したがって，保険給付原因が確定されるならば，労働者がその権利を確実に実現することができる．

　第三に，こうした債権の実現に直接関係する制度のほかに，国や地方公共団体の行政組織に法律相談の場を設けていることも見逃すことができない．消費者行政は，この方式で相当な成果をあげている．

2　離婚に伴う子の養育費の確実な取立て

　夫婦が離婚した場合あるいは未婚の男女の間に子が生まれたときには，直接養育にあたらない親も，その子を扶養する義務を負っているので，たとえ親の一方が子の監護を行っているとしても，他方の親がその養育費を支払わなくてよいわけではない．収入のある親Aが収入のない親Bに子の監護・養育を委ねてBが養育を行うときには，Aは，相応の養育費を支払わなければならない．しかし，養育費の支払いについて離婚の協議等によって合意がなされた場合であっても，その後の支払いが確実になされるとは限らない．Aの収入が従前に比べ極端に減少したことにより支払いが困難になったような場合は別問題として，従前と同程度の収入がある場合であっても，支払いが滞ることが少なくない．AとBとがまったく反対の場合でも同様である．このような場合に，養育費の支払いを求めて訴訟を提起し，その権利を実現するには，多大な時間とエネルギーを要する．東京家庭裁判所及び大阪家庭裁判所において2000（平成12）年1月から6月までに調停の成立した離婚調停事件各100件を最高裁判所が調査したところ，養育費を定められたとおりの額で期限どおり受け取っているも

のが48件，一部について受け取っているものが23件，期限どおりでないが全額受け取っているものが19件，全く受け取っていないものが6件であったという．そして，支払いがない場合に強制執行手続をとったものは皆無であった．それを利用しない理由は，「手続を知らなかった」が10件，「費用がかかると思った」が9件，「手続をとっても無駄であると思った」が7件であったという（最高裁判所事務総局，2002）．

　この数字をどのように理解するかはともかく，日本においても，養育費の算定を簡易迅速に行う工夫（東京・大阪養育費等研究会，2003）とともに，最近は養育費の取立てを確実にする法制度の整備が図られつつある．養育費とは，民法766条1項により離婚後の子の監護について，直接の監護をしない親から監護をする親に支払いをすべき未成熟子養育に要する費用である．父母の協議で定めるか，協議が調わないときは家庭裁判所により定められる．

　2003（平成15）年の民事執行法改正により新設された同法151条の2第1項は，民法によるいくつかの義務にかかる確定期限の定めのある定期金債権を有する場合において，その一部に不履行があるときは，民事執行法30条1項の規定（同項によれば，確定期限の到来にかかる請求についての強制執行は確定期限の到来後に限り開始することができるとされている）にかかわらず，当該定期金債権のうち確定期限が到来していないものについても，債権執行を開始することができる旨を規定している．その義務のなかには，民法752条の規定による夫婦間の協力及び扶助の義務，民法760条の規定による婚姻費用の分担義務，民法766条（749条，771条及び788条において準用する場合を含む）の規定による子の監護の義務及び民法877条から880条までの規定による扶養の義務が掲げられている．そして，民事執行法152条2項により，これらの義務の執行に関する給料等に係る差押え禁止については，通常の「4分の3」の割合が「2分の1」に緩和されている．かくて，子の養育に係る義務については，すでに期限の到来した分についての不履行があることが要件であるとはいえ，確定期限が到来していない分についても，強制執行を開始できることを意味している．

　さらに，2004（平成16）年の民事執行法改正により，前記151条の2第1項に係る金銭債権について，同法172条の規定による間接強制の方法

を用いることも許容された（改正後の167条の15）．

　しかし，不履行の場合に，裁判所を通じて養育費債権を実現しようとするときには，依然として多大なエネルギーとコストを要する．こうした事態を生じないようにする一つの制度的な工夫として，養育費の取立てに行政が関与する制度が考えられる．日本においても，「強制執行とは異なった手法による養育費の支給と義務者からの徴収の制度」について検討を求める提案がなされたことがあるが（厚生省離婚制度等研究会，1985），未だ取立てに行政が関与する制度を設ける気運には至っていないように見受けられる．他方，外国にはこのような制度を有する例がみられる．本章は，市民の債権は市民が自ら実現することとし行政は関与しないという原則が溶解する現象を取り上げて，そのような仕組みのもつ意味を考察しようとするものである．いくつかの国の例から，このような仕組みにおいて，単に債権の実現方法というテクニカルな面のみならず，私債権の公債権への転化，家族法と社会保障との連動，裁判所機能と行政機能との分担，海外居住の義務者からの取立て等の多様な「ボーダレス化」現象と，それに対する法的対応を認識することができるように思われる．

2　オーストラリア・ニュージーランドの場合

1　オーストラリアの子の養育費に関する行政的査定

　児童の養育費（child support）の支払いの確保は，多くの国が頭を痛めてきた問題である（概観として，やや古いが，厚生省離婚制度等研究会，1985；佐藤，1988）．以下においては，オーストラリア[1]およびニュージーランドを取り上げてみたい．

　オーストラリアには，連邦法としてFamily Law Act 1975が存在した．これは，連邦憲法が連邦の立法権を認めるmarriage（51条（xxi））に「婚姻中の子（a child of the marriage）」の監護や扶養を含めて解する判例

---
[1]　2巻からなるChild Support Evaluation Advisory Group（1992）が，オーストラリアの制度の展開を含めた最も詳細な資料であるように思われる．なお，「児童の養育費」と「子の養育費」とは同義である．親を意識する場合に「子の養育費」の語を用いることとする．

が容認するように[2]，親による扶養義務を規定していた．ただし，婚姻外の子の扶養に関しては含まれないとする判例があったために[3]，各州の法律に委ねられていた．しかし，ヴィクトリア，サウス・オーストラリア，ニュー・サウス・ウエールズ及びタスマニアは，1986年から1987年にかけて，この事項に関する州の立法権を連邦憲法51条37号に基づき連邦に付託（碓井，2002）したため[4]，1987年に連邦はFamily Law Amendment Actを制定することにより，これらの州との関係においては連邦法を直接適用できることになった．結果的に，クウィーンズランド及びウェスタン・オーストラリアが残されることになったが，その後，1990年にクウィーンズランドも連邦に付託した（ただし，付託の技術を用いないで，採択（adoption）の技術を用いることもでき，実際にも，離脱期間中の州は，採択法方式を採用した）．なお，1987年法において，それまでの配偶者扶養に含める制度から子の養育費を分離する政策が採用された（Finlay et al., 1997）．

1975年法の下においては，Family Law Actに基づき裁判所が養育費の算定を行い，その支払いを命じてきたのであるが，裁判官の裁量による判断のために事件ごとの首尾一貫性を欠くこと，裁判所は当事者の複雑な資金状況の調査を要することの多い大量の事件を処理できないこと，裁判所の手続は当事者間の緊迫状態を悪化させ，かつ，費用がかかること，裁判所の命令も当事者の合意もインフレーションや監護していない親の所得変動をほとんど考慮していないこと，裁判所手続に時間を要すること，などの問題が指摘されていた（Harrison et al., 1987）．また，弁護士や一部の裁判官は，社会保障給付（年金）を最大化するよう行動するため財政負担が増大するという問題や，養育費の支払いが多くの者にとって任意的行為（voluntary act）になっていたこと，離婚後の生活状態が，母の場合は極

---

2) Russel v Russel (1976) 134 CLR 495.
3) 高等法院は，"child of the marriage" を制限的に解釈し，Family Law Act の若干の規定を違憲と判断していた（Cormick v Salmon (1984) 156 CLR 170; Re Cook; Ex parte C (1985) 156 CLR 249; Re F; Ex parte F (1986) 161 CLR 376）．
4) 州の立法権の連邦への付託は，オーストラリアの重要な法技術である．付託は，州が法律を制定することにより行われる．このときは各州においてCommonwealth Powers (Family Law—Children) Actを制定した．1990年のクウィーンズランドによる付託はCommonwealth Powers (Family Law—Children) Actの制定によってなされた（Hanks, 1996）．

端に悪くなり父の場合は改善されることなども指摘された (Harrison et al., 1987; Parker, 1991).

　オーストラリアの養育費を規律する法典として重要なものは, Child Support (Assessment) Act 1989 及び Child Support (Registration and Collection) Act 1988 である[5]. 前者は, 枝条文を無視して164条, 後者も枝条文を無視して125条から成っており, 両者を併せると300条にも近い大きな法領域を形成している. 法律の成立年度からもわかるように, まず, 1988年の法律により, 児童養育庁 (Child Support Agency) が設立され, 養育費の取立手続の簡素化が図られた. この機関は, 国税庁 (Australian Taxation Office) の一部門であった. 「第一ステージ」と呼ばれる1988年段階においては, 養育費の額自体の決定は, 行政が関与するものではなかった. すなわち, 裁判所の関与なしに当事者の合意のみによる方法, 当事者の合意に基づいて裁判所の同意命令を得る方法, さらに, 当事者が合意に達しないために紛争処理として裁判所が命令する方法が存在した. 翌年成立の前者の法律によって, 養育費の額が法律の定める算定式に基づき, 行政機関により査定されることになった. これが「第二ステージ」と呼ばれている.

　本章の課題との関係において重要なのは, 徴収 (collection) を扱う法律であるが, 養育費の査定 (assessment) を扱う法律も, 「行政組織の利用」という面において無視することができない. なぜならば, 養育費に関する行政的査定に関する規定が置かれているからである. Child Support (Assessment) Act 1989 の第4部によれば, 児童の監護者または監護者でない親は, 登録官 (registrar) に対して養育費の査定を申し立てることができる (25条, 25A条). 申立ての対象となる児童は, 法の施行日以降に生まれた児童, 施行日前に生まれた児童で両親が同居していたが施行日以降に離婚したもの, これらの児童の兄弟姉妹のいずれかに該当し, 18歳未満

---

5) これらの法律は, 本文に述べた憲法上の理由からウェスタン・オーストラリア州における婚姻外の子には適用されず, また, 州の児童福祉立法の適用を受ける子に直接適用されることはない (22条). しかし, ウェスタン・オーストラリア州も, Child Support (Adoption) Act 1988 及び Child Support (Adoption of Laws) Act 1990 を制定して穴が開かないようにしてきた. なお, Family Court の関係では交差管轄 (cross-vesting) (碓井, 2002) により, 連邦の Family Court が管轄権を行使できるし, 異なる州の居住者間の扶養問題も同様である (Finlay et al., 1997).

で婚姻していない者で，申立日にオーストラリアに居住するかオーストラリア公民であるものである（19条〜21条，24条）．

　何といっても，法律自体が行政的査定の算定式を用意している点にオーストラリア法の特色がある[6]．基本算定式は，年度ごとに「調整所得額」に「養育費率」を乗じるというものである（36条1項）．調整所得額は，「養育費所得額」から「免除所得額」を控除した額である（36条2項）．養育費所得額は，直近年度の所得税査定法（Income Tax Assessment Act）に基づく課税所得と直近年度の「補充所得」の合算額である（38条）．補充所得とは，所得税査定上の非課税外国所得，賃貸財産損失（賃貸財産所得を超える賃貸財産に係る控除額）及びフリンジ・ベネフィットである（38A条）．免除所得額は，養育費負担者の生計費部分を配慮する趣旨で控除するもので，扶養している児童の状況に応じ社会保障年金給付率に対応して定まる仕組みになっている（39条）．

　負担義務を負う親の養育費の率は，養育義務を負う子の数に応じて，1人の場合は18%，2人の場合は27%，3人の場合は32%，4人の場合は34%，5人以上の場合は36%とされている（37条）．3人以上の場合に，ほとんど微増にとどまっていることが注目される．

　以上の仕組みから，負担義務者の所得，負担義務者の基本的生計費及び養育費支払対象の子の数が，算定上の基本になっていることが理解できる．なお，この算定式は，基本算定式と呼ばれ，裁判所による命令による場合及び養育費協議が調った場合には，基本算定式の修正が認められる（40条以下）．年260ドルの最低額の定めがあるが，負担義務者の所得がこれよりも低い場合などにおいては特例がある．

　この算定式のみによる場合には，具体の子の養育費として適切でない場合が生ずる．すなわち，算定式は親の所得のみを考慮していること，その結果，親の財産や資金源又は子の所得，財産若しくは資金源を考慮していないこと，また，子の養育費の現実の費用を考慮していないことから，妥当でないことがありうる（Dicky, 2002）．そこで一定の要件が満たされる

---

[6] 法律制定前に提案していた文献として，Harrison et al.（1987）がある．それによれば，従前の方式はWisconsin Child Support Reform Programの影響を受けたものであり，当時簡易算定方式を用いていたニュージーランドの方式がオーストラリアの改革に影響を与えたという．

場合は，算定式からの離脱（departure）が認められる．その要件は，負担義務のある親が他の者の扶養等のために高額の費用を要する場合，当該子の養育に特別に高額の費用を要する場合，その他算定式によると不当な結果になる場合である（98条以下）．

2 養育費の取立て

養育費の取立てを規定するのが，Child Support (Registration and Collection) Act 1988 である．その特色は，扶養のための給付金[7]を収入（報酬または給与）から自動的に控除する制度である．こうして控除された金額は，社会保障省を通じて権利者に給付される．かくて，義務者は納税義務を免れることができないのと同様に，養育費の支払義務も免れることができないのである．連邦政府に児童養育登録官が置かれる．従来は，国税庁長官（The Commissioner of Taxation）が，その職務に任ずることとされていた．登録官は，養育費登録簿を備える．登録官は，その権限を，国税庁次長，社会保障省大臣又は国税庁長官を長とするエイジェンシー若しくは社会保障省の職員に対して委任することができ，さらに，Commonwealth Services Delivery Agency Act 1997 により設立された連邦給付庁の長又は職員に委任することができるとされていた．後述するように，2001年改正によって，児童養育費に関する行政がすべて社会保障等を所管する省に移管され，同省に所属する児童養育庁の総括責任者をもって充てることとされた．

登録の対象となるのは，①児童の扶養のために定期金の支払いをすべき親又は養親であって，裁判所の命令若しくは裁判所に登録された扶養の協定又は「徴収庁扶養義務」のいずれかであるとき，②養育費査定に基づき生ずる義務，③配偶者の扶養のために他方配偶者が定期金を支払うべき義務で，裁判所の命令若しくは裁判所に登録された扶養の協定又は「徴収庁扶養義務」，のいずれかであるときである．ここに登場する「徴収庁扶養義務」とは，児童の扶養のために定期金の支払いをすべき親若しくは養親又は配偶者の扶養のために定期金を支払うべき他方配偶者の義務で，それ

---

7) 法律の名称にもかかわらず，夫婦間扶養義務もカバーされている（18条．Dicky, 2002）．

に関して，州若しくは連邦直轄地の法に基づき設立された機関又は職権を有する者により，又は，それらの統括もしくは監督の下に，取立て又は返還行為がなされる義務を指している（4 条 1 項の定義による）．

　命令が裁判所によりなされ若しくは裁判所において登録された場合又は扶養協定が裁判所において登録され若しくは裁判所により承認された場合で，登録対象扶養義務が命令若しくは協定により生ずるか，又は，命令若しくは協定がこの法律に基づき登録されていない登録対象扶養義務を変更し若しくはその他の影響を与えるか，のいずれかであるときは，次のような手続規定が適用される（23 条）．まず，登録対象扶養義務の支払いを受ける者は，その命令又は協定について登録官に通知する．ただし，この法律による扶養義務の履行手続によらないことを選択することもできる．支払義務者についても同様の手続がある．要するに，これらの場合には，命令又は協定についての通知義務は，当事者に課されているものの，行政組織を通じた取立てを利用するかどうかは当事者の選択に委ねられていることを意味する．養育費査定がなされた場合は，養育費登録簿に登録するのが原則であるが，支払いを受ける者がこの法律による履行を受けないことを選択した場合，又は養育費査定の申立てが負担義務を負う親の申立てである場合には，登録されない（24A 条）．子の場合は，養育費査定の利用と取立てとが別のものと位置づけられることになる．

　登録簿に登録されると，支払者の養育費支払義務は，連邦政府に対して支払われるべき債務となり，逆に，支払いを受ける者も，義務者に対して直接に履行を求めることはできなくなる（30 条）．ただし，国内に所在しない義務者に対する取立訴訟に関しては，相互協定等のある国の裁判所については連邦政府が権利者の代理人として出訴するが，それ以外の場合は，権利者本人が当事者となる．もっとも権利者が手にした養育費は，連邦政府に送られる（30A 条）．すなわち，権利者本人が訴訟当事者となるのは，相互協定等が存在しないことによる便宜的な扱いとして位置づけられているのである．

　取立ての仕組みには，使用者による賃金控除方式と任意支払い方式との二つがある．被用者である義務者については，可能な限り賃金控除によることとされている（43 条 1 項）．ただし，義務者が賃金控除によらないこ

とを希望し，義務者が期限を遵守した支払いをなすものと登録官が認める場合は，賃金控除によらないことができる（44条）．賃金控除を行うために，登録官は必要な情報を使用者及び被用者である義務者に通知する．これにより使用者は被用者の賃金から控除し，それを登録官に払い込む義務を負う．なお，控除禁止収入額（protected earnings amount）の制度がある．この金額だけは被用者への支払いを保障する趣旨である[8]．その金額は，社会保障法により定められる「再起給付（Newstart Allowance）」の週最高限度額の75%とされている．2002年1月からは246.68ドルである．興味深いのは，使用者は，その被用者が登録対象扶養義務者であることを理由に不利益扱いをしてはならない旨が法律に明記されていることである（57条）．社会保障年金や家族租税給付（family tax benefit）からの控除方式も用意されている．

　任意支払いも含めて登録官に集められた扶養義務の金銭は，児童養育費基金勘定（Child Support Trust Fund）に集められ，社会保障省により養育費権利者に支払われる（73条以下）．この事務は，社会保障の給付を受けているかどうかにかかわりなく，社会保障省の所管である（Dicky, 2002）．なお，権利者に支払われるのは，あくまで登録官が取り立てた金額であるから，義務者が破産すると権利者はまったく養育費を受け取ることができない．義務者が不履行の場合に訴訟を提起することのできるのは，政府（登録官）であって，権利者が直接に義務者に訴訟を提起することはできない（30条(3)）．

　ところで，義務者の海外渡航により取立てが困難になることがありうる．そこで，義務者が義務を履行しないおそれがあると認めるときは，出国禁止命令を発することもできる（72D条）．きわめて強力な措置が用意されているのである．

3　担当行政機関の位置づけ

　制度の発足時から，児童養育基金からの支払事務は，社会保障所管省によって行われていた．その理由は，養育費の支払いを受ける多くの者が社

---

[8] この趣旨は，扶養義務が生じてから後の義務者の経済状態の変化に伴う金額変更等がなされない場合を考慮したものと説明されている（Finlay et al., 1997）．

会保障給付の受給者でもあったこと,社会保障行政所管省が養育費の支払状態をチェックし,必要があれば社会保障給付を調整することが可能なこと,によるとされる (Finlay et al., 1997).

これに対して,児童養育庁 (Child Support Agency) は,制度発足時には国税庁の一部門に位置づけられていた.国税庁所属とした理由は,二つ考えられる.まず,当初から所得税の源泉徴収対象所得のある義務者については養育費の源泉控除(天引き)がなされたので,所得税の源泉徴収を所管する国税庁が適しているという考え方である.次に,1989 年法以降,養育費の査定も行政が行うようになると,査定方式において,所得税の課税所得の査定を用いることから,国税に関する行政組織の利用が便宜であると考えられたといえよう.

こうした行政組織が 10 年近く存続したが[9],1998 年には,児童養育庁の組織的な帰属は,国税庁から社会保障等を広く所管する「家族及び地域サービス省 (the Department of Family and Community Service)」に移管する方針が決定された.従来の法制度においても形式的には,国税庁長官の委任によることが可能であったが,2001 年改正により,児童養育登録官を「児童養育庁の総責任者 (General Manager of the Child Support Agency)」の地位にある者とし (10 条 2 項 (a)),前記の省の大臣が登録・徴収法の運営に関する総括責任を負うものとされた (11 条).この移管後も,児童養育庁と国税庁とは密接な関係を維持しているという.

4 ニュージーランドにおける養育費の算定方式と取立て

ニュージーランドも,オーストラリア等の制度を参考にして,養育費の取立制度を構築した.それが Child Support Act 1991 である.それは,275 条に及ぶ大法典である.その仕組みは,オーストラリアときわめて似たものである.もっとも,それ以前のニュージーランドの制度がオーストラリアに影響を与えたことにも注意する必要がある.すなわち,1981 年に負担義務のある親の拠出義務制度が導入され,扶養している親が社会保

---

[9] 連邦会計検査院は,1993-1994 年度("Australian Taxation Office—Management of the Child Support Agency"),1998 年("Management of Selected Functions of the Child Support Agency")の 2 回にわたり,児童養育庁の監査を行い,勧告をしている.

障給付を受けている場合は，社会福祉省が扶養していない親の査定を行って拠出金を決めることとされていた．ただし，この制度にあっては，扶養している親が社会保障給付を受けていないときは，当事者の合意あるいは裁判所で決める仕組みになっていた（Atkin, 1992）．そして，興味深いことに，1991年法の狙いは，後述のアメリカと同様に，社会保障給付についての政府支出を軽減することにあって，女性や子供のニーズよりも財政上の急迫への対応にあったとされる（Atkin, 1992）．

1991年法の内容をみておこう．

養育費の年額は，次の標準算定式により計算され，最低額は，520ドルとされてきたが，2002年4月以降は663ドルで，かつ翌年以降はインフレ調整がなされる（72条）．その算定式は，$(a-b) \times c$による．ここにおいて，aは，養育費所得額であり，従来は2年前の年度の課税所得であったが，1999年の法改正により，源泉徴収による所得のみの親については，直近の年度の課税所得である．これは，養育費算定の基礎とする所得と養育費支払能力とがなるべく近いことが望ましいという考え方に基づくものである．それ以外の親については，直近年度の前年度の課税所得によることとされ，かつ，インフレ率による調整がなされる．bは，養育費を支払う年度についての親の生計費控除額（living allowance）である．その金額は，婚姻の有無，扶養児童の有無等に応じて定まる（30条）．cは，養育費率である．養育対象の児童が1人のときは18%，2人のときは24%，3人のときは27%，4人以上のときは30%である（以上，29条）．

このような標準算定式は，監護者又は支払者いずれかの申立てによる場合は任意に用いられ（8条，10条），また，監護者が片親の社会保障給付を受けている者である場合は申立てに基づき強制的に適用される（9条）．社会保障給付を受けていない適格監護者は，国税庁長官への通知により算定式による養育費支払方法をやめることができる（27条）．

この法律による取立ては，標準算定式の用いられる養育費のほか，当事者間の任意協定で週当たり支払額が10ドルを下回らないもの（47条以下），家事審判法に基づく扶養命令で年額520ドルを下回らないもの，又は外国裁判所（英連邦に属する国又は家事審判法によりニュージーランドに登録され同法に基づきニュージーランドにおいて確認された裁判所）の扶養命令によるも

の等（67条以下）についても利用されうる．

　養育費の標準算定式による査定や取立ては，内国歳入庁（Inland Revenue）の任務とされている．オーストラリアが途中で帰属を変えたのに対して，ニュージーランドは依然として，国税組織が担当している．

　さて，このような仕組みがどのように評価されているのであろうか．歳入庁によれば，長所は，継続性，理解の容易さ（accessibility），無料のサービスであること，執行の可能性，一貫性にあるとされる．さらに手続の迅速性・簡易性のゆえ，金額に関する争いがほとんど生じないこと，多くの場合に権利者が従前の裁判手続による場合よりも多くの額を得られることなども，一般的にはいえるとされる．しかしながら，基準そのものの恣意性や，硬直的であることによる問題などがあるとされる．とくに，「混合家族（blended family）」における2番目の家族に酷となる問題が指摘されている．離婚し再度家庭をもったときに，過去の親子関係に基づく養育費の支払いに追われて，現在の家族の生活が厳しくなることである．さらに，この制度を動かすためには，徴収費がかさむことも指摘されている（Atkin, 1992）．かくて，必ずしも全面的賛成論ばかりではない．

5　オーストラリア＝ニュージーランド相互協定

　養育費の支払義務のある親が海外に移住したような場合であっても，その親から養育費の取立てを行うことが望ましい．しかしながら，そのような取立権行使の障害になるのが，主権の壁である．国々が，その壁を除去する必要性を共通に認識するときには，互いに協定を締結して，取立てを可能にすることが考えられる．オーストラリアとニュージーランドとの間には，相互協定が締結されている．

3　アメリカ合衆国の場合

1　アメリカ合衆国連邦法による規律

　アメリカ合衆国の場合，養育費の支払いの履行確保は，主として社会保障の一環である公的扶助との関係において，政府の財政負担を軽減する目

的で，その強化が図られてきた．すなわち公的扶助に対する私人間扶養の優先政策である．アメリカ合衆国においては，オーストラリア等よりも早くから制度構築への動きが始まった．公的扶助の一環として政府が養育費の給付を行うと同時に，政府が義務者から取立てを行うという考え方である．

そのような動きは，まず，州において始まったが(詳しくは Krause, 1981；矢野，1993)，1975 年には，連邦が扶養児童を有する家族に対する援助 (Aid to Families with Dependent Children＝AFDC) の負担を軽減する目的で，社会保障法典に「タイトル IV-D」を加えて (42 U. S. C. 651 以下)，州が連邦政府から AFDC を受けるには，州が養育実施機関を設立し (これが，IV-D 機関と呼ばれる)，連邦の児童養育実施局 (Office of Child Support Enforcement) により課される一定の基準を満たさなければならないものとされた．すなわち，資料を収集すること，AFDC の申請者の本人確認手段として社会保障番号を使用すること，見捨てられた児童に給付がなされるときは州の児童養育実施機関に報告すること，その記録を児童養育担当官に公開することなどである．公的扶助の申請者は，取立未了の児童養育費の権利を州に移転させ，かつ，所在不明の親を探し出すことで協力し，親子関係確認を行い，未払いでないときは養育費判決をもらい，支払いを確保する合意をなすことが要求される．申請者が不当に協力しなかったときは，AFDC の給付が申請者分から減額される．州政府は，所在不明の親の所在に関する州政府及び地方政府の記録を探すための「親所在探索サービス」を実施することを義務付けられた．連邦の児童養育局は，コンピューターによる「親所在探索サービス」を行い，このサービスにおいて社会保障番号，内国歳入庁その他の連邦の情報源を利用することができる[10]．親の所在が判明したときは，州は，必要があり可能なときは，親子関係確認を行い，養育判決を受けて，州内若しくは州間手続により執行しなければならない．1975 年法は，AFDC 公的扶助の費用の削減を目指すものであったが，公的扶助を必要とする状態に陥らないようにすること

---

[10] 日本においては，他の行政情報を活用することについては強いアレルギーがあり，2004 (平成 16) 年の国民年金法改正により社会保険庁が市町村の保有する税情報等を活用できることとした点についても，同様の反応がみられた．

も重要であるという認識に立って，公的扶助の対象者以外の者であっても，この手続を利用できることとされた（以上，Krause, 1981, 1990）．

次いで，1984年には，養育費支払いの履行確保のために，支払義務を負う親の収入からの直接徴収（しかも滞納状態にあるか否かにかかわらない自動的な控除方式）及び養育費滞納者の財産に先取特権を認める法律の制定を州に義務付けることなどを内容とする法律が制定された．また，未払養育費を連邦及び州の所得税還付金から控除する制度も設けられた．ここには租税との連動関係がみられる．また，興味深いのは，1000ドルを超える未払養育費のある者については，信用会社に報告してよいとされたことである．これは，民間の取引において不利な状態を生ずることによる間接的強制手段を公認するものであった[11]．その後，Family Support Act of 1988 が，1993年以降は，公的扶助事件において出された扶養命令すべてについて自動的な賃金控除を定めて，強化を図った．

1996年の Personal Responsibility and Work Opportunity Reconciliation Act（＝PRWORA）は，親所在探索サービスの情報源の拡大などを定めた．本章との関係においては間接的事項であるが，この法律の大きな特色の一つは，連邦政府の児童の養育に対するスタンスの大きな変更がなされたことである．すなわち，養育を要する者に対して連邦が現金給付をなす最後の保障者になるというスタンスから，州に対する包括的補助金（block grants）の交付によって，生活能力に乏しい者に対する援助者の役割を州政府及び地方政府に委ねることに改めたのである（Legler, 1996）．

2 アメリカ法の特色

アメリカ合衆国政府は，養育費問題について重大な関心をもち制度の改正を重ねてきた（多様な履行確保策について，樋口, 1988）．なぜ，これほどまでに努力しなければならないのか．それは，どうやら単に離婚が増えているということではなく，婚姻外の子供の出産（out-of-wedlock births）が増加しているという社会状況が重なっているようである（Legler, 1996）．

---

11) 資料が古いが，1988年までに8州が日常的に信用調査機関に報告していたという（Krause, 1990）．

それゆえに，親子関係確認（paternity establishment）の手続についても，多大なエネルギーが注がれてきた．1996年のPRWORAがその代表的法律である（その内容について，Legler, 1996）．

さて，アメリカ合衆国においても，養育費の取立てに行政が深く関与しているが，オーストラリアとは異なる側面を有している．

第一に，何といっても，その出発点において，公的扶助の削減を実現するために連邦政府が州政府に義務付けた制度である．現に養育を行う親の養育費の獲得を確実にするという狙いに基礎を置くものではなかったのである．公的扶助を必要とする水準にある家族の割合にもよるが，出発点においては，養育費の確保に関しては限定された役割であったといってよい．

第二に，しかしながら，1975年法は，親所在探索サービスの利用を，公的扶助対象者以外にも拡大した点において注目される．公的扶助を必要とする者の発生を予防するという理由によるものであるが，連邦議会の立法管轄権の範囲内かどうかという問題が生ずるであろう．なぜならば，家族の関係の規律は州の権限に属するからである．

第三に，州への補助金交付の要件とすることにより実効化を図る政策が中心となっている．そして，行政を通じた取立ても，実際には州法の制定に委ねられている．アメリカ合衆国の連邦制度のなかで，州の自律性を認めつつ，足並みを揃えるという難題を克服しなければならないのである（統一州際家族扶養法案については後述）．この点は，等しく連邦制をとる国であっても，オーストラリアやカナダとは異なる点である．たとえば，1984年法により州に対して養育費のガイドラインの設定を義務付けたが（連邦の要求する事項以外の事項を加えることもできる（Beld & Biernat, 2003））[12]，連邦自体がガイドラインを定め，州がそれを調整して州ごとのガイドラインを作成するカナダ方式とは異なるものである．アメリカにおいても，連邦がナショナルな基準を設定して，地域による生計費の違いに応じて調整をする方式により，より全国的に一貫性のある養育費を実現すべきであるとして，州ごとの裁量（state by state discretion）を認めて尊重する姿勢を

---

[12] 州のどの機関がガイドラインを作成するかは，各州の判断に委ねられている．1996年に発表された資料によれば，制定法による州が25，裁判所規則による州が18，その他の州は行政の規則によっていたという（Beld & Biernat, 2003）．

批判する見解がみられた（Krause, 1990）．これに触発されて，手続漁り（forum shopping）を減少させ，居住する州如何にかかわらず等しい金額を支払うことを可能にする全国レベルのガイドラインの制定を求める見解がある（Elrod, 1997）．

ところで，アメリカの場合は，州においても三権分立の考え方が強いために，養育費の事項に行政が関与することについては，権力分立原則に違反しないかという問題がつきまとう．オーストラリアの場合については後述するが，アメリカの若干の州において，養育費事件を行政の手続で処理することは権力分立原則に違反するとする判決が登場している[13]．

最後に，アメリカ合衆国は，連邦がリーダーシップをとって，養育費の支払いを実現する施策を強化してきたが，必ずしも楽観論のみではない．たとえば，H. D. Krause は，1990年時点の論文において，貧しいレベルの場合には徴収コストと同程度の徴収実績にとどまっているとし，貧しい父親からの養育費の徴収は，実際には貧しい父親から法律家及び福祉官僚への養育費相当額の所得移転になってきたと指摘していた（Krause, 1990）．この指摘が，現在においても妥当するかどうかはともかく，制度設計において，一面の価値を追求するあまり全体を見失う危険性があることを警告するものである．

4　英国の場合

1　1991年法

英国における児童養育費に関する法制度は，Child Support Act 1991 及びその改正法であるが，それに至る動きは，1974年の Finer Report に遡るといわれている．同報告は，監護する母親は国から給付を受けるとともに，他方，児童及び配偶者の扶養額は，裁判所によることなく行政的手

---

13) ネブラスカ州の事件として Drennen v. Drennen, 426 N. W. 2d 252 (Neb. 1988)，ミネソタ州の事件として Holmberg v. Holmberg, 588 N. W. 2d 720 (Minn. 1999) がある．後者は，執行府に属する租税裁判所を設けることが違憲でない理由につき，租税は基本的に立法権の行使であり，その下において行われる行為は行政の性質を有すると述べて，養育費事件について行政法判事が審理を行う活動とは区別されると述べている．

段で査定され，公務員により執行されて政府に支払われるべきであるとしていたからである．もっとも同報告の考え方が1991年法に影響があったことを同法の提案者たちが認めていたかどうかについては争いがあるという (Bird, 1991)．それに対して，オーストラリアの制度改革が英国に大きな影響を与えたことが指摘されている (Bird, 1991)．

英国政府は，まず，1990年7月に首相が児童扶養制度の改革の必要性を訴えた．その背景には，若い未婚の母が子の父から養育費を回収できない場合が多いこと，離婚の増加と離婚時に子の養育費を支払わなくてもよいという決着がなされるために社会保障予算が増大していたこと，夫婦の金銭負担に関する紛争の解決に当たり裁判所が「公益」を見失い「納税者の利益」が無視されていることなどの事情があったとされる (Bird, 1991)．これを受けて，Child Maintenance Review というディスカッション・ペーパーに続いて，同年10月には "Children Come First" というホワイト・ペーパーが公表された．そこで児童扶養制度につき指摘された問題は，不必要にばらばらで，裁判所において決められる扶養額について予測可能性がなく，かつ，金額及び手続に要する時間についての首尾一貫性がないというものであった．個別事案の解決のみに委ねられている限り，ある意味において必然的なことであった．また，養育費が支払われないことが多く，多くの監護者（親）が所得援助に頼らざるを得ない状況にあることが指摘された (Bird, 1991 ; 東，1996 をも参照)．

1991年法 (川田，1996) は，付表を別にして，58か条からなっていた．その後の改正のうち最も大きなものは，Child Support, Pensions and Social Security Act 2000 によるものであった．この改正も含めた現行法についてみておこう．

扶養査定 (maintenance assessment) は，申請に基づいて国務大臣の決定によりなされる (11条以下)．扶養査定が行政権によりなされる点において，オーストラリア等と共通している．子を監護する者又は監護しない親には国務大臣への子の扶養査定申請権が認められる．国務大臣が扶養査定をする際には，申請者が求める場合は，査定に基づき支払われるべき養育費の取立て及び義務履行の執行についての手立てを講ずることができる（以上4条）．適格児童の監護をする親に所得援助，家族手当等の給付がな

される場合には，国務大臣は，適格児童及び不在の親の子で同一の親が監護する他の子に対しても扶養の計算の申立てがなされたものとして扱い，決定された児童の扶養費を非監護の親から取り戻す行動をとることができる．ただし，監護をする親が授権しないことを求め，それに合理的理由がある場合は別である（6条）．いずれの場合も，義務者の探索（tracing）の措置をとることも含んでいる．ここには，社会保障給付を受ける場合における強制適用の考え方が示されている．

　英国の制度において，裁判所との関係が重要である．適格児童に関し児童養育費担当者が扶養査定を行う権限を有する場合には，当該児童及び非監護の親について，いかなる裁判所も扶養命令をなし，変更し若しくは復活させることはしない．ただし，裁判所が扶養命令を取り消すことを妨げるものではない（8条）．これによって，行政的な査定制度が裁判所の手続に優先する制度が採用されていることになる．

　この法律の規定は，子の利益のために扶養（スコットランドにおいては離婚手当）の目的の定期金の支払いをなし若しくは保証する扶養協定の締結を妨げるものではない．そのような扶養協定があることは，協定に基づいて定期金の支払いがなされ，又は保証される子について，扶養査定の申立てをなすことを妨げるものではない（9条）．

　2000年のChild Support, Pensions and Social Security Actによる改正前の査定は，扶養所要額と義務者である親（生計を一にしていない親）の査定所得（assessable income）の算定から出発するものであった．査定所得は，純所得（net income＝所得から租税・社会保険料を控除した金額）から免除所得（exempt income＝義務者である親の必要な生計費）を控除した金額である．同時に，子の生活に必要な合計金額から子のために支給される給付金を控除した金額（扶養所要額）を計算する．親の査定所得額の合計額に0を超え1未満の数（P）を乗じた金額に占める扶養所要額の割合（G）を算定する．基本的算定方式は，養育費支払者の査定所得にG及びPを乗じて得た金額である．これらを含む扶養査定の詳細は，付表1及び規則において詳細な算定式と定義により定められていた．しかし，その複雑なことにつき多くの批判を受け，前記2000年の法律によって，きわめて簡略な算定式に改正された（詳しくは川田，2002-2003）．すなわち，週200

ポンド以上の所得の親の場合は養育費の対象の子の数に応じて1人の場合は15%, 2人の場合は20%, 3人以上の場合は25%とし, 他の子供がいる場合は, その分を差し引く方式である (旧法及び改正法の各査定の方式に対する批判については Herring, 2001 を参照). 従前の方式においては監護する親に所得がある場合のことが考慮されていたが, 改正法はこれを廃止した.

2 養育費の取立てと執行

養育費の取立て (collection) の仕組みは大臣が整備することとされ, 養育費査定に基づく養育費の支払いは大臣の定める規則によることになっている (29条2項). 取立てについては, 社会保障給付を受ける者のみならず, 同給付を受けない者であっても取立ての手配を申請した者については手配する仕組みが採用されており (29条1項), 平等機会の手段 (equal opportunity measure) と呼ばれている (Bird, 1991). 規則においては, 養育費が (1) 当該子の監護をする者若しくは当該子に対して, (2) 大臣に対して若しくは大臣を通じて, (3) 又は大臣の定める者に対して若しくはその者を通じてなされるべきこと, 養育費の支払方法, 支払いの間隔, 及び大臣若しくはその指定する者に対し又はそれを通じてなされる支払金の送付の方法と時期等を定めるものとされている (29条3項). 必ずしも大臣 (実際は児童養育庁) 経由のみに限定されていないことに注目しておきたい.

大臣は, 扶養査定に基づく支払金の支払いを確保するために義務者に対して「収入からの控除命令 (a deduction from earnings order)」をなすことができる. 収入からの控除命令は, 査定に基づき支払われるべき児童養育費の未払分, 査定に基づき将来支払日の到来する児童養育費の額, 又はそれらの双方について, なすことができる. この命令は義務者を雇用する使用者に対して発せられ, 義務者の収入から控除して大臣に支払うよう指示してなされる (31条). 他の国にみられる控除禁止所得 (protected income) の制度は設けられていない. これは, すでに査定段階で考慮済みであるという理由によっている (Bird, 1991). "may" の用語により, 大臣 (児童養育庁) の裁量が認められるようにみえる. 重要なことは, 収入からの控除命令が滞納状態を生じた場合に限定されないことである (Bird, 1991).

収入からの控除が不適当な場合（たとえば義務者が失業中の場合）又は収入からの控除命令が発せられたが支払金の確保に実効的でないことが判明したときは，大臣は，義務者に対して義務負担命令（liability order）を出すよう治安判事裁判所（スコットランドにあっては保安官）に対して求めることができる（33条）．義務負担命令の執行のために，大臣は，義務者の財産を差し押さえることもできるし（35条），郡裁判所の差押手続を利用することもできる（36条）．さらに，刑務所への収容，運転免許の拒絶という強力な手段も用意されている（39A条以下）．運転免許の拒否は2000年法改正により加えられたものである．ここには，アメリカ法の影響がみられるといえよう．

3　社会保障給付との結合関係

イギリスの特色は，養育費の給付と社会保障給付との結合関係にある．2000年法改正前は児童養育費の額自体が，所要の合計額から児童の受ける給付を控除した残額とされていたから（付表1），それだけでも，相互に影響する関係にあった．社会保障給付を受ける者について強制適用とされていることについては，すでに述べた．さらに，社会保障運営法（Social Security Administration Act 1992）には，これを修正する規定がおかれている．すなわち，大臣が児童若しくは配偶者の扶養のための定期金の取立てを行い，その定期金を計算に入れるときに給付額を減少させる場合において，大臣が適当と認めるときは当該定期金を給付せずに大臣が留保することができる．その場合に留保した金額は統合基金に繰り入れるものとされる（74A条）．

4　行政組織の評価

養育費の取立てを行政組織が行うシステムを検討する本章にとって，イギリスにおいて当該業務を行う児童養育庁がどのような評価を受けているかが気になるところである．この点について，自発的に支払おうとしない親に対して確実な支払いを執行することに真の困難があることを十分に考慮しないで児童養育庁を設置したことは，目的を達成できない結果になろうと，冷やかに批判する見解があった（Cretney & Masson, 1997）．そして，

実際に，労働党政権の下において，児童養育庁に対する信頼が失われたとする首相の言葉に示されるように (The Secretary of State for Social Security, 1998)，「失敗」の評価があったことは否定できない (川田, 2001). しかし，それが組織固有のことであるのか，養育費算定方式に由来することにすぎないのかについては，検討が必要であろう．

5　カナダの場合

1　連邦法

カナダの児童養育費に関する仕組みを連邦制との関係においていかに理解するかは，必ずしも容易ではない．カナダにおいて，家族法の大部分は州の立法権に属するが，連邦の憲法 (Constitution Act, 1867) 91条26項は，「婚姻及び離婚」に関する立法権を連邦議会の権限としている．しかし，1968年まで連邦全体にわたる離婚法は制定されず，有名な憲法学者によれば，「休眠状態 (dormant)」におかれて (Hogg, 1985)，離婚に関する法状態は州ごとに異なるものであった．1968年の離婚法 (Divorce Act) は，裁判所において離婚判決を得る手続等を定めるものであるが，子の養育費の支払いを裁判所が命ずることを授権する条項も離婚に関係する事項として憲法に適合するものとされた[14]．それが憲法問題を生ずることはなかった．

そこで，現在において離婚に伴う子の養育費の出発点となるのは，連邦の離婚法 (Divorce Act R. S. 1985, c. 3) である．同法は，管轄権を有する裁判所は申立てに基づいて養育費支払命令 (child support order と呼ばれている) を発することができるとし (15.1条1項)，その際には，ガイドラインに従うべきものとしている (3項). そのガイドラインの制定は，Governor in Council に委ねられている．ガイドラインにおいては，児童養育費命令の金額の決定方法，同命令を発する際に裁量権を行使しうる事情，養育費の支払いが定期金若しくは一括又は，それらの双方でなされるべき

---

14) Jackson v. Jackson, [1973] S. C. R. 205. 離婚後長期間経過して養育費支払いを命ずる場合も同様とされている．Zacks v. Zacks, [1973] S. C. R. 891.

こと，命令において指定する方法で支払い又は保証がなされるべきこと，ガイドラインの適用のための所得の算定等，について定めるものとしている．これを受けて，Federal Child Support Guidelines 1997 が制定されている．ケベック州は独自のガイドラインを作成しているが，他の州は連邦のガイドラインをそのまま採用するかそれを修正した内容のガイドラインを制定している．ガイドラインにおける養育費の算定については，常に検討が加えられている（最近のものとして Federal-Provincial-Territorial Family Law Committee, 2002）．

オーストラリアやニュージーランドと異なり，養育費の算定自体は行政機関ではなく裁判所が行うのであるが，その算定方法がガイドラインによっているのである[15]．

連邦において，これとは別に Family Orders and Agreements Enforcement Assistance Act, R. S., 1985, c. 4 (2nd Supp.) (FOAEA) が制定されている．この法律は，連邦と州とが情報の提供・保護や州の履行サービス等に関して協定を締結することなどの情報に関する定め，養育命令・養育提供を満たすために連邦からの資金について差押えができることなどの差押えに関する定め，ライセンスの拒絶等についての定め等を置いている．また，Garnishment, Attachment and Pension Diversion Act, R. S., 1985, c. G-2 (GAPDA) が制定されている．これらは，1997 年に改正されて，内容の拡充が図られたものである．

2　州　　法

行政組織を通じた取立てを規定するのは，それぞれの州法である[16]．オンタリオ州の場合は，Family Responsibility and Support Arrears Enforcement Act, S. O. 1996, c. 31 で，64 か条に及ぶ大法典である．行政組織を通じた取立ての核心は，裁判所ではない行政部門の責任者（局

---

15) ガイドラインについては，常に改善のための議論がなされている．See, Minister of Justice and Attorney General of Canada, 2002; Federal-Provincial-Territorial Family Law Committee, 2002.
16) 本文で紹介するオンタリオ州以外の州も同様の法律を制定している．たとえば，ブリティッシュ・コロンビア州は，Family Maintenance Enforcement Act［RSBC 1996］である．

長）から所得の源泉者に養育費控除命令が通知され，源泉者が控除して納付する仕組みである．

　まず，州知事により家族責任局局長が任命される（2条）．局長及びその任命する執行職員により取立ての業務がなされる．法務長官は，州知事の承認を得て局長の権限・義務を他の者に移管することができる．局長は，局長の事務局に提出される養育命令及び関係する養育費控除命令がある場合に，それを執行し，取り立てた金員を権利者に支払う義務を負っている（5条）．局長は，受領者のために実際的と認められる手段をとることができ，それには，局長事務局に提出される養育費控除命令の執行，この法律に明示されているその他の執行手段及び法に明示されていない他の執行手段が含まれる（6条）．オンタリオ州で出された養育命令又は養育費控除命令の生計費条項は，それが Family Law Act の34条5項に適合し又は規則で定める方法により計算されていない限り執行されない（7条4項）．また，オンタリオ州外でなされた養育命令又は養育費控除命令についても，前記法律の条項と同様の方法又は規則で定める方法で計算されていない限り，執行されない（7条5項）．同州の裁判所において出される養育命令は，それが局長により執行されること，その命令に基づき支払義務のある金員は局長に支払われ，局長が権利者に支払うべきことを記載するものとされている（9条1項）．同州裁判所は，養育費控除命令も行うものとされる（10条1項）．養育命令又は養育費控除命令を行った裁判所の書記官又は登録官は，それを署名後すみやかに局長事務局に提出するものとされている（12条1項）．養育費控除命令についても同様である（12条2項）．州外の裁判所による命令についても，州間養育費命令法（Interjurisdictional Support Orders Act, 2002）19条1項に基づき登録されるものは，執行を求める者が局長により執行されることを欲しない旨の告知が付されている場合を除いて，命令を登録する書記が局長の執務室に提出することとし，また，連邦の離婚法に基づくものについても，同命令に基づき受領者が局長の執務室に提出することができる（13条）．

　局長に提出された養育費控除命令は局長が執行する（20条1項）．局長は，局長が支払いを求める各所得の源泉者に養育費控除命令を通知し（20条2項），支払者にも通知書の写しが送付される（20条4項）．この通知は，

Family Orders and Agreements Enforcement Assistance Act (Canada) の適用上，差押えとみなされる（20条5項）．通知を受けた所得源泉者は，その金額を控除して局長に支払うものとされている（22条1項）．所得の源泉者による控除が開始されるまでの間は，支払義務者が局長に納付することとされている（22条3項）．控除額は，所得の源泉者が支払義務者に義務を負っている金額の50％までという限度が設定されている（23条1項）．同法には，運転免許の停止（第5部）や罰則規定もおかれている．

6 論点の抽出

1 家族法と社会保障法との交錯

　行政組織を通じた養育費の取立てについて，「融ける境」の観点から考察するならば，まず，何よりも法領域の交錯を観て取ることができる．

　第一に，家族法と社会保障法との交錯である[17]．私的扶養と公的扶助との関係をどのようにみるかは，社会保障法における重要な課題である．離婚に伴う子の扶養について，私的扶養をどこまで求めるか，どのような私的扶養を前提に公的扶助を行うかという点である．アメリカ合衆国はもとより，オーストラリアも社会保障給付を抑制することに重大な関心をもち，当初の法律では，社会保障給付を受けるには必ず児童養育庁に登録しなければならないとされていた．その後，この義務付けは廃止されたが，社会保障立法において，扶養を受けるための相当な行動をとることが義務づけられており，依然として密接な関係がある（Finlay, 1997）．

　日本における生活保護の場合には，民法に定める扶養義務者の扶養及び他の法律に定める扶助が生活保護法による保護に優先する旨が規定されている（4条2項）．これは，「保護の補足性」と呼ばれるものである．したがって，同法の建前としては，児童の養育費支払いという私的扶養は，生活保護に優先すべきものである．

---

17) 「交錯」から，さらに「統合」に進むものとみることもできるかもしれない．Parker (1991) は，社会保障法からこのような見方がなされることを予想している．

さらに，注目すべきは，児童扶養手当法と養育費支払いによる私的扶養との関係である．同法は，父と生計を同じくしていない児童が育成される家庭の生活の安定と自立の促進に寄与するため児童扶養手当を支給することとしている（1条）．そして，同法 4 条 4 項には，きわめて注目すべき規定がおかれている．すなわち，父母が婚姻を解消した日の属する年の前年（児童扶養手当認定請求が 1 月 1 日から 5 月 31 日までの間に行われた場合にあっては前々年）における当該児童の所得が，所得税法に規定する扶養親族（当該児童を除く）及び当該父の扶養親族でない児童で生計を維持したものの有無及び数に応じて政令で定める額以上であるときは，支給しないものとしている．同項及び，その「所得の範囲及びその額の計算方法」を政令で定めるとする 5 項は，施行政令が制定されていないために未施行であるものの，ここには，私的扶養の可能性があるときは私的扶養を優先させるべきであるという政策が明確に示されている[18]．しかしながら，この規定は，認定の消極要件にとどまり，たとえば，後に父の経済状態が改善されて児童に対する養育費が支払われるようになったとしても，認定の効果が失われるものではない．日本の児童扶養手当法が，父の養育費支払いの可能性に関心を示していることは窺われるものの，未施行にも現れているように，未だ法形成の途上にあるといわなければならない．

　しかも，未施行規定の 4 条 4 項の但し書きは，「父が日本国内に住所を有しないこと，父の所在が長期間明らかでないことその他の特別の事情により母又は養育者が父に当該児童についての扶養義務の履行を求めることが困難であると認められるときは，この限りでない」としている．諸外国においては，行政が児童に対し養育費の支払義務のある親を探し出すことに関心をもち制度化を図っているのに比べて，そうした仕組みなしに，この但し書きを適用するならば，養育費支払いの不履行分を政府が児童扶養手当の支給によって補っているかのような現象を生ずるであろう．国境を越えた人の移動（その中には離婚配偶者の移動も当然含まれる）が増大するにつれて問題も大きくなるに違いない．

---

18) これとは別に，養育者の配偶者又は扶養義務者の所得に着目した支給消極要件が定められているが（11 条），これは児童に対する扶養義務ではなく，養育者に対する扶養義務の存在に着目して養育者の現実の経済状態を判定する一つの基準として設けられた消極要件である．

諸外国の行政組織による養育費の取立ても，社会保障行政との関係が密接である．フランスは，原則は，支払義務者の雇い主又は預金先金融機関等に直接支払いを求める方式で[19]，行政組織が関与することはないが，定期金の未払いの場合には，将来にわたり行政組織が関与する方式を採用している（1984年12月22日法律第1171号「未払養育料の履行確保のための家族給付支払機関の関与に関する法律」）．一定の要件を満たすもので，養育費の未払いを生じた場合には，家族給付機関より家族扶助手当という給付金が給付される．これは，立替金の性質を有するのみならず，権利者から将来にわたる取立て委任を受けたものとみなされ，家族給付機関が取立てに関する権利を代位行使する．家族扶助手当の給付要件を満たさない権利者も，未払債権（過去2年分）と将来債権について家族給付機関に取立てを委任することができるとされている（松嶋，1993）[20]．スウェーデンは，国が養育費を前払いし，立替額を義務者に求償する制度を採用し，社会保障制度の一環として運営しているという（松嶋，1993；古橋，1998）．日本においても，立替払い制度が提案されている（石橋，2001）．

2 家族法・社会保障法と租税法との交錯

第二に，家族法・社会保障法と租税法との交錯である．この交錯には，一部の国に特有の問題を生じさせる側面と，共通の側面とがある．

前者の例として，オーストラリアや英国においては，課税法案に関しては他の法案を混入させてはならないという憲法原則があるために，児童養育費に関する法案の扱い方が憲法原則に適合するかどうかという問題が登場する．英国において児童養育法案に対して，養育費を徴収することは課税であり，一種の源泉課税にほかならないとして，金銭法案として扱わなかったことを批判する見解があった（Bird, 1991を参照）．

オーストラリア連邦憲法55条は，租税を課す法は，租税の賦課のみを扱うべきであり，そのなかに他の事項が含まれているときはその部分は効力を有しないと規定している．この規定に密接な関係をもつ規定として，

---

[19] 1973年1月2日法律第5号「扶養定期金の直接支払いに関する法律」．
[20] これに先立ち，1975年7月11日法律第618号「扶養定期金の公的取立てに関する法律」が，国庫が直接税と同じ徴収手続で未払い定期金を直接徴収する制度を採用した．

租税を課する法案は，上院が先議してはならず，上院は修正することができないとする憲法53条の定めが存在する．55条の規定は，もしも，租税を課す内容とそれ以外の内容とが混在するならば，53条の規定により上院の法案修正権がなくなるので，租税賦課の法案は，内容をそれに純化させることとしたものである．こうした憲法55条との関係において，児童養育費に関する法律には，租税を課す内容が含まれているので違憲であると主張する訴訟が提起された．その事件の高等法院判決が Luton v Lessels（2002）210 CLR 333 である．Gleeson 裁判官は，児童養育費査定法は，私的義務を創設し，登録徴収法は実質において既存の私的債務の執行の仕組みにほかならないから，課税にはあたらないとした（McHugh 裁判官も同調し，統合歳入基金に入れられることのみでは課税になるものではないことを付加している）．Gaudron 裁判官及び Hayne 裁判官も，登録徴収法は，既存の義務に連邦政府への新規の義務を置き換え，支払者が連邦政府に対してその義務を履行する限度において，監護する者の権利を連邦政府に対する新規の権利に置き換えるものである点に，課税ではないことの根拠を求めている．Kirby 裁判官は，租税の要素として通常挙げられる強制的取立て（compulsory exaction），公の目的（for public purpose）及び歳入の調達（revenue raising）の3要素について検討し，前二つの要素を満たしていないとすることはできないが，第三の要素を満たしていないので租税に該当しないとした．すなわち，第三点を強調して，政府にとっての歳入徴収機能がないことを指摘している．この制度がなければ社会保障により政府歳入の負担となるものを第一次的責任を負う親に負わせる制度であるといわれるかもしれないが，歳入に対する純増はなく，かえって，この制度の運営の財政負担は連邦政府が負い，しかも例外的に政府は不履行の使用者の保証人として行動することさえあると述べている．さらに，Callinan 裁判官も，これらの法律の目的は連邦政府のために歳入を上げることにあるのではないことを強調し，かつ，支払われるべきものは相当額の児童養育費であり，代わりに受け取るべきものは親が児童に負っている義務の履行であると述べている．

　日本においては，このような憲法原則がないために「租税法律主義」との関係が問題とされるにとどまる．オーストラリアにおいても，租税を課

す規範とそれ以外の規範とを分離することによって[21]，問題は容易に解決するので，深刻な問題ではないと指摘されている (Riethmuller, 2002)．

各国に共通の側面の問題としては，実体面の課題と手続面の課題がある．

実体面においては，養育費の給付の事実を租税においていかに扱うか，あるいは，さらに，租税の仕組みの中に養育費給付の仕組みを織り込むのか（租税との統合）などの問題がある．

前者に関しては，養育費の給付を支払者の所得課税において控除するのか否か，支払いを受けた者の所得計算上所得として扱うのかが問題となる．カナダにおいて，1997年より前は，「控除・算入原則 (deduction-inclusion rule)」が採用されていた．すなわち，養育費の支払者は所得控除をなし，支払いを受ける他方の親は課税所得に算入する原則である．しかし，この仕組みが養育費の金額決定に複雑さをもたらしているとする見方が広まってきた．複雑な税額計算を考慮に入れなければならないからである．また，この方式は支払義務者が受け手の他方の親よりも高額所得者である場合は，控除による租税の軽減の方が算入による租税負担の増加よりも大きいことも問題とされた．さらに，受け手の親は支払いを受けた養育費を全額費消することができず，税額分を取り除けておく必要があること，しかも，どれだけ取り除けておけばよいかがわかりにくいことにも不満があるとされた．こうした背景を踏まえ，Taxation of Child Support and the Family Law Committee の作業グループの勧告に基づいて，控除も算入も行わない制度が採用された（以上，Minister of Justice and Attorney General of Canada, 2002）．

他方，養育費の支払いにインセンティブを与えるためには，支払者の所得税計算において所得控除を認めることにもそれなりの合理性がある[22]．

後者に関しては，養育費を租税計算の中に統合して所得税額から養育費

---

21) オーストラリアにおいては，租税に関して租税の負担を定める法律とそれ以外の租税行政に関する規範とを別個の法律に定める手法が慣行となっている．たとえば，所得税については，Income Tax Act と Income Tax Assessment Act との2本の法律が制定されている．

22) 石橋（2001）は，「養育費を支払った場合に税法上の現行の扶養控除に準じた養育費控除」を認めて支払いを促す制度が考えられる，とする．養育費の支払いがなされるのは，「生計を一にする」（所得税法2条1項34号）場合に当たらない事態におけることである，という前提による議論であろう．

分を控除して，その残額がプラスとなるときは所得税を納付し，マイナスとなるときは逆に政府が給付を行う（負の所得税）という考え方もある．

　手続面の課題として，どのような行政組織により取立てを行うかが重要である．各国の経験に学ぶならば，社会保障行政組織と租税行政組織との協力関係が注目される．いち早く行政組織による取立てを採用したフランスにおいては，現在も実際には，家族給付支払機関から直接税徴収機関に取立ての委任がなされている．ニュージーランド及びかつてのオーストラリアは，租税行政組織が養育費の取立てを行う仕組みを採用した．それ以外の国において社会保障行政組織が養育費の徴収を担当する場合にも，租税行政組織と密接な関係を維持している．これには二つの理由がある．

　一つは，取立てのノウハウと組織力において，徴税機関の力を無視することができないことである[23]．アメリカ合衆国においても内国歳入庁（Internal Revenue Service）を活用する法案が提案されたことがある（Hyde-Woolsey Bill（House Bill 2189））[24]．また，ニューヨーク州は，1998年の法律（(N. Y.) Tax Law 171-i (4)）により，州の税務局に滞納処分の執行を委ねることとした（Jemison, 1999）[25]．徴収機関の濫設を避けるという行政簡素化の要請も考慮されよう．ただし，租税を免れている者は，養育費の算定額も低いという問題は，税務行政の活用によっても解消されない（Jemison, 1999）．

　もう一つは，行政組織が養育費の金額の査定を行うときは，査定において所得が重要な要素とされ，租税行政の成果である情報が活用される事情が大きいということである．日本においても，所得は裁判所が養育費を算定する際の重要な考慮要素である．児童の養育費を離れても，社会保障行政が租税行政の成果に依存する場面が多いこと（たとえば，保育所の保育料

---

23)　日本において国民年金保険料の滞納者に対する滞納処分の執行が報道されている．従来の市町村所管の時点においては，「足による徴収努力」に頼っていたのに対して，社会保険庁は，それが難しいために滞納処分によらざるをえないのであるが，税務行政組織のように実行できるのか注目されるところである．

24)　もっとも，このような試みは，これが最初というわけではない．1975年法の議会審議の際には，内国歳入庁を活用する案も含まれていたが，その部分は修正されたのであった（Krause, 1981, 1983）．

25)　同論文は，新規の組織を立ち上げるよりもコストが少ないこと，州間の移動・職の変更による逃れを少なくしうること（それとともに，追跡が改善されること）などを指摘している．

に関する「税制転用方式」)は周知のことである.問題は,所得の捕捉割合の不均衡が,税制転用方式によって増幅されることである.

3 裁判所を通じた取立てと行政組織による取立て

　第三に,これまでの児童養育費の取立ては,権利者と義務者との間で任意に解決しないときは裁判所の手を借りるというものであった.これに対して,養育費の取立てのための行政組織が設けられ,取立てという「行政サービス」が実施されていることに注目したい.そればかりでなく,オーストラリアやニュージーランドは,養育費の金額の査定までも,行政機関に委ねている.これは,裁判所と行政機関とのいずれを利用するかについて,限られた場面においてではあれ,考え方の転換がなされたことを意味する.日本においても,司法よりも福祉行政が担当するほうが生活保障には効果的であるとの主張がみられる(下夷,1993).

　オーストラリアにおいて,このような行政機関の利用は権力分立に違反すると主張する訴訟が登場した.先に,別の論点との関係において取り上げた Luton v Lessels である.上告人の主張は,査定法第6A部の離脱決定 (departure determination) の仕組みは,児童養育登録官に司法権限を付与しているというものである.離脱決定は,登録官は一定の事情のある場合(養育費を負担する親の負担能力若しくは扶養する費用及び行政的査定規定の適用が不当または不公平な場合)には行政的査定に関する規定を用いないでよいとする決定である.

　高等法院の Gleesen 裁判官は,factum theory を用いて,申立ての受理,行政的査定,離脱決定は,それについて立法が親及び監護者の権利義務を定め若しくは変更する factum(証書作成)であるという.また,権利義務の執行は裁判所の介入と独立した司法権の行使にかかっていること,査定若しくは離脱決定は最終確定効果をもつものではないことなども理由に,司法権の行使ではないとした.Gaudron 及び Hayne の両裁判官も,まず第一に,factum 理論に依拠して,登録官の査定は,行政的査定であれ離脱決定であれ,制定法が将来についての権利を創設する factum であり,それは裁判所を頼って執行されるものであるとした[26].査定は既存

---

26) 裁判所により執行されるとする点については,児童養育費の執行の仕組みから適切に

の権利を判断するものではないというのである．第二に，登録官の査定は最終的なものではないこと（争いは裁判所により裁かれること），第三に，行政的査定に関する限り，その手続は全体として行政的なものであって，問題が裁判所に出されると，登録官がどのように決定したかにかかわりなく裁判所が新たに（afresh）決定しなおすことも理由として挙げている．Kirby 裁判官も，権利義務を創設する factum であること，最終確定効果をもたないこと，自力執行性をもたないことなどを挙げて司法権の行使ではないとした．

　これらの裁判官と異なるアプローチをとったのが Callinan 裁判官である．11 の要素を掲げて，個別に司法に近いかどうかを検討したうえ，結論として司法権の行使とはいえないとしている．特に重要で決定的な点は，登録官の決定に対して不服のある場合は最終的には裁判所の判断を得られること，義務を負う親は既存の扶養義務があるとはいえ法律が新たな制定法上の権利義務を創設していること（養育費支払者についていえば，支払いをなし若しくは控除される負担義務を甘受すること）及び権限行使が大部分は型どおりのものであって司法的な在職資格及び独立性又は実質的な法的専門性若しくは分析的な法技術を要求するものではないことの 3 点であるとしている．この第 3 点を重視することには，同国の考え方を知らない筆者にとっても疑問が感じられる．第 1 点はともかくとして，同裁判官の述べるところは，機械的に処理できる事案については当てはまるにしても，離脱決定事案には当てはまらないからである（Riethmuller, 2002）．

　アメリカ合衆国は，1996 年の PRWORA により，未払養育費の支払債務に係る先取特権の設定は法の実施により生ずるものとしつつ，それは司法手続よりも行政手続によらなければならないとしている．司法手続よりも行政による方が簡易迅速に進められるという判断に基づいていると思われる．

　ところで，効率性の確保の観点から行政サービスの提供を民間機関に委ねるという考え方により，養育費の取立てに関する業務を民間機関に委ねる例が登場し[27]，また，そのような主張のなされることがあることにも

理解することが困難とする指摘がある（Riethmuller, 2002）．
27）1996 年の米国会計検査院の報告によれば，18 州において何らかの民間委託が実施され

注目したい．

4　行政上のサービスの拒否

養育費の支払いを怠る者に対しては，運転免許の停止，パスポートの発給拒否などの，行政上のサービスを拒否する手法がアメリカ合衆国やカナダにおいて用いられている．日本の行政法学が行政上の義務の履行を促す一種の間接強制手段として注目している方法であるが，この方法が，養育費の支払いという本来は私人の私人に対する金銭給付義務について，行政組織による取立て方式を媒介することによって可能になっている．もちろん，このような方法を採用するについては，憲法問題をクリアーしなければならないし，政策的当否についても検討が必要であろう．外国の制度から学ぶのは，その「なりふり構わぬ姿勢」である．

5　国境を越えた取立て

人々の生活が州や国境を越えるようになるにつれて，離婚後に離婚前の夫と妻とが州や国のボーダーを挟んで生活する事例が多くなる．そのような場合には，児童の養育費の取立てについて，州や国の管轄が障害にならないようにする必要がある．連邦制の国は，当然のことながら州間の障害を除去する努力を重ねた．アメリカ合衆国は，まず，州統一法案（Uniform Act）を策定して州間協力を内容とする州の立法を促した後[28]，1992年に連邦法としてChild Support Recovery Actを制定した．同法は，まさに，州や国のボーダーの障害を意識した立法の例である．すなわち，養育費支払義務のある親が子の所在する州の外に住む場合に不払いとなることが多く，それを防止する必要があるという考え方にたって，州外に住む子の養育費を故意に支払わなかった場合，養育費の支払いを免れる目的で州際旅行又は海外への旅行を行った場合に，処罰することとしている（18 U. S. C. A. 228）[29]．しかし，学校区域であることを知り若しくは知るの

　　ていたという（Elrod, 1997）．
28)　Uniform Reciprocal Enforcement of Support Act（"URESA"）(1958)；Revised Uniform Reciprocal Enforcement of Support Act（"RURESA"）(1968)；Uniform Interstate Family Support Act（"UIFSA"）(1992). See, Burdette, 1996. さらに，矢野（1993）をも参照．

が相当と認められる場所において銃器を故意に所持する者に刑事罰を科する Gun-Free School Zones Act について，州際通商に関する連邦立法権の範囲内にないとして違憲とした連邦最高裁のロペス事件判決（United States v. Lopez, 514 U. S. 549（1995））に触発されて，この法律の合憲性を争う訴訟が多数提起された．違憲・合憲の判決が入り乱れて，未だ決着がついていない模様であり（Burdette, 1996; Krause et al., 2003），論者の見解も分かれている[30]．

ところで，アメリカ合衆国の 1996 年 PRWORA は，統一州際家族扶養法案を 1998 年 1 月 1 日までに採択しなければならないこととし，定めない場合は連邦の包括補助金の交付を受けられないものとした．財政法を専攻する筆者にとって，包括補助金を連邦の政策遂行に用いる手法はきわめて興味深いものであり，その法的問題点を検討しなければならないが，ここでは立ち入ることができない．この法案は，各州が long arm statute を制定することを求め，子の扶養命令について，他の州においても効力を有するとする継続管轄（continuing jurisdiction）の概念を採用した．そして，法の選択（choice of law）は列挙方式を採用した．ある州においてなされた扶養命令は，同法の認める範囲内でのみ変更できることとした．また，州間における直接の所得源泉控除命令を認めることにした．

さらに，国境を越えた取立てについても諸外国は制度の整備を図りつつある．アメリカ合衆国の場合は，国務長官は，健康・福祉長官の同意を得て，一定の要件を満たす外国を相互主義の国と宣言することができるとされている．その要件は，合衆国居住者に負っている子供の養育の証明と執行の手続を確立し若しくは確立することを約しており，その手続が所定の基準[31]に実質的に適合していることである（Sec. 459A（a）of Title IV-D

[29) この法律は，親と子とが異なる州に住むときに子の養育費の支払いを拒んだ者を処罰する法律を整備して執行を行う州に対して，連邦政府が補助金を交付することとしている（42 U. S. C. 12301）．
30) たとえば，Burdette（1996）は，地方裁判所の違憲判決を分析して，228 条は国民経済に実体的な影響を与える行動を規律するもので州際通商の問題であって連邦制の原理に反するものではないとし，Gura（2001）は，Lopez 判決の第三基準，すなわち州際通商に実体的影響を与える活動の基準を重視する判例の傾向などからみて，最高裁が違憲判決を出すことになろう，とする．
31) 父の証明，扶養命令の確立，扶養命令の執行，扶養命令に基づく支払金の徴収と配分，必要な場合における合衆国居住者に対する費用負担なしでの行政的及び法的な援助の供与，

of the Social Security Act (42. U. S. C. 659A (a))．オーストラリア，カナダのアルバータ州・ブリティッシュ＝コロンビア州・マニトバ州・ニューブランズウィック州・ニューファウンドランド＝ラブラドル州・ノバスコシア州・オンタリオ州，チェコ共和国，アイルランド，オランダ，ノルウェー，ポーランド，ポルトガル，スロバキア共和国と，それぞれ相互協定を締結している．日本も，すでに社会保障の分野においては，国家間相互の協力を内容とする協定の締結を進めているが，児童の養育費の取立てに関する限り，これまでのところ，条約の締結までには至っていない．諸外国の制度及び動きは，こうした協力が不可欠になるであろうことを教えているように思われる[32]．

7 おわりに

1 ボーダーの再検討の必要性と問題点

本章は，離婚後の児童の養育費という，従来の日本の法律学においては典型的な民法学（親族法学）上の課題について，公法学を専攻する筆者が興味の赴くままに概観した章である．すでに，前節に掲げた論点の側面において，さまざまなボーダーの存在を再検討する必要性が示されたものと思われる．筆者の関心を有する他の法制度を考えたときに，次のようなものが念頭に浮かぶところである．

第一に，行政機関による紛争処理と裁判所による紛争処理とのボーダーである．常識的にいえば，典型的な民事に関する紛争は裁判所において処理すべきである．しかし，定型的な基準（公式）による養育費算定が可能になるならば，当事者間において合意が得られないときは，行政機関が算定し，それに対する不服も第一次的に行政機関が処理する制度も十分考えられよう．

第二に，政府に対する金銭負担の種類相互間のボーダーである．一般に，

合衆国居住者を含む事件における扶養の遂行を実現することを容易にする中央機関（Central Authority）の確立の手続が含まれる．
32) 当然のことながら，養育費の債権の内容をどの国の法によるべきかという国際私法上の問題がある．

政府に対する市民の負担は，公法的負担と私法的負担とに分かれ，複数の公法的負担（租税，負担金等）も，それぞれ明確に性格付けが可能であると考えられやすい．しかしながら，養育費についていえば，本来私人の私人に対する金銭債権であるものが，行政組織を通じた取立てにより，政府の私人に対する債権に転化しているのである．実体法的には私法上の金銭債権でありながら，手続的には公法的手段が活用される可能性がある．

　第三に，私的義務（責任）と公的責任との境界をどのように画するかという問題である．オーストラリアにおいて，改革前の状況について，「改革を妨げている主たる概念的障害は，家族法に関与している人々がすべて公的責任と私的責任との双方が公平で実行可能であるように組み合わせることの矛盾を十分に述べていないことである」とする指摘（Harrison et al., 1987）がなされたことは，現在においても忘れてならない基本問題である．行政組織による養育費の取立ては，あくまでも，具体的な私的義務の存在を前提にした取立ての代行と位置づけることが可能である．その意味において，政府の財政負担の責任を後退させて，親に義務を遂行させるために「これでもか，これでもか」と迫る制度なのである．このような方向が真に支持されるかどうかは別問題である．

　アメリカ合衆国の制度について，私的義務を強調することをやめ，等しく社会の義務であるとして，私的責任と社会的責務・公的責任とのバランスを図るべきことを主張する見解（Krause, 1990；Elrod, 1997）があることにも注目すべきである．しかし，今や，「私的義務の遂行の社会化」現象が顕著である．問題は，どのようにしてバランスをとるかにかかっている．公的年金と自己責任，介護に関する国家のかかわり方など，目下の各種領域に関する法政策の根本問題である．また，私的責任の場合にも，単に経済的負担だけで事足れりとするのではなく，まさに「その経済的負担そのものが，その親にとっても子の成長・発達に欠かすことのできない監護の一内容であるとする位置づけ」を主張する見解（川田, 2002）があることにも注目したい．

2　若干の感想

　養育費問題についての検討を終えるに当たって，若干の感想を記してお

きたい．

　第一に，主要な国がこれほどまでに養育費の確保にエネルギーを注いできたことに，門外漢の者として驚きを感じざるを得ない（アメリカ合衆国の養育費に関する政治学的研究として Crowley, 2003）．アメリカ合衆国について婚姻外の子供の増加及びそれに伴う財政負担の軽減が大きな要因であることは，すでに指摘したとおりである．事情は，おそらく国により一様ではない．しかしながら，国境を越えた人々の交流が広まるにつれて，養育費問題も「国際化」することが避けられない．したがって，たとえば日本の事情にそれほどの変化がない場合であっても，国際間の問題はすぐにでも顕在化するであろう．

　第二に，養育費問題は，総合的学問研究を要する課題である．すでに触れてきた法学の諸分野（家族法，社会保障法，公法，行政法，財政法等）にとどまらず，社会学，経済学，生命科学（親子関係の鑑定等），フェミニズムなどの諸学問の共同作業が必要となろう．その際には，児童の養育について，誰が，どのような理由で，どれだけの負担をすべきか，という論拠に遡った研究が基礎におかれるべきである（最新の研究として Altman, 2003）．

　第三に，養育費という，これまでは当事者の合意が成立しないときは，優れて裁判官の判断すべきものとされてきた事柄が，次第に画一的な基準による算定，それも行政機関による算定へと進む傾向があることをどのように評価するかである．これが，たとえば離婚時の当事者の予測可能性に資することは積極的に評価できよう．日本においても，裁判官に委ねる原則の下において自発的な標準の形成への努力がなされている．そのことと，司法権を離れて基準が設定されることとの間には違いがある．そして，きわめて画一的な基準が設定されるときは，その金額の認定自体を行政機関に委ねても問題ないことになる．逆に，行政機関に委ねながら大幅な裁量権を付与することには賛成が得られないであろう．

　第四に，行政組織による取立ては，養育費の取立ての主導権を権利者個人から行政権に委ねることを意味する．そのような制度が人々の行動に与える影響の分析も必要であろう．婚姻外の子を誕生させても，それなりに安心できるとするならば，多少なりともそのような行動の抑止力が弱まるかもしれない．離婚についても同様である．養育費負担問題を解決するた

めの制度が，養育費発生原因を増大させるという皮肉な結果を招かないとも限らないのである．

最後に，日本においても，養育費の滞納を生じたときは，冒頭に述べた民事執行法の改正により将来の分についても給与債権について差押えが可能とされ，「給与天引き」が可能とされた[33]．しかし，これは，あくまでも裁判所を通じたものであって，行政組織を通じたものではなく，簡便性に欠ける．しかも，滞納を生じない限り発動することができない．今後，日本において養育費の支払義務の確定後に直ちに行政組織を通じて取り立てる制度の採用が政策的課題となることも予想される．実際に，養育費履行確保行政機関の設置と給与からの天引き制度が提案されている（下夷，1995）．その場合に，支払義務者と行政組織との間，及び給与天引きの場合の支払義務者と雇用主との間において，プライバシー保護をめぐる担保が得られるかどうかが大きな論点になろう．仮に，義務者の同意なしには，そのような制度の利用ができないことにすると，真に履行を確保する必要性のある義務者との関係において活用できないというジレンマを抱えてしまう．また，給与からの天引きについては，給与所得者に限られること，当事者の主体的な扶養意識が薄れるという問題も指摘されている（下夷，1993，1995）．しかし，養育費の支払確保については，未成熟子の生存権の視点を踏まえて（佐藤，1992を参照），その制度改革に勇敢に取り組むべきであろう．

【文献表】

Altman, Scott, 2003, A Theory of Child Support, *17 International Journal of Law, Policy and the Family* 173.
Atkin, Bill, 1992, Financial Support, in M. Henaghan & B. Atkin eds., *Family Law Policy in New Zealand* 210, Oxford University Press.
Beld, JO Michelle & Biernat, Len, 2003, Federal Intent for State Child Sup-

---

[33] このような提案は，神谷（1997），石橋（2001）などに示されていた．矢野（2001）は，アメリカの制度と現状から給与天引き方式が「最良の方法」であるとしている．それが裁判所を通じたものであるのか，行政組織の責任によるものを想定しているのかは必ずしも明らかではないが，資料の扱いからみて差押え以外で給与天引きを行うことを想定しているのであろう．

port Guidelines: Income Shares, and the Realities of Shared Parenting, *37 Family Law Quarterly* 165.

Bird, Roger, 1991, *Child Maintenance, The New Law, The Child Support Act 1991*, Family Law.

Burdette, Kathleen A., 1996, Making Parents Pay: Interstate Child Support Enforcement after United State v. Lopez, *144 U. of Pennsylvania Law Rev.* 1469.

Child Support Evaluation Advisory Group, 1992, *Child Support in Australia*, 2 vols, AGPS.

Cretney, S. M. & Masson, J. M., 1997, *Principles of Family Law*, 6th ed., Sweet & Maxwell.

Crowley, Jocelyn Elise, 2003, *The Politics of Child Support in America*, Cambridge U. P.

Dickey, Anthony, 2002, *Family Law*, 4th ed., Lawbook Company.

Elrod, Linda D., 1997, Child Support Reassessed: Federalization of Enforcement Nears Completion, *1997 U. of Illinois Law. Rev.* 695.

Federal-Provincial-Territorial Family Law Committee, 2002, *Final Federal-Provincial-Territorial Report on Custody and Access and Child Support-Putting Child First*, Department of Justice Canada.

Finlay, H. A. et al., 1997, *Family Law in Australia* 5th ed., Butterworths.

Gura, Christopher R., 2001, United States v. Faasse: The Beginning of the End of the Child Support Recovery Act?, *78 U. of Detroit Mercy Law Review* 699.

古橋エツ子，1998,「スウェーデンの単身家庭と家族福祉制度」中川淳先生古稀祝賀論集『新世紀へ向かう家族法』日本加除出版，289頁．

Hanks, Peter, 1996, *Constitutional Law in Australia* 2nd ed., Butterworths.

Harrison, Margaret et al., 1987, Payment of Child Maintenance in Australia: The Current Position, Research Findings and Reform Proposals, (1987) *1 International Journal of Law and the Family* 92.

Herring, Jonathan, 2001, *Family Law*, Longman.

東和敏，1996,『イギリス家族法と子の保護』国際書院．

樋口範雄，1988,『親子と法』弘文堂．

Hogg, Peter W., 1985, *Constitutional Law of Canada*, Carswell.

石橋恵，2001,「わが国における養育費履行に関する諸問題」日本消費経済学会年報23集87頁．

Jemison, Jonathon S., 1999, Collecting and Enforcing Child Support Orders with the Internal Revenue Service: An Analysis of a Novel Idea, *20 Wom-*

en's Rights Law Reporter 137.

神谷遊, 1997, 「離婚確保制度―離婚後の養育費を中心に―」婚姻法を考える会編『ゼミナール婚姻法改正』日本評論社, 187頁.

川田昇, 1996, 「イギリスにおける離婚後の子の養育費の確保」神奈川法学31巻1号1頁.

川田昇, 2001, 「イギリスにおける児童扶養政策の再構築」神奈川法学34巻2号87頁.

川田昇, 2002, 「離婚後の子の養育費の確保―子の権利としての養育費の確立を目指して―」遠藤浩先生傘寿記念『現代民法学の理論と課題』第一法規, 557頁.

川田昇, 2002-2003, 「2000年児童扶養法の成立―イギリスにおける児童扶養制度の新たな展開―(1), (2)」神奈川法学35巻1号49頁・36巻2号113頁.

厚生省離婚制度等研究会, 1985, 『離婚制度等研究会報告書』判例タイムズ575号96頁.

Krause, Harry D., 1981, *Child Support in America—The Legal Perspective*, Michie.

Krause, Harry D., 1983, Reflections on Child Support, *1983 U. of Illinois Law. Rev.* 99.

Krause, Harry D., 1990, Child Support Reassessed: Limits of Private Responsibility and the Public Interest, in Stephen D. Sugarman & Herma Hill Kay eds., *Divorce Reform at the Crossroads* 166, Yale University Press.

Krause, Harry D. et al, 2003, *Family Law (Cases, Comments, and Questions)*, 5th ed., Thomson, West.

Legler, Paul K., 1996, The Coming Revolution in Child Support Policy: Implications of the 1996 Welfare Act, *30 Family Law Quarterly* 519.

松嶋道夫, 1993, 「子の養育費の算定と履行確保」家族〈社会と法〉9号139頁.

Minister of Justice and Attorney General of Canada, 2002, Children Come First: A Report to Parliament Reviewing the Provisions and Operation of the Federal Child Support Guidelines, Department of Justice Canada.

Parker, Stephen, 1991, Child Support in Australia: Children's Rights or Public Interest?, *5 International Journal of Law and the Family* 24.

Riethmuller, Grant T., 2002, Child Support and the Constitution: A Case note on Luton v Lessels, *16 Australian Journal of Family Law* 156.

最高裁判所事務総局, 2002, 「養育費支払の実情調査の結果について」家庭裁判月報54巻5号169頁.

佐藤隆夫, 1988, 『離婚と子どもの人権』日本評論社.

佐藤隆夫, 1992, 『現代家族法Ⅰ』勁草書房.

The Secretary of State for Social Security, 1998, Children First : a new approach to child support（Cm 3992）, HMSO.

下夷美幸, 1993,「母子家庭への社会的支援」社会保障研究所編『女性と社会保障』東京大学出版会, 247 頁.

下夷美幸, 1995,「養育費履行確保制度の設計」ジュリスト 1059 号 76 頁.

東京・大阪養育費等研究会, 2003,「簡易迅速な養育費等の算定を目指して―養育費・婚姻費用の算定方式と算定表の提案―」判例タイムズ 1111 号 285 頁.

碓井光明, 2002,「オーストラリア裁判所の交差管轄制度について」川上宏二郎先生古稀記念論文集『情報社会の公法学』信山社, 417 頁.

矢野篤, 1993,「アメリカ離婚法における子の養育費の履行確保制度の展開」高崎経済大学論集 36 巻 3 号 109 頁.

矢野篤, 2001,「離婚法における『子の権利』の現状と課題」私法 63 号 224 頁.

第7章

児童虐待への対応における裁判所の役割
イギリスにおける被ケア児童との面会交流問題を素材に

久保野 恵美子

1 序

わが国では,児童虐待の防止及び児童虐待への対応(以下では単に「児童虐待防止」という)のために既に一定の取り組みがなされているが,なお制度改善のために検討が続けられている[1].

検討の課題は多岐にわたるが,本章が注目するのは裁判所の関与のあり方にかかわる事項である.児福法改正案の基となった厚生労働省の報告書[2] によれば,具体的な検討課題は,第一に家庭裁判所の承認による親権者等[3] の意に反する施設入所等の措置を期限つきとすること及び同承認措置に先立って保全処分ができるような仕組みの導入,第二に保護者[4]

---

1) 2004年には児童虐待防止法(以下では「児虐法」とする)及び児童福祉法(以下では「児福法」とする)が改正された.
2) 厚生労働省社会保障審議会児童部会『「児童虐待の防止等に関する専門委員会」報告書』(2003年6月);同部会『児童虐待への対応など要保護児童及び要支援家庭に対する支援のあり方に関する当面の見直しの方向性について』(2003年11月).
3) 報告書は「保護者」とするが,児福法28条の規定する家庭裁判所の承認措置に関する記述部分なので,同条がその「意」を問題とする者を指して「親権者等」とした.なお本章では「親」という語も用いるが,これはそれぞれの法制の下で当該児童の「父」「母」とされる者を指し,親権(イギリス法では「親責任」)を有する親か否かにはかかわらない.
4) ここでは報告書が児福法6条及び児虐法2条にいう「児童を現に監護」する者を意図しているのか親権等の法的権利を有する者を意図しているのか不明である.

に対する指導の動機づけや実効性を高めるために司法が関与する仕組みの導入である[5]．

　これらの検討課題の背景にあるのは，児童相談所の現行の体制や権限には限界があるという認識である．すなわち，児童虐待の早期発見，早期対応をさらに進めていくにあたって児童相談所の現行の体制に限界があるため，虐待への児童相談所の対応力の強化を図るために裁判所の関与が求められている．児童相談所による対応の限界には様々な側面があろうが，上に挙げた具体的事項から分かるのは，親権者等の意に反して施設入所等の措置がとられる場合や保護者に対する指導に保護者が従わない場合など，保護対象となる児童[6]の保護者が任意に児童相談所に協力しない局面[7]において裁判所の関与が期待されているということである．このように見てくると，児童虐待への対応における裁判所の関与について問われているのは，国家が強制的に児童虐待に対応する場面において裁判所が果たすべき役割，しかも児童相談所[8]の権限との関係で裁判所がどこまでの関与

---

[5] この他に，一時保護を加えるにあたって事前に司法が関与することも検討事項とされている．筆者はこの問題もまた重要な検討課題だと考えるが，一時保護への裁判所の関与は本文で述べた他の二つの事項にかかわる裁判所の関与の場合とは裁判所に求められる機能が異なりうると考えるのでひとまず本章の対象外とする．

[6] 「児童」とは，日本法においても，（一部例外規定があるのを除いて）イギリス法においても，満18歳に満たない者をいう（児福法4条，イギリス1989年児童法105条1項）．ただしイギリスでは成年年齢もまた満18歳である（1969年家族法改革法1条）．

[7] 本章では以下，このように保護の対象となる児童の親権（イギリス法では親責任）者，親，児童を現に監護する者等の協力が得られずその意に反して公的機関が当該児童の養育に関与する場合を指して，「強制的」に対応する，「強制的」に国家が関与する等の用語を用いる．「強制的」の意は親権者等の「意に反する」ということである．問題は「親権者等」に含まれる者の範囲（法制や問題局面によって異なると思われる）である．筆者は強制的な国家関与の開始段階においては親権等の法的権利を有する者とそうでない者との区別が重要だと考えている．しかし本章が扱う面会交流が問題となる場面では，イギリスでは（親責任を有していない者も含む）「親」の地位が問題とされるため，以下では基本的に「親」を念頭に検討を加える．イギリス法上の「親責任」概念（1989年児童法3条に定義される）については，Andrew Bainham, *Children: The Modern Law* (Fam Law, 1998), pp. 51-53, 許末恵「英国1989年児童法についての一考察」神奈川工科大学研究報告A，17号（1993年）68-69頁を参照して欲しい．

[8] 児福法27条の措置を採るのは都道府県知事の権限であるが，児童相談所が実質的に果たす中心的役割に鑑み，ここでは児福法上の措置を採る機関を児童相談所で代表させる（橋爪幸代「要保護児童の処遇に係る行政機関及び司法機関の役割（一）（二）」上智法学46巻1号，2号（2003年），（一）75頁註3参照．また厚労省，前掲註2（2003年6月）も「児童相談所の行政権限」としている）．

をすべきかであるといえる[9]．

この点につき他国に目を転じると，わが国に先んじて取り組みを進めている例として参照されることの多いイギリス[10]では，現行法制の中核をなす1989年児童法[11]の立法過程以来裁判所の役割と児童にケア[12]を提供する地方当局[13]との役割分担をめぐる論議が続いている．

わが国の児童虐待防止制度の現状と将来を考察するには，このように既に長い取り組みがなされている国々での児童虐待問題への裁判所の関与のあり方及びそれを支える前提事情について分析を加えることが必要かつ有益である[14]．そこで，本章ではイギリスにおける論議をたどることによって，児童虐待問題における裁判所の役割を規定する背景要因を抽出することを試みる[15]．裁判所の手続的特徴や機能が一要因となるのはもちろ

---

9) 児童相談所による対応の限界への対処法はもちろん裁判所の関与だけにとどまらない．2004年の自虐法改正では市町村への権限分配によって児童相談所への一極集中を回避する方策がとられた．

10) 本章はイングランド及びウェールズの法を扱うが便宜上「イギリス」の語を用いる．

11) 以下では1989年児童法を「1989年法」とすることもある．また，同法の条文は同法の名前を挙げずに引用する．

12) イギリス法上「ケア」は多義的な用語である．第一に「ケア」は地方当局が制度的に児童を世話すること及びその制度自体を指す技術的な用語である．1989年法前には「ケア」は強制的なものか否かにかかわらず地方当局が児童の世話をする制度を指し，同法後は裁判所命令（ケア命令）により児童が強制的に地方当局の世話を受ける制度を指す（親責任者等との合意により地方当局が児童の世話を引き受ける制度には新たに「アコモデーション」の語が当てられた（20条））（この用語変更やケアの方法の種別（里親委託等）については秋元美世「対人社会サービス（二）—児童—」武川正吾・塩野谷祐一編『先進諸国の社会保障1・イギリス』（東京大学出版会，1999年）所収，288-294頁を参照して欲しい）．本章は国家の強制的対応場面を扱うゆえ1989年法前の「ケア」についても強制的なケアを念頭におく．第二に，「ケア」はそのような制度において具体的に提供される世話の内容を指す．本章ではこの意味には「ケア（の）内容」の語を当てる（なお，「ケア」は提供主体を問わず事実上児童の衣食住等の世話をすることを示すこともある（例えば31条2項b号(1)））．

13) 地方当局の意義とその基本的な責任内容については許末恵「イギリスにおける児童虐待の法的対応」家族〈社会と法〉17号（2001年）122頁，127-128頁を参照されたい．

14) フランスの制度下ではイギリスにおけるよりも裁判所が積極的な役割を果たしているという違いがある（ここで詳細は扱えないが，両国制度の簡単な対比として，Andrew Cooper et al., *Positive Child Protection: A View From Abroad* (Russell House, 1995), Ch. 3 et 4; Michael King, Child protection and the search for justice for parents and families in England and France, in Michael D. A. Freeman (ed.), *The State, the Law, and the Family* (Tavistock, 1984), pp. 139-を参照）．児童をめぐる実体的権利義務関係や，裁判所や関係する責任機関の構成や特徴等を反映して異なる制度が設計運用されていると考えられ，そのような背景要素の比較検討が必要である．

んだが,一見すると形式的な手続の問題に過ぎないこの論点は家族をめぐる実体的権利義務の捉え方や望ましい児童のケア内容のあり方に関する知見の内容などと無縁でないことが明らかになるであろう.対象とするのは児童が国家の強制的な対応により地方当局のケアを受けるようになった場面における児童[16]とその親等との面会交流[17]に関する事項の判断について裁判所がどのような役割を果たすかである[18].裁判所の役割に関するイギリスの論議は膨大なものだが,主要な論点のひとつである面会交流事項をめぐる議論には裁判所の役割論の背景事情や裁判所の役割を根拠づけあるいは限界づける重要な要因が典型的に表れていると考えられるからである[19].

2 イギリス 1989 年児童法と同法への発展過程

イギリスにおける児童虐待対応のための現行制度を考察する出発点となるのは 1989 年に制定された児童法である[20].同法については,既に一部

---

15) 同種の取り組みは橋爪,前掲註 8 によってなされている.本章では,裁判所の役割論の前提となる裁判所像の多様性を意識化し,また,実体的権利義務関係へと視野を広げる点で同稿の試みを発展させたいと考えている.
16) 強制的に地方当局のケアに受け入れられた児童 (child (ren) in care) を本章では簡略化のために「被ケア児童」ということがある.
17) 以下で単に「面会交流」という場合にはこのように強制的にケアに付された児童との面会交流を指し,その他の場面での面会交流に言及する場合にはその旨を明示する.
18) イギリスにおける面会交流に関して一般的には許末恵「地方当局のケアにいる子と親のアクセス」神奈川工科大学研究報告 A,15 号(1991 年)71-90 頁を参照.
19) 本章の対象は時系列的にも基本的に 1989 年法立法時までに限られる.裁判所の役割を画する主要要因を探る本章の目的のためには,さしあたり立法時までの議論の分析で足りると考える.
20) 同法は児童に関する事柄を広く対象とする一般法であり,例えば日本法上の「児童虐待」(児虐法 2 条)と,親の(大病等による)養育不能や児童の障害等の問題とが原則として一様に規律される.1989 年児童法について,一般的には Andrew Bainham, *Children: The New Law* (Fam Law, 1990); Nigel Lowe et al., *A Guide to the Children Act 1989* (Butterworths, 1990) が優れた入門書である.邦語文献も枚挙に暇がないがさしあたり,英国保健省編(林茂男他監訳)『英国の児童ケア:その新しい展開』(中央法規出版,1995 年)(1989 年法の邦訳が掲載されている);許,前掲註 13;ナイジェル・ロウ(川田昇訳)「児童法の改革—イギリス的スタイル—」神奈川大学法学研究所研究年報 12 号(1991 年)97 頁を参照.同法以前のイギリス児童ケア法の歴史については,秋元美世「イギリス児童保護行政法の一考察(一)〜(四)(完)」東京都立大法学会雑誌 24 巻 2 号〜26 巻 1 号(1983〜1985 年)に詳しい.

改正を受け又政府による規制や判例が蓄積しているが，現行制度の基本枠組みを提供するのは同法である．以下では，まず同法における面会交流事項に関する規定を概観し，次に同法に至るまでの裁判所の役割に関する論議をたどり，項を改めてそれらの論議に見られる裁判所の役割論の背景事情や裁判所の役割を画する重要な要因につき考察を加える．

1 1989年児童法

1989年法は被ケア児童[21]の面会交流[22]事項に関する裁判所の関与について34条で定めている．

34条は，まず児童に関係する一定範囲の者（以下では「法定面会者」とする）[23]を定め，その者との関係では地方当局は児童に相当な面会交流を許さなければならないとする（1項）[24]．法定面会者と児童との面会交流の場所，頻度や期間を決める[25]のは第一次的には裁判所の役割ではなく，

---

21) 1989年法では，ケア命令（31条）のみが児童をケアに付す根拠となる．後述する1989年法前の複数の根拠が一本化されたものである．

22) 1989年法は同居していない児童とその親等が相互に訪問，面会等をすることを指す用語を「access」から「contact」へと変更した．この変更は，問題の捉え方の重点の微妙な変化を意味すると言われる．すなわち，「access」は親が児童に接触するという点で「親中心的」なものであったのに対し，「contact」命令（8条）は「児童に対して」親等を訪ねることを認める形式の規定である点で「児童中心的」なものであるという（Bainham, supra note 20, para. 3. 20, p. 41）．以上は児童の両親の離婚場面等の私人間の関係についての記述であるが，被ケア児童との関係においてもこの説明が当てはまる（Bainham, supra note 20, para. 5. 35, p. 108）．わが国では私人間の場面において「面接交渉」又は「面会交流」（民法の一部を改正する法律案要綱（1996年）における民法766条1項の改正案）の語が使われ，児福法の措置にかかわる場面では「面会又は通信」の語が使われる（児虐法12条）．本章では原則として「面会交流」の用語を用いる．「面会交流」は一方的な接触ではなく相互性を含意するゆえイギリスの新用語法の趣旨に沿う（イギリスの1989年法前の文脈において「access」の訳語として「接触」を用いることもある）．

23) その筆頭は児童の親（34条1項a号）であり，他には後見人（1項b号，その定義は5条）等が含まれる．地方当局は法定面会者以外の者（祖父母や兄弟等）に対しては面会交流を許す義務を負わないが，それを促進する努力義務を負う（附則2, 15）．また，これらの者も，許された面会交流の内容や面会交流の拒否に不満があれば裁判所の許可を得た上で裁判所に適当な面会交流について申立できる（3項b号）．

24) 「相当な面会交流の推定」と称される原則で，1989年法により新規に導入されたものである．この推定は，被ケア児童の面会交流に関する規律を別居両親間の面会交流をめぐる私的紛争の規律の実質（私人間の紛争については明文の推定規定は置かれていない）に近づけたものと評される（Bainham, supra note 7, p. 390, note 5）．

25) 面会交流の場所，頻度，期間や監督の程度等の詳細を決めることを以下では原語のまま「アレンジする」，それによって決められた面会交流の場所等の詳細を「アレンジ」と

地方当局が決定することができる．ただし，地方当局が裁量により独自に決めるということではなく，法定面会者の参加の下に面会交流がアレンジされることが目指されている．地方当局と法定面会者が合意に至れば裁判所が関与する余地はない．地方当局と法定面会者との間に面会交流について合意が成立しない，あるいはいったん合意によりアレンジされた面会交流について後に争いが生じたという場合には裁判所への申立が認められる．例えば，面会交流の頻度や場所等の条件について不満がある法定面会者は，裁判所に申し立てることができる．申立を受けた裁判所は，児童と申立人との間に認められるべき相当な面会交流について命令をすることができる（2項，3項）．この命令には裁判所が相当と考える条件をつけることができる（7項）．

また，裁判所はケア命令を下す前に地方当局の面会交流事項についてのアレンジを考慮し，それについて意見を聞くために当事者を呼ばなければならないとされる（11項）．面会交流について親等と地方当局が最初の段階で合意することを促し，後の争いや申立をできる限り防ごうという趣旨である[26]．

これらの規定の基本にあるのは，裁判所が判断を行うのは面会交流について争いがある場合であるとの考え方である．ただし，地方当局が親等と児童との面会交流を拒もうとする場合は別である．その場合には，地方当局は（親等との争いの有無にかかわらず）裁判所に申し立て，裁判所から予め承認を受ける必要がある（4項）[27]．

以上をまとめれば，1989年法においては面会交流に関して裁判所は次の範囲で判断権限を持つ．まず面会交流に関して争いがある場合，さらに，面会交流の拒否の可否を判断する場面である．このような法の内容を従来の法と比べた場合，地方当局がより大幅に司法の精査に服するようになったものと評される[28]．具体的にはどのような変化が生じたのか，次に

いう．アレンジの語には相談が含意されることもあるが，ここでは一方的に詳細が決められる場合も含む．
26) 1989年法全体を貫く親と地方当局との協働の理念の一反映である（Bainham, *supra* note 20, para. 5. 41）．
27) 地方当局は緊急時には裁判手続なしに親等の面会交流を拒むことができるが，これは7日間に限られる（34条6項）．

1989年法に至る過程を見る．

2　1989年児童法への発展過程

(1)　面会交流が地方当局の裁量事項とされていた時代

1989年法前には，強制的に地方当局のケアの下に留められた児童[29]に関する面会交流については地方当局が裁量によってコントロールできた．その制度の下では，児童とその家族とのつながりを保つ重要性は認識されつつも，被ケア児童への親の訪問は不都合であり，日々の監護の妨げとなり，また長期計画を害すると考えられがちであった[30]．

特に，1970年代後半には法制度（1975年児童法）及びその運用において児童の親の地位よりも長期里親の地位や養子の活用が重視され，これに伴って被ケア児童への親等からの接触が地方当局によって制限又は否定される傾向が強まった[31]．この背景には，当時家族再統合[32]が見込めない児童には早期に安定した永続的な代替家庭を与えることが重要であるとの考え方が支配的であったことがある[33]．さらに地方当局が接触を制限又は否定したような場合に，親等はそれに不満を抱いたとしても地方当局が行った決定を裁判所で争うことができなかった．

このような，親からの接触が妨げられる事情や裁判所の関与の限界を示

---

28)　Bainham, *supra* note 20, para. 5. 34, p. 107.
29)　1989年法前には，強制的に児童を地方当局のケアに留める方法は何通りかあった（概観として Bainham, *supra* note 20, para. 5. 1-2, p. 93 を参照）．特に，一定の場合には事前の裁判手続を経ずに地方当局が「決議」を行うことで親の権利義務を引き受け，強制的に児童を地方当局の下に留めることができた点に注意が必要である（親の権利決議制度については，許末恵「英国における児童ケア制度の一展開」神奈川工科大学研究報告 A, 14号（1990年）48-49, 59-62頁を参照して欲しい）．
30)　Stephen Cretney, *Principles of Family Law*, 5th ed. (Sweet & Maxwell, 1990), p. 645.
31)　Lorraine M. Fox, Two Value Positions in Recent Child Care Law and Practice, 12 *Br. J. Social Wk*., (1982) 265, at 268 et 267; Judith Masson, Contact between Parents and Children in Long-term Care: the Unresolved Dispute, 4 *Int. J. of Law and the Family*, (1990) 97, at 99; Cretney, *supra* note 30.
32)　多くの場合地方当局のケア下にいた児童が元の家庭に戻って親等と暮らすことを意味する「rehabilitation」の用語に，本章では「家族再統合」の訳語を当てる．
33)　親等からの接触を終わらせることが，永続的な計画遂行，特に養子を容易にし，結果として家族再統合の見込めない児童の利益になると考えられたのである（Stephen Cretney, *Family Law in the Twentieth Century* (OUP, 2003), pp. 701-702 et 708）．

す好例が，イギリスの児童ケア法制における裁判所の役割に関する原則論を明快に示した判例 A. v. Liverpool City Council, [1982] A. C. 363（リヴァプール判決）である．事実は次のとおりである．1980年，当時2歳のKが裁判所の命令により地方当局のケアに付され[34]，地方当局により里親に託された．当初Kの母Xには週に一度の接触が認められたが，約3ヶ月後に地方当局によって制限された．地方当局は以後1ヶ月に一度，1時間に限って保育所での監督つきの接触のみを認めると決定したからである．理由は，Kの家族再統合はKの最善の利益ではなく，もはや家族再統合が計画されていない以上定期的な接触を維持するのは望ましくないというものだった．そこで，Xが不相当で恣意的だとしてこの地方当局の決定を争って裁判所に訴えた[35]．これに対して Wilberforce 判事は「議会は制定法によって，裁判所に見直し権限をなんら留保することなく，地方当局に児童の福祉に関する裁量的な決定を行う権限と義務を付与したのである．接触の問題は疑いなく地方当局の裁量的権限内にある事柄であり，裁判所には地方当局の裁量的決定の内容を見直す権限はない（要旨）」[36]と判示した．また，Roskill 判事はこれを換言して「裁判所後見の管轄権は，制定法が地方当局に認めた児童の福祉に対するコントロールの日々の運営に介入するような仕方で行使されてはならない．」と述べた．

この事例では，地方当局が児童をケアに受け入れたわずか3ヶ月後に当該児童の家族再統合は適切でないと判断し，さらに注目すべきことに，家族再統合の見込みがないということから直ちに母との接触を望ましくないものとして減らすという決定がなされているようである．この時代の実務の傾向を示す好例である．判決では，強制的に児童が地方当局にケアされ

---

34) 児童の適切な発達や健康が害されもしくは無視される，又は児童が不当な取り扱いを受けることを根拠にした命令（1969年児童及び少年法1条2項a号，3項）による．
35) Xが行ったのは児童を「裁判所後見」に付すように求める手続である．本文で後述するように，児童が裁判所後見に付されると，面会交流に関する地方当局の決定は裁判所による審査を免れないこととなる．
36) [1982] A. C. 363, 372. なお判決では，例外的に裁判所による審査がありうる場合として「司法審査」が挙げられている（[1982] A. C. 363, 373）．しかし，司法審査における違法性判断の基準は必ずしも緩くないため（戒能通厚編『現代イギリス法事典』（新世社，2003年），182頁以下参照），司法審査は当時，児童のケアに関する地方当局の決定を争う手段としては，現実の可能性というよりは理論上の可能性として捉えられていたに過ぎない．

るようになった場合の地方当局と裁判所との権限分配に関する原則が表明されている．すなわち，ひとたび強制的対応により児童がケアされるようになったときには，地方当局がその児童のケア内容やコントロールについて裁量的決定を行うというのが制定法の立場であり，裁判所はその裁量的決定を見直す権限を持たないという原則である．

(2) 地方当局の裁量決定を争う手段がないことへの批判

永続的な代替家庭の提供を重視しそれを計画するに伴って親等との面会交流を制限する地方当局の傾向，および裁判所でそのような地方当局の決定を争えないことの帰結は親たちにとって非常に悲惨なものたりえた．すなわち，児童をそのケア制度下に引き受けた地方当局のソーシャルワーカーは，まず児童の家族再統合の可能性を見極め，その結果親と別に新しい安定した家庭を与えられることが児童の福祉にかなうと判断したときには，第一歩として親からの接触を止めることが多かった．現に親からの接触がなくなると，遠からず児童は親とのつながりを失い新しい家庭に根を張り，親元へ戻すなどのいかなる引き離しの試みも破壊的なものとみなされるようになる．したがって，面会交流の制限や終了を親が争えないのは重大な効果をもたらすということである[37]．児童を養子にするためには親の同意が必要であったが，これは一定の場合に免除されえた．親の児童との面会交流が限られたものであった事実は，親の養子縁組への反対が不相当であると評価され同意が免除される理由となり，その結果，親と児童とのつながりが決定的に取り返しのつかない形で絶たれる可能性があったのである[38]．

このように面会交流に関する決定が重大な結果をもたらしうることから，地方当局の決定を争う方法を求める批判が高まった．地方当局のケアに付された児童の家族の権利を守るべく結成された団体が面会交流の価値を奨励し，面会交流の終了について裁判所が見直しできるよう立法を求める活動を行い[39]，また，多くのケースが欧州人権条約違反を理由に欧州人権

---

37) Stephen Cretney, *Principles of Family Law*, 4th ed. (Sweet & Maxwell, 1984), pp. 514-515 (リヴァプール判決を受けて，高等法院家事部の判事らが庶民院に問題提起したメモの記述である)．
38) Cretney, *supra* note 33, p. 708.
39) The Family Rights Group が代表的なものである (Masson, *supra* note 31, pp. 99-

委員会に持ち込まれた[40]．さらに高等法院家事部の判事らは，リヴァプール判決が上記のような親にとって重大な効果を持つことを挙げ，庶民院社会サービス委員会に宛てて，親に裁判所へ問題を持ち込む権利を与える方策を提言した[41]．

(3) 面会交流の終了と拒否に対する裁判所への不服申立制度の導入とその問題点

裁判所による見直しを求める批判はすぐに立法に結びついた．1983年に法改正がなされ，児童との面会交流を地方当局が終了又は拒否する決定については裁判所で争えることとなった[42]．すなわち，地方当局は親等と児童との接触を拒否したり終了したりするときには，予め対象となる者に通知を与えなければならないとされ（1980年児童ケア法12B条1項），通知を受け取った親等は裁判所に接触を認めるよう求めることができるとされた（同法12C条）．裁判所には接触に関するすべての詳細を適切に特定する権限が与えられ，その結果裁判所は接触の始期，頻度，期間や場所，その他の事柄についての条件をつけて地方当局に当該親等に対して接触を許すよう命令できた（同法12C条3項）[43]．加えて，この法律（12G条1項）に基づき「ケア下にある児童への接触：実務規程」[44]が定められた．

このように面会交流について一定範囲で当事者から裁判所への不服申立を認めた1983年の法改正であったが，同改正法に基づく制度については多くの難点が指摘された[45]．最大の問題点は，裁判所の判断の対象とな

---

100).
40) Stephen Cretney, Defining the Limits of State Intervention: The Child and Courts, in D. Freestone ed, *Children and the Law* (Hull Univ. Press, 1990), pp. 58-74.
41) Cretney, *supra* note 37, pp. 514-515.
42) 1983年健康，社会サービス及び社会保障裁定法（以下では「HSSSSA Act」とする）6条及附則1による1980年児童ケア法12A-F条の挿入．
43) 1983年改正法で導入されたその他の主な関連規定としては，裁判所が接触について判断する際に児童の福祉を「第一かつ至高の考慮」とすること（12F条1項），いったんなされた裁判所の接触命令を変更又は取り消しする手続（12D条），さらに，簡易な手続で接触命令の短期停止を求める手続（12E条）がある．
44) Department of Health and Social Security, *Access to Children in Care: Code of Practice* (HMSO, 1983)（以下の本文では「実務規程」として引用する）．この規程の内容については，許，前掲註18，78-79頁を参照．
45) 1983年改正法の適用の実証研究に基づきその問題点を指摘するものとして，Spencer Millham et al., *Access Disputes in Child-Care* (Gower, 1989) を参照．

るのが地方当局による接触の「拒否」又は「終了」の決定に限られた点である[46]．その結果，地方当局が接触の頻度を極端に減らすようなアレンジの変更を行ってもそれを裁判所で争うことができなかった[47]．このように接触の量を争えない点は，導入された司法的コントロールを著しく弱める欠陥であった[48]．

　また，裁判所に申立がなされても，裁判所は現状維持を強調して，いったん終了された接触を時を経てから再開するのに前向きでなかったために，接触命令を実際に得られる親は少なかったという[49]．面会交流が実際に拒否又は終了されてしまってからの救済の限界である．さらに実務規程について，その法的拘束力が明らかではない[50]と共に内容的にも不十分であることが指摘された[51]．同規程は，児童の家族再統合が見込まれる場合の接触については強調したのに対して，その見込みがない場合については時折の手紙や写真の交換で十分だと示唆するなどあいまいであった．この区別は裁判の結果にも表れ，家族再統合の見込みがない場合には接触が長期計画を害するとして否定される例が見られた．また，裁判所の判断は児童の福祉を基準になされたものの，その基準の適用は両親間の（私法上の）争いの場合のように児童を危険に陥れない限り接触を一般的に利益と見るという仕方とは異なった．

　1983年の法改正及びそれに対する批判がなされたこの時期は，1989年児童法を準備する立法論議が進行した時期と重なる．そこでは当時の問題状況を反映して，面会交流の問題への裁判所の関与のあり方が検討されたのはもちろんである．

---

46) さらに悪いことに「拒否」や「終了」は明文に基づいて狭く解釈された．すなわち，接触に関する既存のアレンジを新しいアレンジに換える提案や，また，接触のアレンジの内容を検討するために合理的な期間接触を延期するのは終了や拒否に当たらないとされた（1989年児童ケア法12B条4項，5項）．
47) Cretney, *supra* note 30, p. 645.
48) Bainham, *supra* note 20, para. 5. 39, p. 109.
49) Cretney, *supra* note 30, p. 645.
50) 実務規程の法的位置づけはあいまいで，特に1970年地方当局社会サービス法典7条1項にいう強行的効果を持つ「ガイダンス」に当たるか不明であった（Department of Health and Social Security, *Review of Child Care Law—Report to ministers of an interdepartmental working party*（HMSO, 1985), para. 21. 9）．
51) 以下に述べる実務規程の問題点はCretney, *supra* note 30, p. 646の記述による．

(4) 1989年児童法立法過程における議論

①ショート報告書[52]

ショート報告書は，1983年改正法の問題点として特に対象が接触の拒否及び終了に限られている点を取り上げ[53]，同法による制度は不十分であるとの認識を示した．しかし，同報告書が改善策として提案したのは裁判所の関与を強化する方向ではなくむしろ地方当局の実務の向上であった．一方で報告書は，上述の改正法が裁判所に親の接触の頻度，期間や場所といった事柄について条件を付した接触命令をする権限を与えている点を捉えて「裁判所はこのような判断をするのに正しいフォーラムではない」とし，改革への圧力に屈して立法が行き過ぎたことを示唆した (para. 324)．他方で，報告書は実務規程を「接触の決定に関する裁量の指導的原則」を導く重要な前進だとして非常に高く評価した (para. 325)．さらに，接触にかかわる実務上の困難を減じるための方策として，接触の費用を地方当局が負担することを認める規定 (1980年児童ケア法26条) を活用することや児童の居住の手配を自宅の近くにする努力義務[54]の尊重などが勧告された (para. 327)．

このように，ショート報告書は当時の現行法の問題性を認識しつつも，裁判所の関与に関してはむしろ現行法は行き過ぎだと考え，地方当局の実務を改善する方向を示したものであった．その根底には，裁判所は面会交流に関する詳細を決めるのに相応しい場ではないという判断があった．これに対して，ショート報告書の提言により設けられた作業委員会はその報告書（再検討委員会報告書）で，ショート報告書の立場を明示的に否定し裁

---

52) 児童に関する判断過程における裁判所と地方当局との現存の均衡への高まる不満を差し迫った理由のひとつとしてなされた諮問に対する報告書であり（House of Commons, *Second Report from the Social Services Committee: Children in Care* (HMSO, 1984), para. 13），1989年法立法の嚆矢となった．本文の以下の記述では，同報告書の該当箇所の表示は本文中の（ ）にパラグラフのみを示す．なお同法の立法過程の一覧には John Eekelaar and Robert Dingwall, *The Reform of Child Care Law: A practical guide to the Children Act 1989* (Routledge, 1990), pp. 1-2 が便利である．

53) ショート報告書では，1983年改正法下の制度が地方当局からの通知を前提に裁判所へ不服申立をする仕組みである点の問題性も指摘された．面会交流についての決定が通知対象とすべき拒否や終了に該当するか否かを地方当局自体が判断するため，不服申立の前提となる通知があまりなされないおそれがあるという問題である (HC, *supra* note 52, para. 323).

54) HSSSSA Act, para. 49 of Sch. 2; DHSS, *supra* note 44, para. 5.

判所の関与を拡大する方向を打ち出した[55]．

②再検討委員会報告書[56]

再検討委員会報告書は，まず，裁判所のより積極的な役割を求める主張に応えて裁判所と地方当局との役割分担についての基本原則を示した．裁判所は児童やその親の権利や義務に直接に影響する長期的決定ができるべきであり，他方で地方当局は児童のケアの運営についての責任を負い，権利や義務に影響する決定と同等又はより以上に重要かもしれないが明快であいまいさを残さない解決に合わない事柄について判断すべきであるというものである（para. 2. 20）．この基本的な分担の考え方はショート報告書を踏襲するものである．しかし，再検討委員会報告書は面会交流にかかわる判断の具体的な分担に関してはショート報告書と異なる見解を示した．

再検討委員会報告書によれば，上のような分担の基本的原則を立ててみても，具体的な判断事項のなかには両者にまたがる特徴をもつためにどちらの範疇に属するか決しがたいものがある．面会交流の問題はそのような特徴をもつ事柄のうち最も重要なもののひとつである（paras. 2. 21, 21. 1）．一方で，児童の日々の面会交流がどのように行われるかという問題は極めて純粋にケアの運営に位置づけられる事柄である．他方で，面会交流の欠如は，時の経過により後に親や児童の権利に極めて重大な結果をもたらしうる．親と児童との間に定期的な面会交流が保たれない場合には，それがケア命令を取り消すかどうかあるいは養子に対する親の同意を免除するかどうかの判断に大きな影響を与えうるからである（para. 21. 1）．

このような面会交流事項の微妙な特徴を前提にして，同報告書は面会交流は地方当局が単独にコントロールすべき単に運営にかかわる事柄であるという見解や，あるいは現行法で認められる裁判所の限られた関与でさえ行き過ぎであるというショート委員会が抱いていた懸念を共有しないとした．したがって基本的に裁判所の関与の強化拡大を提案するということである．しかしそこでは裁判所の関与拡大の適切な限界づけが図られている．

---

55) Judith Masson はそのようなショート報告書と作業委員会の立場の対照に注意を促す（Stephen Cretney et al., *Principles of Family Law*, 7th (revised) ed. (Sweet & Maxwell, 2003), para. 22–065, p. 775, note 39）．

56) DHSS, *supra* note 50. 本文の以下の記述では，同報告書の該当箇所の表示は本文中の（　）にパラグラフのみを示す．

まず，裁判所の関与を拡大するといっても，面会交流にかかわる決定特にその終了について，地方当局がそのたびに裁判所の判断を求めなければならないという立場は否定された．児童のニーズは時の経過や状況の変化に応じて多様に変化するものであるから，面会交流の詳細に日常的に裁判所がかかわるのは望ましくなく，また，全関係者にとって過重負担だという理由に基づく (para. 21. 16)．

裁判所が面会交流にかかわる事柄のすべてに自動的に関与するのは妥当でないという上のような判断を前提に，同報告書では次のような裁判所の役割が提案された．第一に，裁判所はケア命令を発する手続の中で面会交流の問題を扱うことができる (para. 21. 11)．第二に，一定範囲の者は相当な面会交流の推定を受け，その推定に基づいて裁判所の関与なしに非公式に地方当局との話し合いにより面会交流の詳細を決めることができる (para. 21. 13)．しかし，もし与えられた面会交流が不相当だと考えるときには，裁判所に相当な面会交流の内容を定めるよう申し立てることができる (para. 21. 14)．第三に，相当な面会交流の推定を受ける者であるか否かにかかわらず既に面会交流を認められている者との関係で面会交流につき終了又はアレンジの変更をしようとするときは，地方当局は当該面会交流の相手方に対して通知をしなければならない．通知の受領者が法定の期間内に反対をした場合には，地方当局が問題を裁判所に訴えない限りは既存の面会交流の終了又はアレンジの変更をすることができない (para. 21. 16)．

この提案内容を従来の法と比べると，第一にケアの開始の段階で裁判所が面会交流事項について判断できる点，第二に一定範囲の者は相当な面会交流の推定を受け，地方当局からの通知を待たずに裁判所に申立をできる点，及び面会交流にかかわるあらゆる点について裁判所に申立ができる点で裁判所による判断の可能性が広げられている．これに対し，面会交流の終了やアレンジの変更については少々複雑である．まず地方当局の終了等の決定の通知を受けてはじめて相手方が反対の意思表明をするという枠組みは従来の制度と基本的に変わらない．重要な変更点は，通知の対象となる地方当局の決定の範囲である．同報告書は，面会交流の拒否や終了だけでなく面会交流のアレンジの変更も通知の対象に含めることを提案した．このような提案の背後には，面会交流がひとたび完全に否定されれば裁判

所が面会交流に関する詳細を定めることができる一方で，面会交流が不相当に制限されても裁判所は当該ケースについて判断することができないとする当時の現行法が異常であるとの認識があった（para. 21.15）．

3 1989年児童法34条の意義

1989年法34条と立法過程で行われた提案とを照らし合わせると，裁判所の関与に消極的なショート報告書の立場が同法に採用されていないことは明らかである．34条では先に述べた通り，面会交流の拒否や終了に限らず面会交流の頻度や量についても不服のある当事者が裁判所の判断を求めることが認められており（3項），裁判所は適当な条件をつけて許されるべき面会交流を命じることができるからである（7項）．

34条は基本的には再検討委員会報告書の見解を踏襲して立法された[57]．ケア命令の手続の段階で面会交流事項が裁判の対象とされ，さらに一定範囲の者に相当な面会交流の推定を与える制度[58]が採用されている．しかし再検討委員会の提言内容と完全には重ならない点もある．同条では地方当局が法定面会者や裁判所命令で面会交流を認められた者と児童との面会交流を拒否する場合には，「予め」裁判所の許可を得なければならないとされていることである．再検討委員会報告書では，面会交流にかかわる決定，特にその終了について，そのたびに裁判所の判断を求めるよう地方当局に対して要求することは事柄の性質に合わないこと等を理由に否定されていたのと対照的である[59]．この点で，34条は立法過程の諸委員会からの提言よりもさらに裁判所の関与を強化した内容となっている．

4 被ケア児童との面会交流に関する事項への裁判所の関与に関する法発展のまとめ

1983年より前には，児童をケアする地方当局が面会交流に関して裁量

---

57) Cretney, *supra* note 55, para. 22-065, p. 775.
58) 前述（註24）のように相当な面会交流の推定は，被ケア児童との面会交流の規律を私人間の紛争場面のそれに近づけた点で，1989年法以前に実務規程に対して加えられた批判に対応している．
59) 仔細に見れば34条と再検討委員会報告とのさらなる違いとして，面会交流の推定を受けない者が面会交流事項について争う場合に，地方当局からの通知を前提とせずに裁判所に申立ができるという点がある（34条3項b号と再検討委員会報告書21.16を参照）．

により決定することができ，当事者は不服があっても裁判に訴える手段がなかった．高まる批判を受けて1983年に法改正が行われ，面会交流の相手方は地方当局からの通知を受けて裁判所に不服申立ができることとなったが，その対象場面は面会交流の拒絶と終了にとどまった．1989年法の立法過程では立法を準備する委員会の立場に相違が見られた．ショート報告書は面会交流を裁判所の判断事項にすることに消極的で行政実務の向上を志向した．これに対し，再検討委員会は裁判所がケア命令の発令時に面会交流事項について判断できるとしつつ，他方ですべての面会交流事項について裁判所の関与を求めるのは妥当ではないとして，第一に面会交流の推定を受ける者が面会交流のアレンジに不服を持った場合，第二に面会交流の終了とアレンジの変更について地方当局の通知を受けた者が反対をした場合に限って裁判所の関与を認めることを提案した．34条は再検討委員会の提案よりも裁判所の関与の場面を拡大し，面会交流の拒否については，事後的に争いのある場合に限らず，緊急時（6項）を除いておおよそ面会交流を拒否しようとするときには地方当局が事前に裁判所の許可を得る必要があることとした（34条4項）．

3 イギリスにおける裁判所の役割を画する背景要因

以上に見たように，現行1989年児童法制の下において面会交流事項の判断は，裁判所の関与にかかわる原則すなわち被ケア児童の日々のケア内容の運営は地方当局の責任であり裁判所は関与しないという原則の例外に位置する．そのような裁判所の例外的な関与は，裁判所のこの事項への関与の拡大を求める同法立法以前からの議論の結果である．しかしながら，そのような裁判所の関与の拡大は決して一方向の留保なしの発展ではなく，その限界づけが常に問われてきた．そのような発展過程において，裁判所の役割を画する背景要因は何だったのだろうか．これまで検討した議論を手がかりにさらにより広範な議論を視野に入れると次の四点が抽出できる．

1 欧州人権条約

1983年に面会交流の拒否や終了に対する裁判所への不服申立制度が創

設された背景や1989年法で相当な面会交流の推定や裁判所のより広範な関与が規定された背景として，欧州人権条約の影響が挙げられる[60]．前述のとおり前者の法改正の頃から欧州人権委員会に紛争が提起されていたところ，1988年に判決が下された[61]．そこでは，強制的に地方当局のケアに留められた[62]児童について地方当局が長期里親さらに養子の措置を行うことを前提に児童とその母との面会交流を終了するとした決定が「家族生活の尊重」（同条約8条）と適正手続保障（同条約6条1項）に反するかどうかが争われた．判決はまず，「親の権利の行使や親と児童が相互に交わる喜びの享受は家族生活の根本的な要素を構成する．さらに，自然な家族の関係は児童が公的ケアに入れられたという事実を理由に終了することはない」(para. 65) とした上で，面会交流を終了させる決定は養子への第一歩となる重要な決定であるので，当該児童の親の利益や見解を考慮するためにその親を決定手続に関与させなければならなかったと判断した (paras. 68-70)（8条関係）．さらに，児童が国家のケアに付されても親の面会交流の権利が消滅するものではなく (para. 83)，そのような事項にかかわる決定が適正手続保障の原則に則ってなされたといえるためには，面会交流に関する地方当局による決定の手続面だけではなく当該決定の実体面を評価する裁判手続が用意される必要があるとした (para. 88)（6条1項関係）．

この判決は1989年法34条の重要な背景をなしている[63]．欧州人権条

---

60) Andrew Bainham, The Children Act 1989: The State and the Family, *Fam Law*, (1990) 231, at 232-3; Cretney, *supra* note 55, para. 22-065, p. 774.
61) R. v. United Kingdom,［1988］2 FLR 445. 以下の記述中，同判決の該当箇所は本文中の（ ）にパラグラフを挙げて示す（同日の判決 W. v. United Kingdom, (1988) 10 EHRR 29 も同旨）．
62) 当初母の同意により地方当局のケアに入った児童につき，その母が長期的に満足に児童を世話できない可能性があるとして親の権利義務を引き受ける決議（註29参照）がなされた事例である．
63) 欧州人権裁判所判決の執行手続である「決議」において，イギリス政府は1989年法34条および22条（地方当局が決定手続において親等の意見を考慮すべきことを規定する）を引き合いに，判決で指摘された人権条約違反状態を解消したと主張し認められている (Res. 54, DH (90) 6)（欧州人権裁判所判決の執行確保手段としての決議制度については Clare Ovey and Robin C. A. White, *Jacobs & White: European Convention on Human Rights*, 3rd ed. (OUP, 2002), p. 422 を参照）．また，筆者は1989年法において再検討委員会報告書の提言よりも裁判所の関与が強化されたのはこの判決の影響によると考えている．

約8条に基づき面会交流の法的重要性が認められ，それに伴って裁判所のより広範な関与が求められたのである[64]．34条は面会交流が権利であると明示的には規定しておらず，また判例でも権利性の有無そのものより相当な面会交流の内容が直接に問われることが多い[65]．しかし解釈上は，権利主体につき依然見解の一致は見られないものの，面会交流は権利であると主張される傾向が強い[66]．

欧州人権条約8条に定められる「家族生活の尊重」という権利の内実や同条に基づいてどのような具体的な権利が認められるのかについてはさらなる検討を要する[67]．しかし，少なくとも次の三点は注目に値する．第一に，ここでは国家との関係における家族あるいは児童やその親の権利が問題とされており，国家との関係においては親が権利を有することが明示されている点である[68]．第二に，家族構成員の関係の権利による構成は，イギリスの児童をめぐる法制で長く判断基準として用いられてきた児童の福祉の至高性基準と潜在的な緊張関係にあるということ[69]，これに関連して第三に，家族の関係を権利の対立調整と捉える見方の弊害と限界が主張されている点である[70]．

---

64) さらに，欧州人権条約第6条に基づく適正手続保障の観点は，面会交流の問題を超えて裁判所が地方当局のケアの内容を精査することを正当化しうるものである．

65) Cretney, *supra* note 55, para. 22-065, p. 773. 私人間の紛争に関して Cretney, *supra* note 55, para. 19-016, p. 589. 再検討委員会報告書には面会交流を権利として捉える視点が見られる（DHSS, *supra* note 50, paras. 21. 1 et 21. 17）が，重点は面会交流自体の権利性よりもむしろ面会交流の欠如が後に親や児童の権利へ与える影響に置かれている．

66) 面会交流を権利と捉える解釈論は欧州人権条約及び同条約を国内法化する制定法（1998年人権法）を背景とする（Andrew Bainham, Family Rights in the next Millennium, 53 *Current Legal Problems*, (2000), 471-503）．

67) ここでは欧州人権条約第8条に関する導入的文献として，A. M. Connelly, Problems of Interpretation of Article 8 of the European Convention on Human Rights, 35 *I. C. L. Q.*, (1986) 567; Ovey and White, *supra* note 63, pp. 220-232 を挙げておく．

68) Jo Miles and Bridget Lindley, Contact for Children Subject to State Intervention, in Andrew Bainham et al. ed., *Children and Their Families* (Hart, 2003) 223, at 226. なおイギリスの児童虐待法制において親の「権利性ともいうべき部分」が強調されていることをつとに指摘するものとして許，前掲註13がある．

69) John Eekelaar, Beyond the welfare principle, 14 *Child and Family Law Quarterly*, (2002) 237; Andrew Bainham, Can we protect children and protect their rights?, *Fam Law*, (2002) 279.

70) Judith Masson, Thinking about contact: a social or legal problem?, 1 *Child and Family Law Quarterly*, (2000) 15, at 25; Patrick Parkinson, Child Protection, Permanency Planning and Children's Right to Family Life, *Int J. of Law Policy and Fam-*

2 児童のケア内容に関する判断は地方当局の責任であるとの基本観念

裁判所の判断権限の拡大をめぐる論議は常に留保を伴ったものであったが，1989年法自体もまた，面会交流事項への裁判所の関与を拡大したといっても，実は比較的限られた範囲で裁判所の関与を認めたに過ぎないと見ることもできる．すなわち，裁判所は当事者間に紛争のあるときの解決，及び面会交流を終了させるのが妥当かどうかの判断に関与するにとどまる．例えば一部で主張されたような，地方当局が面会交流の頻度や方法を変えようとする度に裁判所による事前の承認を受けなければならないという制度にはなっていない．

このように裁判所の関与の限界が慎重に画されるのは，児童のケア内容にかかわる判断はケアを提供する地方当局が責任を持って行うのが望ましいという基本観念に基づく．これは旧来の救貧法に替えて児童法制を打ち立てた1948年児童法以来続くものである[71]．児童のケア内容の計画には時の経過や状況の変化に応じた柔軟で素早い対応が求められること，児童のケア内容に専門性を有する福祉機関とそこに属するソーシャルワーカーが責任主体にふさわしいこと，資源に応じてサービスを提供する主体がその内容を決定すべきこと等が理由である[72]．この基本観念は，裁判所の関与に消極的だったショート報告書に表れているのはもちろんであるが，現行法を基礎づけた再検討委員会報告書でも示されていたのは先述の通りである．

先に紹介した欧州人権裁判所の判決においても，イギリス政府の主張に応じてこの点が考慮された．判決は，面会交流に関するすべての決定が裁判所によってなされることが必要なわけではなく，起こりうる紛争についての裁判所の判断権限が求められるだけであると判示している[73]．34条

---

ily, (2003) 147, at 148.
71) Stephen Cretney, *Law, Law Reform and the Family* (Clarendon Press, 1998), p. 244. 先述のリヴァプール判決はこの原則を確認したものであった．
72) 児童ケアの内容の決定は公的資源の分配にかかわる政治判断ゆえ，政治的に独立の裁判所ではなく地方当局が行うべきだという理由も指摘される (Eekelaar and Dingwall, *supra* note 52, pp. 45-46).
73) [1988] 2 FLR 445, para. 85.

を基礎づけているのは面会交流について争いが生じた場合には裁判所の判断を求める可能性を開いておくという考え方であるから，同条は欧州人権条約上求められる最低限の手続保障を確保したもの，逆にそれにとどまるものだと言うことも可能である[74]。

ただし，以上のような地方当局が責任主体にふさわしいという基本観念は逆に，地方当局の専門性への信頼が失われるほど裁判所の関与を求める方向を導きうる．この点で，1989年法立法前後を通じて常に裁判所の関与強化の主張が絶えなかった[75] 背景には従来信頼され責任を持たされてきた地方当局の専門的能力への不信があることも見逃せない[76]。さらに近時は，欧州人権条約を国内法化した1998年人権法を背景に，地方当局による児童ケアの内容が裁判所による審査に服する可能性が高まっている[77]。

3 前提とされる裁判所像

それでは，裁判所は児童の福祉やケアの内容にかかわる事柄の判断に相応しい場なのであろうか．1989年法の立法とその後の論議ではこの問いをめぐって，前提とされている裁判所像が「勝敗判断者（adjudicative）」

---

74) 本文で挙げたような状況を反映して，一方では面会交流につきより積極的な裁判所の関与を求める主張がなされ（Andrew Bainham, Contact as a Right and Obligation, in Andrew Bainham et al. eds., *Children and Their Families* (Hart, 2003), 61, at 77），他方では面会交流につき裁判所がかかわることは地方当局による柔軟なケア内容の運用を阻害し，又当事者間の協働関係に消極的影響をもたらすゆえ望ましくないとの主張がなされる（Masson, *supra* note 70, at 25; Mary Hayes, The proper role of courts in child care cases, 3 *Child and Family Law Quarterly*, (1996) 201, at 214）。

75) 1989年児童法立法後も立法として裁判所の関与の拡大強化が志向されていることは，国会の議論（Hansard, HL Deb, vol. 576, col. 1094, 11 December 1996）及び近時の貴族院判決（Re S; Re W, [2002] UKHL 10, [2002] 1 FLR 815, paras. 31-32, 106）から窺える。

76) Nigel Parton and Norma Martin, Public inquiries, Legalism and child care in England and Wales, 3 *Int. J. of Law and the Family*, (1989) 21, at 32-36; Carole R. Smith, Judicial power and local authority discretion: the contested frontier, 3 *Child and Family Law Quarterly*, (1997) 243, at 255.

77) 裁判所は地方当局によるケアの内容について一般的に関与するものではないという先行判例で示された原則を支持しつつ，1998年人権法によって地方当局のケア内容を審査した判例がある．当該ケースでは，地方当局が被ケア児童のケア計画を変更するにあたり児童の両親を決定手続へ十分に関与させなかったとして1998年人権法違反が認められた（Re G (Care: Challenge to Local Authority's decision), [2003] 2 FLR 42)。

「審判者 (umpire, referee)」としての裁判所から「参加的」「運営的」「積極的」な裁判所へと変化している，あるいは変化すべきであるという指摘がなされた[78]．理論的にやや混乱のあるそこでの議論を整理すると，そこで問われている事柄はいくつかの側面に分けられる．

まず，裁判所の手続のあり方が問われている．典型的な当事者対抗主義を貫くのか，それとも裁判所が手続の進行についてより積極的，後見的な役割を果たす方向を目指すのかである[79]．

さらに，裁判所が何を判断するのかという側面につき，判断対象は事実の有無と事実への法の適用に限られるのか，あるいはより評価的な判断を行うのか，裁判所にどの程度の裁量的判断が求められるのかという点が問われている．児童の養育に対する国家の強制的関与の場面に即して言えば次のような二側面である．第一に，裁判所は児童の養育に対する強制的な国家関与（たるケア命令）の最低要件，すなわち「児童が重大な害を被りまたは被るおそれ」を中心としたどちらかというと事実の有無にかかわる要件（31条2項）[80]を判断するだけか，それを超えて国家関与（ケア）の内容としてどのような世話を行うのが児童の福祉にかなうのかという評価的判断を行うかである[81]．第二に，第一点と密接に絡んで，地方当局による児童のケア内容に関する決定について裁判所は地方当局の決定の手続面の適正性だけを判断するのか，それともその決定が児童の福祉にかなう適切なものであるかという中身の妥当性まで判断するのかである[82]．

---

78) Cretney, *supra* note 40; Eekelaar and Dingwall, *supra* note 52, pp. 43-48; John Dewar, The courts and local authority autonomy, 2 *Child and Family Law Quarterly*, (1995) 15-25; Hayes, *supra* note 74; Smith, *supra* note 76 などによる．

79) Cretny, *supra* note 40, p. 71 以下で検討されているのは主にこの側面であると思える．

80) 31条2項が規定する要件の判断にも大いに評価的な要素が認められるが（Bainham, *supra* note 7, pp. 370-386），どのようなケアの内容が児童の福祉の要請に合致するかの判断と対比した場合には，より事実の有無にかかわる判断であるといえるであろう．

81) Dewar, *supra* note 78 が手続面の問題と区別してこの側面について論じている．他に，Eekelaar and Dingwall, *supra* note 52; Hayes, *supra* note 74; Smith, *supra* note 76 が扱うのもこの側面であると思われる．

82) Eekelaar and Dingwall, *supra* note 52, p. 44 の「審判者 (referee)」としての裁判所モデルにはこの観点が含まれていそうである．また，この観点は判例にも表れている（上述の R. v. United Kingdom, [1988] 2 FLR 445, para. 88 や Re G, [2003] EWHC 551 (Fam), [2003] 2 FLR 42 は，面会交流に関する地方当局の決定の手続的側面のみならず実体的内容が裁判所によって審査される制度になっていなければ人権侵害を否定できないとした）．

このような議論を理解するには 1989 年法前の児童の養育に対する国家の強制的関与にかかわる裁判所の二元的体制[83] を一瞥する必要がある．第一は 1969 年児童及び少年法（以下では「1969 年法」とする）に基づいて少年事件法廷（Juvenile Court）が児童を地方当局のケアに付する手続である．まず手続面では，同制度は主に非行少年問題への懸念から立法されたものであったために刑事法的色彩を免れていなかった．少年事件法廷は，少年[84] には成人の刑事手続とは異なる扱いが必要だという趣旨で設けられていたが，なお成人の刑事手続を扱う治安判事裁判所の一部であった．適用される手続もまた同制度の刑事法的側面を反映して，厳密な証拠法則に支配されるものであった．実体面では，ケア命令を下すかどうかにつき裁量判断の余地が裁判所に認められ，その行使の際に裁判所は児童の福祉を考慮しなければならないとされたが，児童の福祉に最高位の重点を置くこと（児童の福祉の至高性）まで求められるのかは明らかでなかった[85]．実際にも，裁判所は地方当局がケア命令の後にどのように当該児童を世話するのか，それが児童の利益になるのかを問うことはまれだった[86]．また，裁判所はケア命令に例えば面会交流にかかわる条件等を付する権限を持たなかった[87]．

これに対して，地方当局が児童をケアに付するために利用しうる第二の方途があった．それは，原則として高等法院が管轄権を有する裁判所後見制度である．高等法院は家族にかかわる業務の訓練と十分な経験を有する裁判官で構成されていた[88]．手続は，当事者対抗主義に支配される通常の訴訟とは異なり，裁判所は当事者からの申立に拘束されずに紛争解決をすることが可能であり，伝聞証拠の禁止などの通常の証拠法則に服することもなかった．実体面では，裁判所は制定法の制約を超えて児童の福祉を守るために適切な命令を幅広く行う権限を有した．そのひとつとして，裁判所後見管轄権を行使する裁判所は児童をケアに付することができ，その

---

83) 厳密に言えば複数立ての制度であった（DHSS, *supra* note 50, Ch. 8）が，ここでは主要な役割を果たしかつ対照的な性格を有した二つの制度を対比して紹介する．
84) 「少年」とは 1969 年法の対象となる 17 歳未満の児童を指す．
85) Cretney, *supra* note 37, p. 536, note 35.
86) Cretney, *supra* note 37, p. 536.
87) Cretney, *supra* note 37, p. 540.
88) Cretney, *supra* note 33, p. 765.

場合には 1969 年法によるケア命令の場合と異なり児童のケア内容について指示を出すことができた．さらに，裁判所後見には当該児童にかかわる重要な決定につき以後裁判所の判断に服させる効果があったため，裁判所は児童が地方当局のケアに引き受けられた後にも面会交流などの事項に関する決定をコントロールする広い権限を保った[89]．本来この裁判所後見制度は例外的裁判管轄権であったが，1970 年代以降地方当局が制定法の枠を超えて児童をケアに入れるために裁判所後見制度を用いる傾向が強まっていた[90]．

以上のような 1989 年法前の二元的制度は，1989 年法及び同法制定に伴う関連法によって一元的な制度に改められた．同法に見られる裁判所像にかかわる変化は次のように整理できる．第一に，児童を強制的にケアに付する方途がケア命令に一本化され，ケア命令を下すケア手続に治安判事裁判所[91]だけでなく県裁判所及び高等法院もまた管轄権を有することとなった．つまり，児童をケアに付するについて裁判所後見の方途は否定され（100条1項，2項a），基本的に前者の制度によることとされ，同時に前者の制度につき管轄及び手続面で変更を加える方針がとられた．第二に，そのような一元的な制度のもとでのケア手続の特徴として，従来の裁判所後見制度の特徴が他の一般の裁判に取り入れられ[92]，「すべての児童にかかわるケースで当事者対抗主義的アプローチから離れていく一般的動き」があるとされる[93]．具体的には，すべての家族手続（8条3項）において従来の裁判所後見手続におけると同様に，通常の証拠法則の例外として児童の養育や福祉にかかわる伝聞証拠が承認された[94]．さらに，裁判所後見制度下での裁判の基準であった児童の福祉の至高性原則が児童の養育にかかわるすべての手続に適用されるようになった[95]．

---

89) 以上の裁判所後見制度の説明は Cretney, *supra* note 37, pp. 353-357 による．さらに同制度について一般的には Geofferey Cross, Wards of Court, 83 *L. Q. R.*, (1967) 200-214 を参照して欲しい．
90) M. L. Parry, The Changing Face of Wardship, in David Freestone ed., *Children and The Law* (Hull Univ. Press, 1990), pp. 243-268.
91) 治安判事裁判所において 1989 年法上の手続を行う法廷は「家族手続法廷」と呼ばれる．
92) Dewar, *supra* note 78, pp. 15 et 18.
93) Nigel Lowe and Gillian Douglas, *Bromley's Family Law*, 9th ed. (Butterworths, 1998), p. 689.
94) Children (Admissibility of Hearsay Evidence) Order 1993.

1989年法による変化の第三として，家族問題を専門的な訓練を受けた裁判官に担当させる仕組みが始動した[96]．家族問題を扱う裁判官の専門化が図られ，家族問題の中でさらに私人間の紛争と国家がかかわる紛争の区別等の細分化がなされた．具体的には次のとおりである．県裁判所では，家族にかかわる事件を種類や複雑性に応じて専門分化した裁判官に割り当てる制度が導入された．例えばケア命令を下す事件を担当できるのは，専門の訓練と経験を積んで公法的側面の児童にかかわる事件を扱うための「切符を手に入れた（ticketed）」裁判官に限られる[97]．また，治安判事裁判所においては，規則で定められた訓練を経て「家族判事名簿」のメンバーとなった治安判事でない限り家族手続法廷を担当することができないこととなった（92条1項）[98]．専門化のための訓練の内容は，狭義の法的問題だけではなく，児童の愛着（アタッチメント）の性質や別居や離婚が児童に与える影響など児童や家族に関する基礎的知識にまで及ぶ[99]．

 このように1989年法による裁判所像の変化は，従来の厳格な証拠法則の下に当事者対抗主義に基づいて法の適用を行う場から，裁判所が手続上より積極的な役割を果たしより広い裁量的判断を行う場への動きと一応まとめることができる．

 しかし，他方でこのような裁判所の機能の変化やそれに伴う裁判所の関与の拡大に慎重な見解が存する．すなわち，そもそも裁判所の本質は最終的に当事者の望まない事柄を国家権力により強制するところにあり，裁判所は第一義的に心理療法的場ではありえない，したがって安易な方向転換は当事者に対してその強制的契機を隠蔽するおそれがあるという指摘[100]である．

---

95) Lowe and Douglas, *supra* note 93.
96) Cretney, *supra* note 33, pp. 765-766.
97) Family Proceedings (Allocation to Judiciary) Directions 1997, [1997] 2 FLR 780.
98) 裁判官の他に，手続には法律家以外の心理学や医学の専門家が制度的にかかわりをもち (Gillian Douglas, *An Introduction to Family Law*, 2nd ed. (OUP, 2004), p. 24; Jane Fortin, *Children's Rights and the Developing Law* (LexisNexis, 2003), pp. 233-237)，また，当事者の代理人にも専門化の傾向が見られる (Cretney, *supra* note 55, p. 766, note 147).
99) Cretney, *supra* note 33, p. 766, note 149; Judicial Studies Board, Annual Report 2003.

4 望ましい児童ケアの内容に関する理念の変化

地方当局が裁量により面会交流をコントロールする方法が見直された背景としては他に，児童をケアする場合の望ましいケア内容のあり方に関する理念の時代による変化が挙げられる．1970年代には，児童に早期に安定した人的関係を与えることが重視され，児童の家族再統合が望めない場合には代替的な家庭を与えることが急がれた．その背景には，わが国でも有名な研究である『子の利益を超えて』[101]の影響下に，成人とは異なる児童の時間感覚と児童にとっての心理的な親を重視する傾向が顕著となったことがあった．児童のケアにおいて「永続的計画」が合言葉となり，長期的展望として長期里親や養子が計画されるに伴って親との面会交流を停止することが望ましいと見られることが多かった[102]．これに対して，後にはむしろ児童と分離された元の家族との関係維持が重要視されるようになった[103]．1989年法は児童の家族再統合がケアの第一の目的であることを基本理念としており，その基本理念において前の時代からの劇的な変化が見られるのである[104]．

---

100) Cretney, *supra* note 40, pp. 59 et 74. この指摘は，裁判所の手続的な側面に関してなされているが，裁判所がより裁量的な実体判断を行うという側面にも当てはまると思われる．ただし，裁判所がより裁量的な基準に基づいてケアの内容の適否等について判断を行うことと，裁判所が手続的により積極的な役割を演じるということが論理的に直結するものであるかはひとつの問題である（Dewar, *supra* note 78, pp. 16 et 19 note 20）．

101) Joseph Goldstein, Anna Freud et al., *Beyond the Best Interests of the Child*（Free Press, 1973）．

102) Cretney, *supra* note 33, pp. 701-702. 児童へ代替家庭を与えることが急がれた背景には，ケアに付された児童が，児童が分離された家族の問題解決の試みがなされているうちに，安定した里親措置や養子縁組の機会のないまま中途半端な状態に長く置かれることへの懸念もあった（Fox, *supra* note 31, p. 274）．

103) 英国保健省編，前掲註20, 31頁．

104) このような基本理念の劇的変化については，Cretney, *supra* note 55, para. 22-004, pp. 696-670; Fox, *supra* note 31を参照．またParton and Martin, *supra* note 76はさらに政治的背景の変化を指摘する．判例において1989年法における家族再統合の理念を示したものとしてRe C and B (Care Order: Future Harm), [2001] 1 FLR 611, paras. 31-34がある．

4 まとめ

イギリスの制度やそれをめぐる議論は日本に直接の参考とはならない．それはイギリスの制度とその改革が地方当局や裁判所の組織的，手続的特徴に規定されていることからも明らかである[105]．そこで，以下ではイギリスにおける児童虐待防止制度下での裁判所の役割論をまとめ，それに基づいて日本における裁判所の役割について今後の検討の方向を示したい．

1 イギリスの児童虐待防止制度における裁判所役割論

面会交流にかかわる本章の検討から，イギリスの児童虐待防止制度における裁判所役割論をあえて単純化すれば次のようにまとめることができる．

(1) 裁判所と地方当局の役割分担に関する原則

イギリスにおける裁判所と地方当局の役割分担を支配するのは，国家による児童の養育への強制的関与の可否を決するのは裁判所の役割であり，国家による児童の養育への強制的関与の内容，すなわち被ケア児童へ提供するケアの内容を決するのは地方当局であるという原則である[106]．国家による強制関与の可否は権利義務にかかわる判断[107]であるから裁判所が行うべき事柄であり，被ケア児童へ提供するケアの内容は児童のニーズや福祉を柔軟に判断しその具体的な方法を決するものであるから地方当局が行うべきだというのがその理由である．

(2) 裁判所の役割の限界が問われる契機

上のような原則に対して裁判所の役割が問われ続ける[108]のは，第一に

---

105) その他にもイギリスとわが国の間には，養子縁組の効果の違い（イギリスの養子縁組は縁組前の親との法的関係を切断する），強制的な国家対応がとられた場合の養子措置の位置づけ（Cretney, *supra* note 55, para. 22-061, p. 771），強制的国家対応の要件やその任意的対応との関係，人種や経済的条件の多様性に伴う諸価値並存の問題（Lord Mackay, Joseph Jackson Memorial Lecture: Perceptions of the Children Bill and Beyond, 139 *N. L. J.*, (1989) 505, at 508）など，本章では扱えなかった重要な違いが多々存する．

106) この分担の原則は行政的社会サービス部門の発展を背景とした20世紀前半の歴史的な産物である点につき，秋元，前掲註20，（二）480-481頁を参照．

107) 国家への親責任の付与及び場合によっては児童の身体の自由への制限．

108) 裁判所と福祉行政機関との二者択一を避けた中間的制度の模索も見られる．親等の協力が得られない場合に直ちに裁判所にケースを持ち込むのではなく，第三者機関で調停を行う試みがなされたことがある（Michael King, The future of specialist child care me-

「権利義務にかかわる」判断に含まれる事柄の範囲，第二に裁判所は権利義務にかかわる判断をする場であるという裁判所像が，共に不変なものではないことによる[109]．

① 権利義務にかかわると認識される事柄の可変性──児童の養育を取り巻く様々な事柄のうち，何が権利義務の問題と認識されるかは時代により異なりうる．従来は権利義務の文脈で捉えられていなかった家族や児童を取り巻く関係が新たに権利義務によって構成されるという現象が起こりうる．イギリスで，その主体や性質などにあいまいさを残しつつも，被ケア児童との面会交流が権利として認識され始めたのがその例である．

「権利義務にかかわる」と認識される事柄の範囲の変化を促している要因は第一に人権法の発展である．それは，家族構成員相互の関係を権利義務の文脈で認識する傾向だけではなく，国家との関係での家族構成員の権利義務の意識化を促している．また，心理学上の知見や制度適用実態の実証研究によって得られた知見の寄与が認められる．1970年代のイギリスで被ケア児童の親等との面会交流が重視されなかったのは，児童の心理的親及び児童の時間感覚を重視する心理学的知見の影響力によるところが大きかった．

② 権利義務の判定者としての裁判所像の揺れ──一方で裁判所は事実に法を当てはめ権利義務について判定する場であり，どのようなケアの内容が児童の福祉にかなうかの判断はできないという裁判所像がある．他方で裁判所はどのようなケアの内容が児童の福祉にかなうかを後見的に判断しうる場であるという裁判所像がありうる．イギリスでは裁判所後見管轄権を行使する裁判所の機能を例外として一般的には前者の裁判所像が支配的であったところ，1989年法にはより後見的な裁判所像を採用したと見られる面がある．

2 日本の児童虐待問題をめぐる裁判所役割論へ向けて

1．わが国の場合，現行制度における裁判所の役割を検討するにはまず

---

diation, *Child and Family Law Quarterly*, (1999) 137-149).
109) 本文でも既に簡単に触れたとおり，問題は，児童の福祉を判断し現実化する主体としての地方当局の専門性への信頼の揺らぎにもかかわるが，この側面は本章で扱える範囲を超

児福法28条による家裁の承認の性質を探究する必要があろう．既存の研究[110]によれば，家裁が措置内容やその具体化について立ち入った審理をする構造にはなっていない．また，児童の入所措置等の解除には裁判所の関与がない．イギリスの1989年法以前にも増して裁判所が限定的な役割を果たす制度枠組みである．

2．イギリスにおける議論を参照しつつ日本の制度における裁判所の役割を見直す方向性を探ると，少なくとも次のような視点を提示できる．

① 権利義務にかかわると認識される事柄——わが国では2004年の児虐法改正で新たに「児童の人権」への言及がなされた（1条，4条4項）ことに代表されるように，児童の権利を積極的に承認する議論が盛んである．これに対し，親側についてはその義務性が強調されこそすれ親等の有する権利についてはあまり語られないのが特徴的である．児童が死に至る悲惨なケースが少なくない現段階において親等の権利行使の監督や制限の必要性は強調し過ぎることはなく，この点への対応は緊要な課題である．しかし，児童とその親等との関係が国家との関係で法的にどのように捉えられるべきかという問い[111]を置き去りにしては，家族内部での児童に対する義務性が強調されるばかりに親の地位が国家に対して無防備に陥る危険性があろう．差し当たり本章で取り上げた面会交流に関して一言すれば，私人間の紛争場面では重要視されていると思われる面会交流の問題が児福法上の措置がとられる場面では児虐法12条で簡単に規律されているに過ぎない不均衡が指摘できる[112]．

② 裁判所像——家庭裁判所調査官を擁し裁量的，後見的判断を特徴と

---

110) 橋爪，前掲註8，57-69頁．
111) わが国でも既に主張されているところだが（横田光平「親の権利・子どもの自由・国家の関与（一）～（九）」法協119巻3号～120巻6号（2002～2003年）），児童とその親との権利義務関係を国家との関係を視野に入れて捉え直すことが必要であり，特に児童虐待問題に対する国家の関与を考察する際にはその必要性はより高い．また親子関係にかかわる公法的側面と私法的側面との関係の考察も重要である．
112) 2004年児虐法改正では施設長による面会の制限の場面が児虐法28条による承認によらない入所措置の場合にまで拡大されている．その制限は一時保護手続によるとされているものの，一時保護の手続や期間に問題が残る（吉田恒雄「日本における児童虐待の法的対応と課題」家族〈社会と法〉17号（2001年）33頁）．この点は，特にイギリスの状況や同様に親と児童との面会については特別の扱いをするフランス（田中通裕『親権法の歴史と課題』（信山社，1993年），67頁）の状況に比して特異である．

するわが国の家庭裁判所は児童虐待防止により積極的な役割を果たす潜在力を持つといえるかもしれず，また現にそのような役割への期待も高い[113]．しかし，翻って具体的な措置内容についてまで裁判所の積極的な関与を認めるとすれば裁判所の本来有する強制的機能[114]との関係で困難が生じないか懸念される[115]．裁判所の関与は児童の安全確保のための家庭からの分離や児童の施設入所等の措置中に最低限必要な親等からの不当な引き取り請求の回避の場面に限るというのも制度設計の可能性として検討に値すると考えられる[116]．また，児童虐待防止制度と制度趣旨が異なるものの[117]，犯罪者や少年の家庭環境の調整や少年の保護者の監護態様をも射程とする少年法制や保護観察制度において家庭裁判所と保護観察所

---

[113] 2004年改正児福法28条5項，6項（厚労省，前掲註2（2003年6月），8-10頁も参照）；津崎哲郎「自治体・民間団体の取組み」ジュリスト1188号（2000年）35，38頁（アメリカの例を参考に保護者への指導について裁判所の役割を強調する）．ただし，厚労省，前掲註2（2003年11月）は，児童相談所等の体制に限界がある現状を前提に「当面」の方策として裁判所の関与を求めるもののようにも見うけられる（2（2）（2））．

[114] 裁判所が有する強制の契機に関し，イギリスでは公的機関への親責任者等の協力を確保するために裁判所を関与させるという種の議論は筆者が見た限りでは存在しない（ただし，少年司法の分野では裁判所が保護者に対して指導に服すること等を命じる制度が存在する（1998年犯罪及び秩序法によるParenting Orderの導入．同制度については浜井浩一「イギリスにおける20世紀最後の少年司法・非行少年処遇改革」法律のひろば52巻6号（1999年），56-65頁を参照））．一方で，現行法下でも裁判所が終局的には親責任者等から児童を分離するケア命令の権限を有することで事実上親責任者等の同意や協力を確保する機能が果たされていると言われる．しかし他方で筆者は，家族の自律を重要視し家族への国家の関与に極めて慎重なイギリスでは，そもそも非協力的な態度を崩さない親責任者等に対してまで国家の関与により指導助言を行うという発想は受け入れられがたいのだろうと推測する．

[115] この点は大村敦志『家族法［第2版補訂版］』（有斐閣，2004年），296頁以下で検討されている家事事件の特色とその危険性に関する議論と重なる問題意識である．家庭裁判所調査官による研究においても，児童虐待問題に関して家庭裁判所がより後見的，指導的な役割を果たすことの妥当性如何という問題提起が見られる（神戸家庭裁判所「児童虐待に関連する家事事件の調査方法及び関係機関との連携」家月52巻10号（2000年）23，206頁）．ただし，裁判所の強制力については裁判所侮辱制度（Lowe and Douglas, *supra* note 93, pp. 448-450）の存否というイギリスとわが国との違いに注意する必要がある．

[116] もっともこの点は，実務で試みられている児童や保護者への在宅指導についての家庭裁判所のかかわり（「全国児童相談所所長会の虐待調査から」全児相，通巻62号別冊抜粋（1997年），（24））の評価を待って判断されるべきである．

[117] 一方で少年に関する保護観察を定める少年法及び究極的には犯罪の予防による社会の保護を趣旨とする保護観察制度（犯罪者予防更生法1条）と，他方で児童の健全な成長を趣旨とする児童福祉や児童虐待防止制度とを同視するには慎重である必要があると同時に，境界領域を持つ少年法と児童福祉法との関係についてはさらなる研究が必要である．

との機能分担がいかになされているか[118] という比較の観点も必要であろう[119]．

〔付記〕
本章は，若干の技術的修正を除き，法学 68 巻 6 号（2005 年）に発表した同名の論文と同じものである．

---

[118] 法文上は，少年の保護処分決定後の処遇内容や保護観察中の遵守事項について裁判所が一定の関与を続ける権限が認められているものの（少年審判規則 37 条，37 条の 2，38 条，犯罪者予防更生法 38 条），処遇内容の決定やその解除を含め具体的な運用は大幅に専門の行政機関の権限とされている．もっとも，これらの制度についても裁判所の関与の強化が検討され始めている（法制審議会への少年法等に関する諮問 72 号第 3）．児虐法改正に関する衆議院委員会での議事においても，少年に対する保護観察への従来の裁判所の消極的な関与のあり方を改めることを示唆しつつ児童虐待防止につき裁判所のより積極的な役割を求める主張が見られる（衆議院青少年問題に関する特別委員会議事録第 3 号（2004 年），岩城正光参考人の発言）．

[119] 裁判所と担当行政機関の二者択一ではない中間的な制度設計の可能性も視野に入れると，保護を要する児童に対して採られるべき対応につき家族との話し合いの結果を裁判所が承認するという制度（豪，ニューサウスウェールズ州（Parkinson, *supra* note 70, at 152））や裁判所に至る前に関係福祉行政機関と異なる第三者機関における当事者を交えた合意に向けた話し合いの機会を設ける制度（スコットランド（Christine Hallett, From Exclusion to Inclusion 1998. Early Intervention in the Scottish Children's Hearings, 2001, in *Scottish Executive Website* (http://www.scotland.gov.uk/cru/kd01/crime-07.htm) as accessed on 23 Oct 2004），ニュージーランド（David Swan, Family Group Conferences in Child Care and Protection and in Youth Justice in Aotearoa/New Zealand, 9 *Int. J. of Law, Policy and the Family*, (1995) 155），ベルギー，フランドル地方（Rachael Hetherington et al., *Protecting Children-Message from Europe* (Russell House, 1997), pp. 17-35)) も検討に値する．

第8章

パクスの教訓
フランスの同性カップル保護立法をめぐって

大村 敦志

1 はじめに

　パクス法，そして，本書所収の第2章で紹介するペリュシュ判決．この二つは，世紀末のフランスを大きく揺さぶった二つの法現象であった．
　1999年11月のパクス法は，同性・異性カップルの共同生活を保護する規定を，民法典をはじめとする諸法に設ける法律であった．すぐ後で述べるように，この法律は，家族のあり方をめぐる大論争を惹起した．また，これを契機に，家族の契約化（あるいは家族と契約の関係）に関する議論も活発になっている．他方，破毀院は，障害児として生まれた子から出生前診断において誤診した医師に対してなされた損害賠償請求を否定した原判決を破毀した．2000年12月に現れたこの判決がペリュシュ判決である．この判決をめぐっては，第2章で述べるように，やはり大論争が発生した．そこでは，民事責任法のレベルで障害とは何かが論じられるとともに，より一般的に，子の「生まれない権利」と母親の中絶の自由の関係など，「人」のあり方の根幹にかかわる問題が問われた．
　二つの事件は，人・家族，そして，契約・責任を基本概念とする民法理論にとって，非常に興味深いものである．同時に，本書の観点からは，同性愛指向者（パクス），障害者（ペリュシュ）を，われわれの社会はどのように処遇すべきか，そして，この点をめぐる議論はどのように組織される

べきか，という問題を投げかけていると言える．

本章および第2章では，こうした観点から「パクスの教訓」を引き出すことを試み，また，「障害児の出生をめぐる法的言説」のあり方を問うてみたい．ペリュシュを取りあげた第2章に続き本章では，パクスの方を見ていくことにしよう．

2 パクス立法の紹介

1 パクス法の成立

(1) 立法の経緯

すでに述べたように，パクス法は，同性・異性のカップルの共同生活を規律する法律である．この法律は，1999年11月に成立したが，立法までには10年余（あるいはそれ以上）の前史があった．そこでまず，この法律の成立に至る立法の経緯を簡単に振り返ることから始めよう．「パクス法」という法律の名称についても，その中で触れることにしよう．

略年表を見ると（本章末掲載），一番上に1989年7月11日の破毀院判決が掲げられている．この日，破毀院社会部（破毀院は民事1～3部，刑事部，社会部の5部からなる）は2件の判決を下した．いずれも社会保障制度の適用にかかわるものであるが（一つ目の事件はエールフランス社の職員家族に対する同社航空機利用の便宜にかかわるものであり，規則の定める便宜を享受できる「自由結合関係にある配偶者」に同性愛のパートナーが含まれるかが争われたもの，二つ目の事件は疾病・出産保険の適用に関する1978年1月2日法にいう「夫婦同様の生活」に同性愛者の共同生活が含まれるかが争われたもの），破毀院はいずれのケースについても，適用対象は異性のカップルに限られ，同性のカップルには及ばないという立場を示した．

そこで，90年代に入ると，同性カップルにも異性カップルと同様の法的保護を与えるべきだという主張がなされることになる．このような意味で，1989年判決を問題の出発点とすることができる（ただし，それ以前の1982年8月に，当時の刑法331条2項——18歳未満の同性間性行為を禁止．異性間では15歳以上ならば適法——の撤廃がなされたのを，より遠い起点とみなすこ

ともできる．さらに，同性愛者の権利擁護運動を68年5月と結びつける見解もある）．

具体的には，90年6月には「民事パートナー契約」の創設が元老院に，92年には「民事結合契約（contrat d'union civil＝CUC）」の創設が国民議会に，それぞれ提案された．これら二つの議員提出法案は採択には至らなかったが，これを受けて93年には社会保障法典の一部改正が実現し，破毀院判決は立法によって（少なくともその一部は）否定されるに至った（以上，大村，1999参照）．その後，96年には，シラク内閣の閣議において立法の必要性が確認され，当時のトゥーボン司法大臣は，ジャン・オゼ教授（ボルドー第4大学）に報告書の作成を依頼した．さらに，社会党のオブリー，ギグー，トロットマンらは，「社会結合契約（contrat de l'union sociale＝CUS）」支持を表明，翌97年夏の総選挙での社会党の勝利を機に，立法への機運が高まった．そして，98年9月23日，国民議会の司法委員会（タスカ委員長）においてパクス法は可決される．この頃からパクス法の立法は，本当の意味で大きな社会問題となる（略年表のテリーのコメント参照）．

ここで「パクス法」の名称について一言しておく．97年の段階で提案されていた諸案には，前述の通り，CUC/CUSといった名称（ほかにCUCSもあった）が付されており，98年春にオゼ委員会が提案したのは「共同利益契約（pacte d'intérêt commun＝PIC）」であった．これに対して，この立法を推進する運動団体が「パクス」という名称を提案した．「パクス」とは「民事連帯契約（pacte civil de solidarité＝PACS）」の略称であるが，そこには，CUC/CUSが持っていたネガティヴな語感を払拭し，肯定的なイメージを創り出そうという戦略があった（PACSはpaxに通ずる．また，solidaritéのプラス・イメージを利用する．なお，CUC/CUSは怪しい「ひやかし・からかい」の対象とされたという．その趣旨は不明だがcul/cuisseなどに音が近いからか）．

さて，このパクス法案は，社会党の有力閣僚たち（オブリーは雇用連帯大臣，ギグーは司法大臣で，社会党政府の2枚看板だった）に加えて，ジョスパン首相も支持していたが（Agacinski, S., 1998のAgasancikiはジョスパン夫人），容易には成立しなかった．10月9日の国民議会本会議で，政府は法案を可決することができなかったのである．その理由は，社会党議員の欠

席にある（本会議場の様子は，Abélès, M., 2000 に詳しく描かれている）．たとえパリの知識人たちがパクスに好意的であったとしても，地方にはまた別の世界がある．実際のところ，1998 年 3 月，「共和主義に基づく婚姻を支持するフランス市長連合」は 18,500 名の参加者を集めてパクス反対を表明したが，この団体は超党派の団体であった．社会党に属する市長たちの中にもパクス反対派が多く，国会議員たちも地元の意向を無視するわけにはいかなかった．

パクス法案は危機に瀕したわけであるが，秋から冬に向けて，賛否両派のキャンペーンが繰り広げられ，世論は大きく割れる（再びテリーの表現によれば，「燃え上がる秋，騒然たる冬」が到来する）．これについては後述することにして，今は法案の行方をたどる．98 年 12 月 9 日，修正された法案が国民議会に上程されて可決，しかし，元老院では 99 年 3 月，5 月の 2 度にわたって否決．最終的には，夏休み明けの 99 年 10 月 13 日に，国民議会が改めてこれを採択し，議会では決着がつけられた（両院協議会で合意が得られず，単独議決となった）．だが，これに対しては，同日および翌日に，反対派の議員（国民議会では 213 名，元老院では 115 名）によって，憲法院に違憲審査の申し立てがなされた．結局，11 月 9 日に合憲判断が下され，11 月 15 日，シラク大統領の審署がなされた．こうして，激しい攻防に幕が引かれた．

(2) 法律の内容

できあがった法律の内容をごく簡単にみておこう．章末の条文の和訳（資料 1）には民法典に追加挿入された部分が一部省略の形で掲げてある．パクス法は全 15 ヶ条の法律であり，民法典の改正に当てられたのは，そのうちの第 1 条〜第 3 条だけである．第 4 条以下の規定は何のためのものかと言えば（仏語原文は，http://www.assemblee-nationale.fr/ta/ta0364.asp で見られる），第 4 条〜第 6 条は一般租税法典を，第 7 条および第 9 条〜第 11 条は社会保障法典を，第 8 条は労働法典を，第 12 条・第 13 条は国内滞在資格や公務員在職資格に関する法令を，そして，第 14 条・第 15 条は賃貸借法を，それぞれ改正するものであった．

まず，民法典改正の部分である．新法では，パクスに関する規定として，第 515-1 条から第 515-7 条までの 7 ヶ条が，そして，内縁に関する規定と

して，第515-8条が，民法典に挿入された（第1編の末尾に第12章が新設された．他に，506-1条もあるが，省略）．これらの規定によって，パクスが定義され（共同生活のために，二人の異性または同性が締結する契約．515-1条），障害事由（近親婚・重婚に対応するもの．515-2条）と届出の方式（小審裁判所書記局へ共同または単独での届出．515-3条）が定められている．また，効果に関する規定（対内的には相互扶助と持分均等の推定，対外的には連帯債務．515-4条，515-5条）と解消に関する規定（共同で届出，財産の分割方法．515-7条，515-6条）も置かれている．なお，内縁に関する規定は，単に内縁を定義するだけのものである（異性または同性．安定性・継続性．515-8条）．

次に，その他の法典・法律を改正する部分である．分量としてはこの部分が多いわけだが，技術的な規定も多く，その全体を紹介することはできない．ここでは章末の「資料2」をみておくにとどめる．そこに書かれているように，パクスには一定のメリットがある．すなわち，一定年数以上パクスを継続しているカップルについては，所得税・譲渡税につき便宜が与えられる．また，カップルの一方が死亡した場合に，他方が借家を承継することができる．さらに，社会保障の面でもパートナーに権利が与えられる．

最後に，この立法によって与えられてはいない権利について確認しておく．これも「資料2」に書いた通りだが，パクスは，氏・親子関係・相続などには全く関係なく，カップルの間の関係を規律するものである．しかも，貞操義務・同居義務を伴うものではない．

2　パクス法の反響

(1)　社会の反応

すでに触れたように，1997年から99年にかけてパクスはフランス社会の大問題となった．人々はこの問題に大きな関心を寄せ，賛否両陣営は大規模なデモンストレーションを展開し，激しく対立した．フランスでは今日でも，デモは政治的な意思表明の手段として重要な意味を持っており，しばしば大規模なデモが組織される（「民主主義は路上にある」とも言われる）．それでも，パクスをめぐるデモは眼につくものであった．一方で，1998年6月20日の「ゲイ・パレード」にはパリに15万人の人々が集まった

(J・ラングやC・タスカも参加)．他方，1999年1月31日には，「ジェネラシオン・アンチ・パクス」を掲げる反対派（「マダム・アンチ・パクス」と呼ばれたカトリーヌ・ブタンなど）が，10万人を動員してデモを組織した．ある作家は，国論を二分するこの状況を評するのに，「現代のドレフュス事件」という表現を用いた．

　これもすでに述べたように，この問題に対するスタンスは保革の軸では単純に割り切れない．社会党も地方レベルでは反対派を抱えている一方で，反対派の中心人物ブタン（彼女は議会で5時間半に及ぶマラソン演説で反対の論陣を張った）は中道右派のUDF所属，他方，保守派RPRにもロズリヌ・バシュロのような熱烈推進派がいるという混乱状況だった．しかし，97年に発足したジョスパン政権のスタンスははっきりしていた．政府は「パクス」を「35時間（労働時間の短縮）」「パリテ（政治における男女同数）」と並ぶ重要なテーマとしていたのである．たとえば，社会党政権に環境大臣として入閣したドミニク・ヴォワネ（エコロジスト）は，「政府の優先課題は排除と失業に対して闘いを挑むことである．CUSは闘いの一つの要素であり，何十万もの人々の排除に抗するものである」と述べた．また，J・ラングは「フランス法に新しい法を導入するために我々は旅立った．それはフランスの民主主義の更新に繋がるだろう」と述べ，ジョスパン首相自身もフランス社会の現代化のためにパクスは必要であるとしていた．

　では，こうして導入されたパクスは，実際にどのぐらい用いられているだろうか．この点にも簡単に触れておく．略年表には，2000年1月1日現在での契約数を掲げておいたが（1ヶ月半で約6000組），2000年末までで集計すると，3万件弱のパクスが締結されたという．2000年度の婚姻数は約30万件であったので，その1割にあたるが，思ったよりも少ないとも言われている．なお，このうち同性カップルによるものがどの程度あるのかは，明らかではない（カップルの性別情報の公開は禁止されているため．ただし，パリでは多く，地方ではごく少ない，と言われている）．もっとも，パクスは社会に浸透していることは確かであり，パクセ（pacser/pacsé）という表現（動詞・分詞・名詞）も日常的に使われるようになりつつある．また，同性カップルの例が含まれているのは確かであり，新聞（ル・モンドなど）で「公告」を見かけることも稀ではない．

(2) 学説の応答

 世論からは少し離れて，法学の世界でパクスがどのように受けとめられたかについても，簡単に触れておく．もちろん，パクスについては，多くの文献があり関心が持たれている．しかし，いわゆるメイン・ストリームの法学の世界では，パクスに対して懐疑的な意見，あるいは冷やかな意見が強いように思われる．

 確かに，文献の数は多い．しかし，章末の文献表に掲げた文献のうち，法学系のもので比較的まとまったもの（Leroy-Forget, 1997 ; Mécary, 2000 ; Borrillo (dir.), 1998 など）は，この問題に関心を寄せる一部の著者たちによって書かれたものである（教授資格を持たない研究者や弁護士たち）．法学教授たちについて見れば，左右を問わず，最終的に成立したパクス法に賛成するものはほとんど見られないという．ややフェミニストの色合いを帯びた家族法学者デュケヴェ＝デフォセも，あるいは，社会党のイデオローグの一人と言われる前述の法社会学者 I・テリーも，同様である（より年長の世代はより否定的である．民法学の大家で保守派のマロリーは，同性愛者の「同棲」に対して否定的であり，「帽子（＝同性の共同生活）をテーブル（＝同棲さらには婚姻）と呼ぶことはできるが，帽子は帽子であり，テーブルはテーブルである．言葉のごまかしは知的・道徳的な漂流を意味する」と酷評しているし，左派のリュブラン＝ドゥヴィシも，パクスを「法的怪物」と呼んでいる）．

 この点は，日本語になっている講演を見ても同様であり，右派のサビーヌ・マゾー＝ルヴヌールがパクスに対して好意的でないのは当然であるとしても，穏健左派と見られるジェスタッツもまた，少なくともできあがった法律（講演は法案成立前のものだが）については批判的である．以上の傾向は，引用を省略した多数の法律雑誌論文（立法前の主なものは Lécuyer, H. (dir.), 1999 に集められている）にもほぼ共通に見られる傾向だと思われる．やはり穏健左派の傾向を見せる民法・法社会学のニコラ・モルフェシスは，筆者の質問に対して「賛成する民法学者はいない．パクス法を支持する学説があるというならば，具体的な名前を挙げてみせてくれ」と述べた．

 反対の理由は一言で言えば，パクスの性格が曖昧なこと，その規律にも不明確な点が多いということに尽きるようである．早い段階で，パクス法につき簡潔な解説を提示してみせたある実務書（民法・法社会学の泰斗 F・

テレ教授の監修によるもの）は，「結婚することが可能な同棲者たち（＝異性のカップル）は，説明が与えられれば，何もしないか，あるいは結婚するという路を選ぶに違いない」と述べているが，これは法学説の平均的な反応であると言えるだろう．

　もっとも，このことから直ちに，パクス立法が不適当だった，失敗だったということになるわけではない．年間3万件が多いか少ないかは別にして（人口を考えると，日本での養子縁組の件数よりもやや少ないというところだろう），一定の範囲でこれを利用しようという人々がいることは確かである．また，実質的な内容を持つ合理的な制度となっているかどうかと，立法として成功したかどうかは，常に一致するとは限らない（日本でも，最近の消費者契約法や成年後見法が成功と言えるかどうかは，見方によるだろう）．最後に，パクスに対する法学説の反対に対して，「法学部の教授たちは保守的だから」という紋切型の断罪がなされることが少なくないことも付け加えておこう（ここには，日本にも通じる問題がある．たとえば，借地借家法改正の時の議論が思い出される）．

3　パクス立法の評価

1　立法学の観点から

(1)　政治的な意義

　パクス法の立法過程を政治的な観点から観察するというのは，極めて興味深い作業であると思われる．ここでは本格的な検討を行うことはできないが，いくつか気づいた点を掲げておきたい（特に，筆者自身が観察した生命倫理法の立法過程とも対比しつつ．大村，1993）．

　第一に，全体的な印象について．生命倫理法にも賛否両論はあったが，推進派・反対派が大規模なデモンストレーションを展開するということはなかった．人工生殖を推進する人々の団体は存在してはいたが，それほど大きな力を持っているというわけではなかった．むしろ，医学界・科学界の一部が強く推進を希望するのに対して，社会規範が模索されるという雰囲気であった．大きな社会問題ではあったが，政治問題というわけではな

かった（議会上程は世論の動向が定まった後であった）．これに対して，パクス法は，まさに賛否両論が正面から激突して政治的なイッシューとなった．議会でも賛成派が多数を占めるに至った国民議会と保守派の砦である元老院が最後まで対立した．また，議会外でも，一方で，ゲイ支援団体が，他方で，家族団体・カトリック団体が，動員・キャンペーンを行って対立するという構図が見られた．

　第二に，主要なアクターの行動について．生命倫理法では，政府は立法過程をコントロールしようという強い意図で臨んだ．これに対して，議会が政府の独断専行に歯止めをかけようとした．ところが，今回は，政府・与党の内部でも温度差が見られ，また，議会でも政党を超えて賛否両論が分かれた．その中で，政府部内の推進派には「『排除』ではなく『連帯』を」という方向性が強く現れていた．これは97〜99年頃のフランス社会を覆った大きな「時代の気分」であった．ある意味では，政府は推進派の運動をうまく取り込んで，一つのシンボルにしたとも言える．他方，推進派の運動団体の方も，「シンボル」という点には敏感であった．法学者の中には「パクス」と「内縁」を併存させることに疑問を投ずる者が多いが，運動団体は，同性・異性にかかわらず同じレジームが使える，ということを求めていた．そうして制度が作られるのであれば，極端に言って，中味は何でもよかったとさえ言える．同じことであるが，立法の途中では大きく議論された性関係とは無縁の共同生活体（fratrie とか duo などと表現された）を含めることに，彼らは反対であった（同性愛と異性愛を区別しない，という主張が減殺されるから）．

　第三に，パクスの定着について．今後，これがどの程度まで，またどのように使われるかはまだわからないが，パクスというものが存在する，それは異性カップルにも同性カップルにも利用可能であるということは，ある程度まで社会的に認知されたようである．その意味で，パクスは賛否を超えて，フランス社会に浸透したと言えるだろう．

(2) 技術的な意義

　パクス立法において，法技術的に見て興味深い問題を提起している点の一つとして，憲法院の役割をあげることができるだろう．

　すでに述べたように，パクス法に対しては，国民議会での法案可決後に

直ちに,違憲審査の申し立てがなされたが,憲法院は憲法違反ではないという判断を下している (décision n 99-419 DC du 9/11/99, JO 16 nov. 1999, p. 16962). 申し立てにおいては,憲法違反の理由として,立法手続の違背のほか,平等原則への違背,共和主義的婚姻の侵害,人間の尊厳の侵害,子ども・家族の保護に関する規定の無視,同棲者の権利侵害などがあげられたが,いずれも否定されている.

この判決は2段組の法律雑誌でも6頁ほどになるもので,フランスの裁判所の判断としては長大なものである. フランスでは最近,人権と民法の関係が議論されることが多いが (ルヴヌール,2001;伊藤,2001),ヨーロッパ人権条約ではなく,憲法との関係が問題になることは制度の作りからして稀であるため (法改正がない限り違憲審査の対象とならない——民法典の既存の規定には違憲審査権は及ばない),この判決は貴重かつ重要なものであると評されている.

とりわけ注目されているのが,数多く指摘されているパクス法の不備 (契約責任や財産法との関係,私生活の尊重との関係などにかかわるものが多い) にもかかわらず,憲法院が「解釈の余地 (réserve d'interprétation)」を認め,しかも自身がその方向付けをしたという点である. この点をとらえて,憲法院が行ったのは法律の「書き直し (réécriture)」に他ならないとする見解もある (Molfessis, 2000). この見解は,さらに憲法院は,パクスの法的性質を変化させる契機をも含んでいるとする. この点は後述することとして,ここでは,政治的な色彩の濃い (技術的には不備の多い) 立法が,「9人の番人 (=憲法院)」の存在をクローズアップすることとなっているということを指摘しておきたい.

2 解釈学の観点から

すでに1節でも触れたように,パクス法は家族法と契約法の接点に位置する法律である. そこで双方の観点から,パクス法の影響について簡単に触れておくことにする.

(1) 家族法への影響

パクスは家族とは無関係である,婚姻を害するものではない,という発言は,パクス法の立法の当初から繰り返し確認されてきたところである.

先に触れた憲法院判決もまた，パクス法は「民法典第1編の他の諸章，とりわけ民事身分，親子関係，養子，親権にかかわる諸章に影響を及ぼすものではない」とし，またそれは，「婚姻とは無関係の契約であり，一方的な意思表示による解消は『追い出し（répudiation）』と性格づけられるものではない」としている．パクス法の内容を見ても，すでに述べたように，貞操義務・同居義務は存在せず，相互扶助に関する規定も「義務」であると明言されてはおらず，違反に対するサンクションも欠けている．そこには，婚姻に匹敵するような人格的な関係は存在しない（あるとしても非常に希薄である）．

　しかし，それでもパクスは「第二の婚姻（mariage bis）」を産み出すものではないかという批判は根強い．ある著者は「パクスは婚姻そのもの（le mariage）ではないが，ある種の婚姻（un mariage）ではある」としている．また別の有力な著者は，パクスは婚姻と競合するものではないという発言は「まやかし（mensongère）」であるとしている．

　一面で，このような危惧には当たっている面もある．オゼ教授の提案したPICなどと比べると，パクスには確かに婚姻に通ずる部分がある．そもそも，オゼ案ではPICは民法典の第3編の契約各論部分に置かれることが予定されていたという．また，不分割のところに規定を置くべきだという意見もあった．ところが，パクスは第1編の人（家族に関する他の規定はここに置かれている）の末尾に挿入された（もっとも，婚姻から離されて，後見の後に置かれてはいる）．あるいは，パクスでは当事者間における性関係の存在が前提とされている．そうであるが故に，近親婚・重婚をなぞった形での障害事由が置かれている．さらに，モルフェシス教授は，憲法院は，この点につき「パクスの婚姻化（matrimonialisation du PACS）」の方向に舵を切ったと評している（たとえば，曖昧な「共同生活」という表現につき，住居の共同だけではなく「カップルとしての生活」を含むとしている．あるいは，相互扶助に関する規定は当事者に義務を課すものであり，この規定は合意によって排除できないとしている）．

　もちろん，パクスが仮に婚姻と競合する「第二の婚姻」であるとしても，そのことが，直ちに婚姻を害することになるわけではない．しかし，そうした性格づけは，将来，様々な問題に影響を及ぼすことが考えられる．す

なわち，一方で，パクスをより婚姻に近づけるべきだという議論が出てくるだろう（特に，同性カップルによる養子縁組の是非が問題になる）．他方，契約的な色彩を帯びた「第二の婚姻」は婚姻自体の制度性に疑いを向ける契機となるだろう（たとえば，一方的な意思表示による離婚を認めよ，という主張につながりうる）．

(2) 契約法への影響

民法典新515-1条は，パクスを「共同生活のために，二人の異性または同性が締結する契約」と定義している．この点に着目すれば，パクスは「契約」であることは明らかである．しかし，婚姻か契約かという観点からすると，この定義規定だけでは決め手にはならない．というのは，婚姻についても「婚姻を約定する（contracter mariage）」という表現が用いられているからである（民144条）．この点は別にしても，パクスは契約としての性格を色濃く帯びている．PICのようにはっきりとはしていないものの，パクスは財産関係の規律を中心としており，人格的な関係を生じさせるものではないからである．

もっとも学説の中には，信義則を媒介として当事者間に誠実義務が課されうるとか，同時に二つのパクスを締結することができないことは排他的性関係を含意するなどとするものもある．しかし，パクスはいかなる貞操義務をも課すものではないというのが，一般的な見方である．実際のところ，パクスを締結していても，婚姻をすることは全く妨げられない（婚姻はパクスの終了原因）．では，当事者が契約で貞操義務を負うのはどうか．もちろん合意することはかまわない．しかし，義務違反があってもパクスの終了原因とはならない（ドゥケヴェ＝デフォセは，損害賠償も無理だろうとする．性的自由は公的自由であり取引の対象外にあるというのが理由）．また，パクスはあくまでもカップル間の関係を規律するものなので，親子関係とは無縁である．貞操義務も同居義務もない以上，父性推定も働かない．

以上のように，パクスは「財産的な契約（contrat patrimonial）」であり，カップルの共同生活を短期的に処理するためのものである．その限度で，パクスは婚姻に類似してはいるが，継続性を欠き，かつ，人格的な義務を伴うものではない点で，長期的な制度たる婚姻とは異なるものである．婚姻は共同生活のためのものであるが，同時にそれ以上のものである．しか

し，パクスは共同生活のためのものでしかない，というのである（Dekeuwer-Defossez, 2001）．

とはいえ，パクスは婚姻ではなく契約であると言っただけでは，なお不十分である．憲法院判決の表現に従えば，パクスは「特別な契約（contrat spécifique）」であり，単なる「各種の契約の一つ（un contrat spécial）」ではない面を持っているからである．民法典に挿入された規定の多くが公序規定と解されているのがその証左であるとされる（ただ，不分割は推定されるだけで，合意により他の種類の財産関係を創り出すことは可能である）．

4 おわりに

以上のようなフランスの経験から，どのような教訓を引き出すことができるだろうか．あるいは，引き出すことを試みるべきだろうか．いろいろな可能性があるが，ここでは次のことだけを述べておく．

確かにパクス法は曖昧である．政治的な論争に明け暮れた結果，法的な手当が十分ではない，という学説の指摘はそれ自体は当たっているだろう．パクス法は共同生活を営むカップルに大したものをもたらさない．しかし，同性カップルの共同生活に少なくとも一定の法的保護を与えるという社会的な決断がなされたことは過小に評価してはならないだろう．また，婚姻の尊重に配慮を示しつつ，少数者の求めに可能な範囲で応じていくという態度の中には，むしろある種の節度ないしバランス（mesure）を見出すべきであろう．

パクスがこの先どうなっていくかは，パクスを利用する人々，そして，それを支える人々の行動にかかっている．たとえば，各種の契約書が提案されており，よりよい契約形態の模索・開発が始まっている．この点は，フランス法の一つの特色だとも言えるが，ビジネスのレベルにとどまらず法律関係を調整するための規約・契約のモデルが，公証人や弁護士たちによって，一方で当事者の利益を擁護するという当然の観点に立ちつつも，他方で，人々が広く使いうるなかば公的な制度の一部をなすものとして，開発されていく．パクスについても，当事者と実務法律家たちの努力・創意工夫によって，望ましい契約類型が形作られていくことが期待される．

〔資料 1〕パクス法条文（抄訳）

仏民 515-1 条　民事連帯契約は，異なる性であれ同じ性であれ，成年である二人の自然人によって，共同生活を組織するために締結される契約である．

同 515-2 条　次に掲げる場合には，民事連帯契約は無効である．
　1　直系の尊属と卑属の間，直系姻族間および三親等内の傍系血族間で締結される場合
　2　両当事者のうち少なくとも一方が婚姻している場合
　3　両当事者のうち少なくとも一方が民事連帯契約を締結している場合

同 515-3 条①　民事連帯契約を締結する二人の者は，その共通の住所を管轄する小審裁判所書記局に共同の届出をする．
②〜⑧　略

同 515-4 条①　民事連帯契約によって結ばれた当事者は相互に物質的に扶け合う義務を負う．その扶助の方法は当該契約によって定める．
②　民事連帯契約によって結ばれた当事者は第三者に対して，一方が日常生活の必要のためまたは共通の住宅につき負った債務につき，連帯して責任を負う．

同 515-5 条①　民事連帯契約の当事者は，515-3 条 2 項の定める約定において，契約締結後に有償で取得した家具調度類につき不分割とするかどうかを定めることができる．約定がない場合には，これら家具調度類については持分の均等な不分割を推定する．取得時が不明の家具調度類についても同様である．
②　契約締結後に有償で取得したその他の財産に関しては，取得または出資の行為においてこれと異なる定めをしない限り，持分の均等な不分割と推定する．

同 515-6 条　略

同 515-7 条①　当事者が民事連帯契約の終了を合意したときは，当事者の少なくとも一方が居住する地を管轄する小審裁判所の書記局に共同の届出を行う．書記局は届出を登録し保管する．
②　当事者の一方が民事連帯契約の終了を決定したときは，その者は相手方に対してその決定を通知し，当初の届出を行った裁判所書記局に副本を送付する．
③〜⑥　略
⑦　民事連帯契約は次の場合に終了する．
　1　当初の証書の余白に第 1 項に規定する共同の届出が記載されたとき
　2　2 項による通知後 3 ヶ月を経たとき．ただし，副本が裁判所書記局に到達していることを要する．
　3　当事者の一方の婚姻又は死亡の日
⑧　当事者は民事連帯契約によって生じた権利義務を自ら清算することができる．合意が調わない場合には，判事が財産に関する定めをする．損害が生じてい

場合にはその賠償を妨げない．

〔資料2〕パクスの特色

法律の定義：
　「異性または同性の，成年に達した二人の自然人によって締結される契約」
誰のため？：
　カップルとして生活する二人の人
　　禁止されているのは？　三人以上のグループ／18歳以下の人／結婚している人／すでにパクスを締結している人
どのように？：
　二人の申請によって
　どこで？　居住地の小審裁判所の書記局で
　必要書類は？　二人のパートナー間の合意を示す文書／数通の身分証書／パクス不存在証明書
　結果は？　居住地および各人の出生地の小審裁判所の書記局への登録
何のため？：
　結婚をせず共同生活を公認してもらう
　一定のメリットを享受する
　　所得税の共同課税（3年以上継続の場合）／贈与の際の譲渡税減税（2年以上継続の場合または遺言による場合）／一方が借りた借家を他方が継承／一方の加入する社会保障給付に対する他方の権利
　しかし，不都合もある
　　カップルの所得が一定の限度額を超えた場合には，社会保障給付なし／貸主が自分のパートナーに住ませようとするときには，借主は排除される／財産状態は不分割となるが，これは十分に機能しないおそれがある／日常生活や住居に関して，連帯債務を負うことになる／家族が創設されるわけではない（氏に対する権利は発生しない／子どもが生まれたとしても特別な処遇はされない／相続権は発生しない／貞操義務も発生しない／契約時の同居は必要だが，以後は同居義務もない／相互扶助義務違反に対する制裁もない）
いつまで？：
　継続義務はない（一方的な解消が可能：執達吏証書によるか婚姻による／裁判所書記局への共同の届出のみによって解消可能）
　結果は？　当事者は合意によってまたは訴訟に訴えて財産関係を清算する（しかし，法律には手続に関する定めは全くない）

＊　S・マゾー＝ルヴヌール作成（大村訳）のメモによる（ジュリスト1205号から引用）．

〔略年表〕

年 月 日	事 項
1989.7.11	破毀院社会部判決（D. 1990. 583）
1990.6	民事パートナーシップ契約に関する法案
1992.11.25	民事結合契約（CUC）の創設に関する法案3066号（ミシェル議員ほかが提出）
1993.1.27	社会保障法典新L161-14条，新R. 161-8-1条
1993.12.17, 12.21	民事パートナーシップに関する法案
1995	共同生活証明書の発給（シュヴェーヌマンの発議による）
1996 春	シラク首相主宰の閣議にて，立法の必要性が公式に確認される トゥーボン司法相がオゼ教授に内縁改革に関する報告書を依頼
1996.6	オブリー，ギグー，トロットマン，モーロワなどが社会結合契約（CUS）に好意的なアピールを発表
1997.1.23	社会結合契約に関する法案
1997.6-7	国民議会選挙で左翼陣営が勝利
1998.3	フランス市長会（18,500名の市長が立法に反対．内訳＝RPR790名，社会党740名，UDF595名，共産党62名，残りは無党派）
1998.4	オゼ報告者が首相に提出される．共同利益契約（PIC）と命名
1998.9.23	司法委員会で採択（タスカ委員長，ミシェル議員報告） 「1998年9月に，パクス法案は突然フランス社会をとらえた」（テリー）
1998.10.9	国民議会本会議で否決．左派議員の欠席が原因 「1998年10月9日の9時頃，すべてが始まった」（ムトゥー）
1999.1.31	反パクスデモ（パリで10万人が参加．「反パクス世代」）
1999.3.18, 5.11	元老院，第一読会・第二読会で否決 「燃え上る秋そして騒然たる冬．続いて，5月にはすべてがかすむ．1999年秋の国民議会での可決，それはもはや事件でもなんでもない」（テリー）
1999.10.13	法案成立
1999.11.9	憲法院の判断
1999.11.15	民事連帯契約に関する1999年11月15日法律99-944号
1999.12.21	デクレ99-1089号，99-1090号，99-1091号
2000.1.1	法律公布後のパクス締結数は6211件

【文献表】

I 概説書

Rubellin-Devichi, J. (dir.), 2001, *Droit de la famille*, Dalloz.

Terré, F. (dir.), 2000, *Le Couple & son Patrimoine*, Editions du Juris-classeur, Mise à jour.

II 雑誌論文

Dekeuwer-Defossez, F., 2001, PACS et famille. Retour sur l'analyse juridique d'un contrat controversé, *RTDC*. 2001. 529

Lécuyer, H. (dir.), 1999, Le PACS, *Droit de la famille*, N° 12 ter, hors-série.

Molfessis, N., 2000, La réécriture de la loi relative au PACS par le Conseil constitutionnel, *JCP. G*. 2000. I. 210.

III 研究集会

Bontems, C. (dir.), 2001, *Mariage-Mariages*, PUF.

Fenouillet, D. et de Vareilles-Sommières, P. (dir.), 2001, *La contractualisation de la famille*, Economica.

IV 実用書・啓蒙書

Aoun, A., 2000, *Le PACS*, Delmas.

Bach-Ignasse, G. et Roussel, Y., 2000, *Le PACS juridique et pratique*, Denoël (avec la chronologie).

Bachelot, R. et al., 1999, *Pour le PACS*, Editions l'écart.

Chanteloup, H. et Fauré, G., 2001, *Conclure un PACS*, Litec (avec la bibliographie).

Dibos-Lacroux, S., 2001, PACS. *Le guide pratique*, Prat éditions, 3e éd. (avec les textes de loi).

Leroy-Forget, F., 1997, *Histoire juridique de l'homosexualité en Europe*, PUF.

Mécary, C. et de La Pradelle, G., 1998, *Les droits des homosexuel/les*, que sais-je?, 2e éd. (1re éd., 1997).

Mécary, C. et Leroy-Forget, F., 2000, *Le PACS*, que sais-je?.

Terras, C. et Dufourt, M. (dir.), 1999, *Le Pacs en question. De la croisade des réac à l'embarras de la gauche*, Editions Golias.

Vivier, J. L., 2001, *Le pacte civil de solidarité. Un nouveau contrat*, L'Harmattan.

V 専門書

Borrillo, D. (dir.), 1998, *Homosexualité et droit. De la tolérance sociale à la reconnaissance juridique*, PUF (point de vue comparatiste).

Mécary, C., 2000, *Droit et homosexualité*, Dalloz.

Vich-Y-Llado, D., 2001 *La désunion libre*, 2 tomes, L'Harmattan (avec la bibliographie).

VI 一般書

Agacinski, S., 1998, *Politique des sexes*, Seuil (philosophe).

Borrillo, D., Fassin, E. et Lacub, M. (dir.), 1999, *Au-delà du PACS. L'expertise familiale à l'epreuve de l'homosexualité*, PUF (avec la liste des articles de fond parus dans la presse non-spécialisée entre 1995 et 1999) (point de vue interdisciplinaire).

Dubreuil, E., 1998, *Des parents de même sexe*, Editions Odile Jacob (président de APGL = Association des parents et futurs parents gays et lesbiens).

Fernandez, D., 1999, *Le loup et le chien. Un nouveau contrat social*, Pygmalion/Gérard Watlet (écrivain).

Leroy-Forget, F., 1999, *Les enfants du PACS. Réalité de l'homoparentalité*, L'atelier de l'Archer.

Leroy-Forget, F. et Mécary, C., 2001, *Le couple homosexuel et le droit*, Editions Odile Jacob (avec la bibliographie).

Martel, F., 1996, *Le rose et le noir. Les homosexuels en France depuis 1968*, Seuil (journaliste).

VII 一般雑誌

Moutouh, H., 1999, L'esprit d'une loi : controverses sur le Pacs, *Les Temps Modernes*, Mars-Avril 1999.

Perrot, M. et al., 2000, Le méccano familial. Les nouveaux enjeux politiques de la vie privée, *Mouvements*, mars-avril 2000.

Térry, I., 1999, Pacs, sexualité et différences des sexes, *Esprit*, Octobre 1999.

VIII 政治家

Abélès, M., 2000, *Un ethnologue à l'Assemblée*, Editions Odile Jacob.

Bachelot, R., 1999, *Le Pacs entre haine et amour*, Plon (RPR/pour).

Boutin, C., 1998, *Le "mariage" des homosexuels?*, Critérion (UDF/contre).

Boutin, C., 1999, *Les larmes de la République*, Plon.

Grassin, M., 2000, *Roselyne Bachelot. fidèle et rabelle*, Siloë.

IX 日本語

林瑞枝, 2000, 「フランスの『連帯の民事契約（パックス）法』―カップルの地位―」時の法令 1610 号.

林瑞枝，2002，「パートナー関係法の展開―フランスの民事連帯契約が示唆するもの―」法律時報74巻9号．
ジェスタッツ，P., (野村＝本山訳)，2000，「内縁を立法化すべきか―フランスのPACS法について―」ジュリスト1172号．
マゾー＝ルヴヌール，S., 2001，「個人主義と家族法」ジュリスト1205号．
松川正毅，2000，「PACSについて (1-5) ―連帯に基づく民事契約―」国際商事法務28巻3〜7号．
大村敦志，1999，「性転換・同性愛と民法」同『消費者・家族と法』東京大学出版会（初出，1995）．
力丸祥子，2000，「フランスにおける民事連帯協約法の成立をめぐって」比較法雑誌33巻4号．

X　その他

伊藤洋一，2001，「コメント・フランス民法とヨーロッパ人権条約」ジュリスト1204号．
ルヴヌール，L., 2001，「フランス民法典とヨーロッパ人権条約・ヨーロッパ統合」ジュリスト1204号．
大村敦志，1995，「人工生殖論議と『立法学』」同『法源・解釈・民法学』有斐閣（初出，1993）．

第9章

社会保障における世帯と個人

岩村 正彦

1 はじめに

1 社会保障制度改革の論点

わが国の社会保障制度は，急速に進展する高齢化，増加する働く女性（特に既婚者），厳しさを増す国際競争，停滞する経済状況により逼迫する国の財政などの諸々の変化要因に直面して，1990年代以降，相次いで改革の手が加えられてきており，2000年代に入ってからはその速度が加速しつつある．こうした制度改革は，社会保障制度を構成する各制度にわたり，またその内容も多様である．そして，制度改革の波はなお継続しており，今後の数年を考えても社会保障の各分野でさらなる見直しが予定されている．

社会保障制度に関する多岐にわたる改革に先行して，従来，様々な視角からの議論がなされてきた．また，社会保障制度改革が引き続き進められていることから，やはり多くの論点について論議が続いている．主なものを挙げてみても，社会保障の各制度の財源を何に求めるか（社会保険料か租税か．これは主として老人医療，基礎年金，障害者福祉について議論されている），個々の制度の運営主体をどうするか（地方分権を進めるか，国・地方公共団体の直営か，それとは独立した法人とするか．主として公的医療保険制度（と

りわけ政府管掌健康保険と市町村の国民健康保険），公的年金制度（社会保険庁の改組問題），生活保護（自治事務とするか）で論点となっている），各制度の給付の水準や内容をどうするか（公的医療保険における混合診療の可否と保険医療の水準，公的年金制度の老齢年金の給付水準などが中心的論点），各制度の人的適用範囲をどう設定するか（パートタイマー等非正規雇用の被用者への社会保険の適用拡大問題，公的年金の一元化，20歳以上40歳未満の若年者への介護保険の適用拡大といった論点がある）などの論点が存在する．これらいずれの論点も，わが国の社会保障制度の基本的な制度設計そのもの，さらにはより広く，わが国の労働市場のあり方や社会・経済の仕組みをどう考えるかということに結びついている（たとえばパートタイマー等の扱いをどうするかは，社会保険制度のあり方にとどまらず，わが国の雇用のメカニズムと切り離しては論じえない）．したがって，これらはいずれも容易には一つの結論に到達できない論点であって，なお様々な立場からの議論が展開されている．

2　世帯と個人

こうした社会保障制度，ひいてはわが国の社会・経済のあり方にも深く関わる論点の一つが，各制度を世帯（家族といってもよい）を軸に設計するのか，個人を軸に設計するのかである．この世帯単位か，個人単位かという議論は，とくに公的年金制度をめぐって展開されているが，その射程は公的年金制度にとどまらず，公的医療保険制度も含めた社会保険制度全体に及ぶものである．たとえば，社会保険料（率）の設定をどうするのか，社会保険料の負担義務・納入義務を誰に負わせるのかという社会保険の財政的負担面の法制度設計は，世帯単位で考えるのか，個人単位で考えるのかでかなり違ってくる．同様に，給付の面でも，誰が受給権を有するのか，給付水準をどう設定するか，世帯（家族）からの離脱など身分関係の変化が給付や受給権にいかなる影響を及ぼすかといった点についての制度構築のあり方が，世帯単位か個人単位かで変わる．さらには，社会保険制度の設計の仕方がその制度の適用を受ける人々の行動（とりわけ就労の選択にかかる行動）に影響を与えうるところ，世帯単位で制度設計をするのか，それとも個人を軸に制度を築くのかによって，人々の行動への影響の与え方に差異が生じる．そして，現実には，人々の行動を変化させることに着目

し，一定の政策的効果を期待して，社会保険の制度設計の単位を個人にすべきかどうかが論じられている．

2 現行諸制度の様相

では，世帯単位か，個人単位かという観点から見たとき，社会保障制度を構成する各制度はどのようになっているか，そして最近の制度改正による変化はどうかを概観してみよう．もっとも，社会保障制度といっても，様々な下部制度の複合体であり，かつ，それらの下部制度の基本的構造や提供する給付・サービスは同じではないので，制度の構造や支給する給付・サービスという観点から分類をして，考察するのが適当である．具体的には，①広い意味での社会保険制度と，②それ以外の制度とに分け，さらに後者を(i)児童手当等の制度，(ii)介護等の社会福祉サービスを提供する制度，(iii)生活保護制度という区分に沿って，検討をしていくことにしよう．

1 社会保険制度

わが国の社会保険制度は，最狭義では，従前，社会保険庁（社会保険事務所）が所掌してきた健康保険と厚生年金保険とを指す．しかし，現在では，基礎年金についても，かつてから行ってきた記録管理と保険給付支給事務に加えて，国民年金保険料徴収事務も社会保険庁が担当している．また，講学上および政策策定上は，市町村（一部は国民健康保険組合）が担当している国民健康保険や，船員保険も社会保険として捉えられている．さらには，旧労働省所管のいわゆる労働保険も，やはり講学上および政策策定上は社会保険に属するという理解である．以下では，労働保険までも含めた最も広い意味での社会保険制度について，順次概観していこう（後述のように，介護保険は第2項(2)で検討する）．

(1) 公的医療保険制度

わが国の公的医療保険制度は，①常用の被用者を被保険者・組合員とする健康保険制度（主として民間部門）や共済組合制度（公務員等）等，②同種の事業・業務に従事する者を組合員とする国民健康保険制度（国民健康保険組合が保険者となるもの），③前記①②の制度の適用を受けない者等を被

保険者とする国民健康保険制度（市町村が保険者となるもの）から成る．

　(a)　各制度の概要

　まず①は，事業主等に使用される常用の被用者や国・地方公共団体等の常勤の公務員を被保険者・組合員とし，この者たちが罹患した業務外の傷病および出産について療養の給付等の医療サービス給付（現物給付）や傷病手当金等の金銭給付の支給と，これらの被保険者等によって生計を維持している家族（被扶養者）の罹患した傷病および出産についての金銭給付（家族療養費など．受給権者は被保険者・組合員である．この金銭給付は，療養等については実質的には現物給付と同じ態様を採る）とを支給する．保険料は被保険者・組合員と事業主・国・地方公共団体とが共同で負担し，事業主等が保険者に対して納付する義務を負う．保険料率は，被保険者・組合員に被扶養者がいるか否かに関わりなく同一であるから，負担・納入すべき保険料額は標準報酬月額および標準賞与の額（いずれも上限がある）に比例する．

　②は，医師，税理士，弁護士など事業・業務ごとに設立された国民健康保険組合を保険者，当該事業・業務を営む者（個人事業主）を組合員とし，当該組合員の属する世帯の世帯員を被保険者とする（当該組合の規約が認めていれば，当該組合員に雇用されて当該事業・業務に従事する者とその属する世帯の世帯員も被保険者となる）．そしてこれらの組合員・被保険者の傷病について医療サービスの給付と現金給付（主として出産給付）を行う．保険料は組合の規約の定めるところによる（組合員本人および世帯員それぞれについて1か月あたりの定額保険料を定めるものや，所得割と平等割・均等割という方式を採るものなどがある）．

　最後に③は，前記①の適用下にない被用者，前記②の組合員・被保険者でない自営業者（個人事業主）および無業者（典型的には老齢年金受給者）と，その者の世帯に属する世帯員（①②の適用を受ける者を除く）とを被保険者とする地域保険である．被保険者資格の取得・喪失の届出義務は世帯主に課され，被保険者証は世帯単位で交付される．療養の給付等の医療サービス給付を被保険者に対して行うのが基本であるが，ほとんどの市町村が出産一時金も支給している．保険料（税）の賦課単位は，世帯であり，具体的な額はその世帯に属する各被保険者について算定される所得割（市町村

によっては，さらに資産割）と被保険者均等割（市町村によっては，さらに世帯別平等割）という算定方式にもとづいて算出される．保険料収入は国民健康保険事業財政の半分程度を占めるにすぎず，残りは国，都道府県，市町村の負担や補助によって賄われている．

　以上の医療保険制度とは別に，75歳以上の高齢者を対象とする老人医療制度が存在するが，これは高齢者の医療費を確保するための医療保険の保険者からの拠出金の徴収と公費投入のための財源システムを構築するとともに，高齢者に対する医療給付を行う制度である．

　(b)　制度設計の単位

　以上に見た公的医療保険制度のうち，被用者保険は，保険料の賦課・徴収は（事業主負担はあるものの）被保険者・組合員個人の賃金（標準報酬月額・標準賞与額）について行われているが，他方で保険給付は生計維持要件を軸に，被保険者・組合員のみならず，その家族（直系尊属・配偶者・子・孫・弟妹以外は世帯員であることを要する）をもカバーする．法の規定上，家族に関する保険給付の受給権を持つのは被保険者・組合員であって，家族ではないものの，保険料の賦課・徴収の人的単位（被保険者・組合員個人）と保険給付が対象とする人的範囲とが一致していないのは確かである．しかも，被扶養者の数にかかわらず保険料率は一定であるから，標準報酬月額等に応じて保険料負担額が増えることを考慮しても，被扶養者を多く持つ被保険者・組合員の業務外の傷病の危険が，そうでない被保険者・組合員へと分散されていることになる．つまり，被用者保険は，生計維持関係で結ばれた家族または世帯を一つのまとまりとみて，この家族または世帯に療養の給付等で医療のサービスを保障するという制度と捉えることができる．この点に着目すれば，被用者保険は，家族または世帯単位で組み立てられているとの評価ができよう．

　市町村の国民健康保険は，世帯を単位として保険関係にかかる諸手続や保険料（税）の賦課を行う．この点では被用者保険と類似するが，市町村の国民健康保険では，世帯の保険料（税）は，当該世帯に属する各被保険者を考慮して保険料を賦課する仕組みが採用され，応能的負担（所得割（および場合により資産割））と応益的負担（被保険者均等割（および場合により世帯別平等割））とが組み合わされている．前者の応能的負担では，世帯に

属する各被保険者の所得が保険料負担に跳ね返ること，そして後者の応益的負担が存在することにより，その限度では，市町村の国民健康保険は，世帯の傷病のリスクの大きさを被用者保険よりは反映する仕組みとなっており，世帯よりは個人単位に傾斜した制度であると捉えることもできる．それでも，市町村の国民健康保険には様々な形で公費が財源に投入されているから，個人単位の制度設計といっても，公費が全く投入されない場合の保険料負担を想定したときと比較すれば，その意義は縮減されていることに留意する必要があろう[1][2]．

(2) 公的年金制度

つぎに公的年金制度に目を転じよう．わが国の公的年金制度は，①いわゆる1階部分である基礎年金制度（国民年金制度）と，②2階部分である被用者年金制度（厚生年金保険制度および共済組合制度）とから構成される．

(a) 各制度の概要

①は，(ア) 20歳以上60歳未満の自営業者（個人事業主）とその配偶者や世帯員（いずれも(イ)(ウ)に該当しない者に限る），学生((イ)(ウ)に該当しない者)，無業者((ウ)に該当しない者)等から構成される第1号被保険者，(イ) 厚生年金保険の被保険者または共済組合の組合員である第2

---

[1]　国民健康保険でも，被用者保険や老人医療制度と同様に，世帯単位という考え方が強烈に入っている仕組みが実は存在する．それは高額療養費制度である．高額療養費制度は，1か月間（歴月）の一部負担金名目の患者負担が一定額を超える場合に，それを公的医療保険制度で償還する仕組みである．その支給がいわゆる世帯合算方式によるときには，支給額は，一部負担金等世帯合算額から，世帯単位で課税標準所得額によって決まる高額療養費算定基準額を控除した額となる（詳細は，拙稿「社会保障法入門67」地方自治セミナー44巻4号8頁以下を参照）．

[2]　老人医療制度は，本文中でも述べたように，公的医療保険制度ではない．給付という側面から見たときには，75歳以上（2005年現在は対象者の年齢を70歳以上から75歳以上へと引き上げる経過期間中）の高齢者に対して「医療」を提供する制度であるにとどまる．ただ，現在（2005年），厚生労働省において高齢者の医療制度の改革が議論されており，75歳以上の高齢者については，健康保険や国民健康保険から切り離した独立の公的医療保険制度とする方向で検討が進められている．そして独立の公的医療保険制度とするときには，被保険者たる高齢者からも，個々に保険料を徴収する構想である．これによれば，たとえば高齢者夫婦世帯の場合，世帯における高齢者の人数という傷病のリスクを反映する保険料の仕組みとなる．もっとも，独立の公的医療保険制度が対象とするであろう75歳以上の高齢者の場合，傷病のリスクが大きすぎて，被保険者集団内部でそのリスクを分散することができないので，国・地方公共団体の負担（したがって税が原資）と75歳未満の者が負担する「連帯保険料」とによって，被保険者集団の枠を超えてリスクヘッジを行うというのが現在の構想である．

号被保険者，および（ウ）第2号被保険者の被扶養配偶者（20歳以上60歳未満に限る）が該当する第3号被保険者を適用対象とする．給付は，個々の被保険者に対して，老齢（65歳に達したこと）または障害という事由が発生したとき支給する年金給付と，被保険者や被保険者であった者の死亡時にその扶養する妻（18歳未満（一定程度以上の障害があるときは20歳未満）の子がいるときに限る）に支給する遺族年金があり，いずれも定額制である（いずれの年金も18歳未満（一定程度以上の障害があるときは20歳未満）の子がいると加算される）．基礎年金の給付水準は，いずれも老齢基礎年金を受給する高齢者夫婦2人世帯の基礎的な部分を保障するという考え方にもとづいて設定されている．保険料は，（ア）については個人単位で賦課し（定額制），納付義務も個人単位であるが（国民年金法88条1項），世帯主にはその世帯員で第1号被保険者である者の保険料の連帯納付義務があり（国民年金法88条2項），配偶者の一方には第1号被保険者である他方被保険者の保険料の連帯納付義務がある（国民年金法88条3項）．（イ）（ウ）の第2号被保険者・第3号被保険者に関しては，保険料を徴収せず，被保険者も保険料納付を要しない（国民年金法94条の6）．他方で，被用者年金制度の保険者は，第2号被保険者・第3号被保険者の国民年金被保険者総数に対する比率に応じた基礎年金拠出金を毎年拠出する（厚生保険特別会計年金勘定から国民年金特別会計への移し替え）．つぎに見るように，被用者保険の保険料を事業主とともに負担するのは被保険者・組合員のみであり，その被扶養者たる配偶者自身は保険料を負担しないから，結局，第3号被保険者自らは基礎年金の保険料を直接的にも間接的にも負担しない．

②は，基本的には公的医療保険制度の健康保険・共済組合と同じであり，事業主（民間部門）に使用される常用の被用者（厚生年金保険）や国・地方公共団体等の常勤の公務員等（共済組合）が被保険者・組合員である．支給する給付は，報酬比例であり，被保険者自身の老齢（65歳に達したこと．ただし，現在は65歳へ向けて段階的に引き上げ中）または障害についての年金給付（後者については一時金もある）と，被保険者や被保険者であった者の死亡時に遺族に支給する年金給付とがある．受給権者に18歳未満の子がいると老齢年金・障害年金の加算があるのは基礎年金と同じであるが，他方で基礎年金とは異なり，65歳未満の被扶養配偶者がいるときも加算が

ある．遺族年金の受給権者たる遺族は，死亡した被保険者等によって扶養されていたことを要する．被用者年金制度の年金給付の水準は[3]，いずれも老齢基礎年金を受給する高齢者夫婦2人世帯で，夫婦の一方が被用者老齢年金を受給する場合に，2人分の老齢基礎年金と被用者老齢年金とで，生活の基本的部分を支える水準に設定されている[4]．保険料負担・徴収のあり方は，公的医療保険の被用者保険制度と同じであって，保険料率は，被保険者・組合員に被扶養配偶者や遺族年金の受給権者たりうる被扶養親族がいるか否かにかかわらず，一律である（保険料額は標準報酬月額等と比例するが，上限・下限がある）．

被用者年金制度では，老齢年金の受給権者が，同じく被用者年金制度の被保険者・組合員であるその配偶者の死亡により遺族年金の受給権を取得した場合の扱いに特徴のある仕組みを導入している．すなわち，当該受給権者の保険料納付実績に配慮して，自らの老齢年金の2分の1と遺族年金の3分の2を受給する途を用意している（厚生年金保険法38条の2．2004年改正により，2007年4月1日からは厚生年金保険法60条1項）．

公的年金制度の注目すべき最近の改革は，老齢厚生年金に関して，被保険者とその配偶者の離婚時に受給権を分割する仕組みを導入したことである（2004年改正）．この離婚時の年金分割には二つの仕組みがある．第1は，夫婦が共稼ぎをしている期間にかかる分割である（2007年4月1日施行で，この日以降に成立した離婚に適用）．これは，離婚当事者の婚姻期間中の厚生年金の保険料納付記録（施行日前のものも含む）を，離婚時に，当事者間で分割するというものである．分割割合は5割を上限として，当事者間の協議による合意か，合意が不成立の場合には裁判所の定めによって決まる．分割を受けた者は，保険事故が発生したときに，分割された納付記録にもとづく算定額の厚生年金を自分自身の権利として受給する．第2は，夫婦の一方が第3号被保険者である期間にかかる分割である（2008年4月1日施行で，この日以降に成立した離婚に適用）．この分割の仕組みは，被扶養配偶者（第3号被保険者）を持つ第2号被保険者（厚生年金の被保険者）が負担

---

3) 国家公務員共済組合等の長期給付（年金）については，いわゆる職域部分を除く．
4) ただし，2004年の公的年金制度改正により，2025年までは，高齢化の進展に合わせて給付水準の伸びを押さえることとなったから，所得代替率で計る給付水準は今後低下する．

した保険料は，夫婦が共同して負担したものであるという考え方を基礎に構築されている．そして，離婚等の際に，第3号被保険者である期間について，第2号被保険者（厚生年金の被保険者）の厚生年金の納付記録を2分の1に分割する（分割の対象となる納付記録は施行日以後のものに限る)[5]．

(b) 制度設計の単位

制度設計が個人単位か世帯（家族）単位かという視角から上述した基礎年金制度を観察すると，個人事業を営む夫婦は，いずれも第1号被保険者となって，それぞれに定額の国民年金保険料を納付し，この夫婦それぞれに対する老齢基礎年金の額は，（20歳から60歳に達するまで一貫して第1号被保険者であった場合を想定すると）各々の国民年金保険料納付済期間に応じて決まるところに目が行く．この点に着目すると，第1号被保険者の老齢基礎年金に関しては，保険料負担と年金給付とを各被保険者ごとに対応させているという意味では個人単位の制度設計がなされていることになる．もっとも，基礎年金制度は，年間給付総額の3分の1（2004年改正により，段階的に2分の1に引き上げられる）の国庫負担を伴う賦課方式によって財政運営されているから，個人単位の設計とはいってもその重みはそれほど大きくない．さらに，基礎年金の給付水準の設計は，高齢者夫婦世帯を単位として行われているという点にも留意が必要である．

被用者年金制度は，保険料の賦課・徴収は（事業主負担はあるものの）被保険者・組合員個人の賃金（標準報酬月額等）を基礎として行うが，他方で，老齢基礎年金を含む老齢年金給付は，生計維持要件を軸に，被保険者・組合員のみならず，その被扶養配偶者（国民年金の第3号被保険者）についても支給する．しかも，第3号被保険者に対する老齢基礎年金の受給権者は，第2号被保険者たる被用者年金制度の被保険者・組合員ではなく，その被扶養配偶者（第3号被保険者）である．さらには，老齢厚生年金についても，夫婦の離婚時に保険料納付記録を分割する制度を導入することによって，

---

[5] この離婚時の年金分割の制度は，公的年金制度における個人単位化の進展の現れであると評価されるのが一般的である．しかし，それよりは，公的年金について，離婚時の財産分割のあり方のルールを法定化した（夫婦共稼ぎの場合)，または分割割合を法定化した（第3号被保険者の場合）と見る方が適切であるように思われる．しかし，既に指摘されているように，第3号被保険者について分割割合を法定化してしまったことには，離婚時の財産の分割割合等は当事者の協議または裁判所の決定によって決まるという民法の原則に照らして疑問が残る．

自らは保険料を負担していない元配偶者（多くの場合は妻）が受給権者となる途が開かれた．つまり，被用者年金制度では，保険料の賦課・徴収の人的単位（被保険者・組合員個人）と老齢年金給付の受給権者の範囲との間に不一致がある．一方では，公的医療保険の被用者保険と同様に，被扶養配偶者の有無にかかわらず保険料率は変わらないので，被扶養配偶者を持つ被保険者・組合員の夫婦の高齢のリスクが，そうでない被保険者・組合員へと分散されている．ところが，老齢基礎年金を含めた老齢年金給付の受給権のところでは，個人単位化が進んできている．加えて，保険料納付の実績に力点を置く主張を受けて，(a) で見たように，老齢年金の受給権者がその配偶者の死亡によって遺族年金の受給権を取得した場合に，老齢年金の2分の1を受給し続けることを可能とする仕組みも導入されている．

ただ，注意が必要なのは，基礎年金制度も，被用者年金制度も，老齢だけでなく，障害および被保険者・組合員の死亡（遺族年金）も保険事故としているという点である．そして，障害年金も遺族年金も，既に見たように，生計維持要件を連接点として被保険者・組合員の家族状況を反映した給付となっている．その意味では，個人単位の設計よりも，家族・世帯単位の設計が優位に立っている．

(3) 労働保険制度

広い意味での社会保険制度の一環である労働保険制度は，労災保険制度と雇用保険制度とから構成されている．

(a) 制度の概要

この労働保険は，給付等の支給にかかる保険事業は労災保険と雇用保険との2本立てであるが，保険料の徴収は一元化されているという点に特徴がある．労災保険には被保険者という概念がなく，任意暫定適用事業を除く，労働者（労基法上の労働者と同義）を使用する全事業に適用がある．雇用保険は，任意暫定適用事業を除く，雇用保険の被保険者資格を持つ労働者を雇用する事業に適用がある．労働保険料の額は，労災保険分と雇用保険分の合計額である．労災保険分は，当該適用事業（継続事業の場合）が1年間に支払う賃金総額に，当該事業に適用される労災保険率を乗じて算出する（事業主のみが負担）．雇用保険分は，当該適用事業が1年間にその雇用する被保険者全員に支払う賃金総額に，当該事業に適用される雇用保険

率を乗じて算出し，それを事業主と被保険者とで負担する（納入義務を負うのは事業主）．このように，労働保険では，適用面や保険料額の算定・徴収の局面では，世帯や家族という観点は登場しない．

給付は，適用や保険料算定・徴収とは若干趣を異にする．まず労災保険では，休業補償や障害補償については，基礎年金等で見られるような加算はないが，遺族補償年金の受給権者たる遺族は死亡した被災労働者によって扶養されていた者とされ，世帯の生計維持関係が考慮に入ってくる．雇用保険の場合，基本手当等の失業に関する給付は，基本的に被保険者の賃金日額を基礎に額が決まる仕組みとなっており，被扶養者の存否等世帯・家族の状況は考慮されない．他方で，育児休業給付・介護休業給付については，養育する1歳未満の子供の存在（育児休業給付），対象家族（介護休業給付．雇保61の7①）が要件となるので，家族という視点が——給付自体の目的から当然ではあるが——内在している．

(b) 制度設計の単位

労働保険は，労働者（労災保険）または被保険者（雇用保険）の賃金に着目して保険料を賦課し（雇用保険には事業主負担がある），他方で，給付については，労災保険の遺族補償給付・遺族給付や雇用保険の育児休業給付・介護休業給付で，家族関係や生計維持関係を要件とする世帯・家族関係が視野に入っている．したがって，労働災害・通勤災害による労働者の死亡のリスク，1歳（例外的に1歳6か月）未満の子を養育する労働者（雇用保険被保険者）の育児休業のリスク，対象家族を持つ労働者（雇用保険被保険者）の介護休業のリスクが労災保険・雇用保険を通じて分散されていることになる．この観点からすると，労働保険では，保険料負担と給付受給とを対応させる個人単位の設計が貫徹しているわけではない．

2 社会保険制度以外の制度

広い意味での社会保険制度に属さない制度としては，既に述べたように，児童手当等の制度，介護等の社会福祉サービスを提供する制度，そして生活保護制度がある．なお，高齢者の介護サービスは，基本的には介護保険の給付によってカバーされるが，介護保険は，社会保険の仕組みにもとづいて制度設計が行われているから，本来であれば，第1項で取り上げるべ

きものである．しかし，社会福祉サービスという観点からは，むしろ障害者等に対する社会福祉サービスとの連続性が強いので，その点を重く見て，ここで検討することにする．

(1) 児童手当・児童扶養手当制度

児童手当制度と児童扶養手当制度とは，制度の趣旨・目的や仕組みがかなり異なるが，講学上はいわゆる「社会手当」という範疇で一括りにされることが多いので，ここでも両者をまとめて取り上げることにしたい．

(a) 制度の概要

児童手当制度は，3歳未満の児童（支給要件児童）を監護し，生計を同じくする父または母に対して，児童手当を支給する制度である．児童手当法の目的規定は，児童手当の支給によって，家庭における生活の安定に寄与することを制度目的の一つとしているところであり，「家庭」を制度設計における基本的単位と捉えているといってよい．具体的な制度の仕組みとしても，受給資格者の所得が一定水準以上であるときは児童手当は支給されないが，その所得水準は受給資格者の所得税法上の控除対象配偶者・扶養親族の有無と数によって決まることになっている．このことが示すように，この制度は，世帯に着目し，そこに属する父または母とその監護する支給要件児童とに焦点を当て設計がなされている．児童手当の財源は，被用者・公務員に対する手当については，被用者年金制度の適用を受ける事業主等から徴収する拠出金，国庫負担，都道府県負担および市町村負担であり（負担割合は，7対2対0.5対0.5），被用者・公務員以外の者に対する手当については，国庫負担，都道府県負担，市町村負担である（負担割合は4対1対1）．受給資格者自身は，手当受給に先立って拠出をする必要はない．

つぎに，児童扶養手当制度は，父と生計を同じくしていない児童が育成される家庭の生活の安定と自立の促進に寄与し，児童の福祉の増進を図ることを目的とするものである．この趣旨・目的が示すように，やはり「家庭」に着目して制度が構築されている．この点では児童手当と同じであるが，児童扶養手当の場合は，「父と生計を同じくしていない児童」が手当支給の軸になっている点が異なる．手当の受給資格者も，児童を監護する母や児童を養育する（同居して監護し，扶養すること）母以外の者とされ，

やはり家庭・世帯に焦点を合わせた制度となっているし，児童手当と同様に，受給資格者についての所得制限があり，この点でも家族・世帯を基盤とする考え方が現れている．児童扶養手当の費用は，すべて税である（国と都道府県が3対1で負担）．

　(b)　制度設計の単位

　児童手当制度・児童扶養手当制度は，いずれも児童の監護や養育に関する父母等との関係に的を合わせて，家庭生活の安定を狙いの一つとしていることから，必然的に家庭・世帯を単位とするものとなっている．そして，財源は，児童手当では，被用者層については事業主の拠出があり，その比重は国等の負担よりも相当程度大きいものの，法的には受給資格者自身の拠出ではないし，被用者以外の受給資格者のための児童手当と児童扶養手当は全額公的負担である．したがって，受給（資格）者自身の事前の拠出と給付（児童手当・児童扶養手当）との牽連性は存在しない．児童手当・児童扶養手当制度は，以上の検討が示すように，個人単位の制度という色彩を持たないのである．

(2)　介護保険・社会福祉制度

　高齢者や障害者等に対して各種の社会福祉サービスを提供する社会福祉制度の分野では，1997年の介護保険法の制定と2000年からの同法の施行，および2000年の社会福祉事業法の社会福祉法への改組と2003年からの障害者福祉の領域への支援費制度の導入によって，社会福祉サービスの提供に関する法律関係が大きく変化した．介護保険制度と支援費制度が扱う社会福祉サービスに関しては，いわゆる「契約方式」へと切り替えられ，それ以外の社会福祉サービスについてはいわゆる「措置方式」が維持されている．ただ，契約方式か措置方式かは，本章が検討する問題には直接関わらない．したがって，以下では，社会保険方式を採る介護保険制度と，それ以外の社会福祉サービスの制度という分類に従って考察することにしよう．

　(a)　制度の概要

　介護保険制度は，市町村を保険者とし，65歳以上の者を第1号被保険者，40歳以上65歳未満の公的医療保険制度加入者（被保険者・組合員およびその被扶養者）を第2号被保険者とする社会保険制度である．要介護状

態・要支援状態となった被保険者が，指定居宅サービス事業者や指定介護保険施設と契約を結んで介護サービス等を受けたときに，市町村が保険給付を支給する．この保険給付の受給権は，要介護状態等に陥った被保険者個人に帰属する．第1号被保険者の保険料は，被保険者ごとに徴収するが，普通徴収の場合は，世帯主が世帯員たる第1号被保険者の保険料について，配偶者の一方は，第1号被保険者たる他方の保険料について，それぞれ連帯納付義務を負う．第1号被保険者の保険料額の決定については，低所得者層では，市町村民税が世帯に関し非課税であるかが考慮される．第2号被保険者の保険料は，その加入している公的医療保険制度の保険料（税）と一括して徴収するので，公的医療保険の保険料について述べたこと（前述第1項 (1) (a)）がそのまま当てはまる．

　介護保険によるもの以外の社会福祉サービスは支援費制度または措置制度によって提供される．サービスが児童について提供される場合や母子を対象として提供される場合には，親権者（父母）や「母」など「家族」という要素が介在せざるをえない場合が多いが[6]，障害者や高齢者の場合は，契約にもとづいて指定居宅サービス事業者等からサービスを受けて支援費を請求しそれを受給する者や措置によって各種サービスの対象となる者は，当該障害者など個人であり，家族や世帯は関わらない[7]．支援費制度および措置制度による社会福祉サービスの財源は，国庫負担・国庫補助，都道府県・市町村の負担であるが，支援費受給者・被措置者本人またはその者と同一世帯（入所の場合は，入所前世帯が同一）に属し，その生計を維持していた扶養義務者からの費用徴収もある．

(b)　制度設計の単位

　このように，介護保険制度では，保険料の徴収に関して，特別徴収はともかく，第1号被保険者の普通徴収では，納付義務の局面で世帯や夫婦と

---

[6] 児童福祉の領域では，家族が崩壊して児童が遺棄されたり，児童虐待のように家族からの保護が要請されることがあるから，常に家族という要素が関わってくるわけではない．
[7] 支援費受給者が未成年であったり（18歳以上20歳未満のとき），知的障害者で弁識・判断能力が十分でなく成年後見等の対象となるときには，家族が親権者や成年後見人といった法定代理人等として支援費受給手続に関与するが，それ自体は民法の定めによるものであって，社会福祉サービス各法が制度設計として組み入れているわけではない．したがって，こうした形での家族の関与をもって，家族・世帯という捉え方が支援費制度・措置制度に介在していると評価するのは妥当ではないであろう．

いう考え方が採り入れられている．これは第 2 号被保険者のうち，市町村の国民健康保険の被保険者である者についても同様である．ただ，保険料は，特別徴収も含めて，被保険者ごとに賦課するから，そこだけを取り上げれば，個々の被保険者の要介護状態等に陥るリスクに着目した設計になっているといえそうである．それでも，第 1 号被保険者の保険料額の決定にも，一定の場面ではあるが，世帯という単位が介在する[8]．これに対して被用者保険の被保険者・組合員・被扶養者たる第 2 号被保険者については，被保険者・組合員本人の賃金を賦課対象として，被扶養者たる第 2 号被保険者の要介護状態等のリスクもカバーする形で介護保険の保険料負担のあり方が設計されている．したがって，被用者保険について述べたところが，介護保険の第 2 号被保険者についても当てはまることになる[9]．

　高齢者の介護以外の社会福祉サービスを提供する支援費制度や措置制度では，その財源が国・地方公共団体の一般会計（税）によって賄われることから，社会保険とは異なり，支援費の受給者や被措置者が社会福祉サービスの提供を受けることは事前の拠出を要件としない．費用徴収が受給者・被措置者本人またはその扶養義務者から行われるが，収入に応じた負担であるから，すべての受給者等について費用徴収があるわけではないし，社会保険のように，費用徴収が社会福祉サービスを受ける要件となっているわけでもない．社会福祉サービスの提供は家族・母などの要素が入る児童福祉や母子福祉の分野を除けば，支援費受給者・被措置者個人に対して行われるが，他方で，費用徴収は，世帯に着目した形でその仕組みが作られている．支援費制度や措置制度も，サービスの提供の局面では個人単位という色彩が浮き出ているものの，上記の費用徴収のあり方に目を向ければ，世帯や家族という単位に着目して設計がなされているということができよう．

(3) 生活保護制度

　生活保護制度は，憲法 25 条を受けて，それを具体化し，国民の健康で文化的な最低限度の生活を保障するための制度であり，特に社会保険制度

---

[8]　たとえば，現行の保険料賦課基準によれば，市町村民税非課税世帯の保険料額は，そうでない世帯とは別個の基準で決定される．

[9]　なお，介護保険でも，公的医療保険と同様に，高額介護サービス費・高額居宅支援サービス費が世帯単位という捉え方を強烈に打ち出している．

の網から落ちてしまう人々の最後の保障の受け皿としての役割を果たすものである．

　(a)　制度の概要

　生活保護受給の要件は，その資産，能力その他あらゆるものを活用しても最低限度の生活を維持できないことである．具体的には，補足性の原理にもとづくケースワーク，資産調査，扶養義務者の探索などによっても収入が生活保護基準の定める最低生活費を下回るときに，その限度で，要保護者・被保護者の需要に応じた適切な扶助を行う．保護は，原則として世帯単位で行うので，最低生活費の算定も世帯単位で行う仕組みである．実務上は，保護の申請とそれに対する決定も世帯単位で行われる（「生活保護施行細則準則について」平成12・3・31社援871参照）．

　生活保護制度は，社会保険制度等の他の制度の給付では最低限度の生活を維持できない要保護者に対して保障を与えるものであるから，その性質上，必然的に事前の拠出を要件とせず，税を原資とする国・地方公共団体の負担金によって運営される．社会福祉の措置制度とも異なり，被保護者からの費用徴収の仕組みもない（ただし，上述のように扶養義務者を探索して扶養義務の履行を求めることがある）．

　(b)　制度設計の単位

　このように，生活保護制度は，一方では，要保護者・被保護者は個人ごとに把握することになっているが，他方では，保護は原則として世帯単位で行うことになっており，上述のように最低生活費も世帯単位で算定し，保護額の決定も世帯単位である．要保護者・被保護者を個人単位に捉えているとはいっても，事前の拠出を求めるわけではないから，法的にはそれほど重要性があるとはいえない．このように考えてくると，生活保護制度は世帯単位での設計に重きが置かれているといってよいであろう．

3　若干の考察

　以上の分析が示すように，現在の社会保障制度では，制度設計が個人に重きを置いているか，それとも世帯・家族に重きを置いているかについては，その下部制度によって温度差がある．つまり，社会保障制度全体を通

して見ると，個人単位の制度設計にするか，世帯単位の制度設計にするかについて，統一的な方針が存在するわけではない．このことをまず確認しておく必要がある．そして，社会保険の領域で，個人単位の制度設計の色合いの濃い制度は存在するが（特に公的年金制度はそのように見える），むしろ世帯（または家族）に着目して制度設計がなされていることの方が多いといえよう．社会保険では，被用者保険制度がそうであるし，国民健康保険制度もかなり世帯単位に傾斜している．被用者年金制度は世帯単位といってよいし，基礎年金制度も，第2号・第3号被保険者は被用者年金制度の延長であるし，個人単位の制度設計であると見える第1号被保険者の部分でも，世帯単位の考え方が入っている．そして，社会保険以外の制度では，個人単位よりは，どちらかといえば世帯単位の制度設計の方が目立つといってよい．

1 社会保障と世帯

このように，社会保障制度の設計の単位に，世帯（または家族）を据えることには，相当の理由があるかを検討してみよう．

(1) 第1に，それぞれの制度が提供する給付やサービスの局面を考えよう．

まず，医療の場合，被用者保険制度では，生計維持要件や生計同一要件（同一世帯要件）を用いることによって，被用者とその世帯に属する世帯員（ただし配偶者等は同一世帯でなくてもよい）も給付の対象とする，世帯単位の設計である．また，市町村の国民健康保険でも，世帯単位で被保険者証を発行し，その世帯の被保険者はその被保険者証によって給付を受けるのであるから，この点では，やはり世帯単位の把握になっている．これは，生計維持関係や生計の単位を同じくしている（同一世帯）場合には，世帯に属する者（または被扶養者）が傷病に罹患すると，その治療に要する費用が世帯（または扶養者）の生計にときとして大きな影響を与えることによると考えるのが相当である．

つぎに，介護や社会福祉サービスに目を向けよう．最初に高齢者の介護であるが，介護保険の第2号被保険者については，上述した被用者保険制度とほぼ同様に考えることができる[10]．第1号被保険者についても，介

護の費用が世帯の生計に及ぼす影響を考えれば同じように考えてもよいのかもしれないが，この第1号被保険者の場合，とりわけ特別徴収の仕組みがあるために，世帯単位という捉え方はかなり弱められている．支援費制度や措置制度による社会福祉サービスの提供においては，児童福祉や母子福祉では，制度の趣旨・目的からして，必然的に親子関係といった家族関係の視点が入ってくることが多い．しかし，それ以外の領域，たとえば障害者に対する社会福祉サービスの領域では世帯という見方からはサービス提供の場面は構築されてはいない．

最後に，公的年金，児童手当等，生活保護などの所得保障を考えてみよう[11]．公的年金制度においては，給付水準は，基礎年金でも，被用者年金でも，高齢者夫婦2人世帯を標準として設計されている．したがって，「高齢者夫婦」という限定は付くものの，世帯単位の制度設計という考え方が明確に現れている[12]．また，生活保護制度では，原則として世帯単位で保護を行うことに見られるように，世帯単位で最低生活費を算定し，生活扶助をはじめとする各種扶助を行うのであるから，世帯単位の設計であることがはっきりしている．このように公的年金制度や生活保護の場合，給付面では世帯を単位として制度を設計することが明瞭である．その理由としては，公的年金制度は主として高齢者の老後の生活のための所得保障を，生活保護は最低生活に必要な所得保障を，それぞれの目的とすることから，社会通念上，生計の単位と考えられる世帯を基礎に給付の水準を設定するのが合理的であることが挙げられよう．所得保障の制度として純化しているとは必ずしも言い切れない労災保険制度は，遺族補償給付・遺族給付に関しては生計維持関係という要素が入っており，被災前賃金に対す

---

10) もっとも，被用者保険制度と異なり，介護保険の被保険者証は，個々の被保険者ごとに作成・交付される．この点で，第2号被保険者においても，世帯単位という捉え方が貫徹しているわけではない．

11) 生活保護は，生活扶助に代表されるように，要保護者・被保護者（世帯）自身の収入と合わせた最低生活費を保障する所得保障の意義を持つので，ここで考察対象としているが，生活保護の意義は所得保障に限られるわけではなく，医療扶助や介護扶助のように，要保護者・被保護者に医療・介護のサービスを提供するという意義もある．ただ，ここでは特に生活保護の所得保障制度としての意義に着目して論じる．

12) 裏を返せば，基礎年金の給付水準は個人を生計の単位として想定した水準になっていないということでもある．実際，高齢者単独世帯であると，基礎年金の水準は生活保護の水準に満たない．

る一定割合の給付を支給することを通して，（被災労働者によって扶養されていた）遺族の生活のための所得を保障する機能を果たす[13]．この点で，労災保険制度にも，上述した公的年金制度等と同じ発想を垣間見ることができる．家族という世帯の生活に必要な所得を保障する児童手当・児童扶養手当では，その制度趣旨から家族・世帯を基盤としてはいるものの，給付の局面では，所得制限という消極的な形でのみ世帯単位という捉え方が現れるにとどまる．これは児童の監護・養育という局面についてのみ，追加的な所得保障を行う制度の構造に由来すると考えることができよう．

(2) 第2に，各制度の適用と費用負担の局面を検討しよう．

医療の場合は，被用者保険制度（以下では健康保険制度を考える）では，適用事業所を保険関係成立の単位とし，まず適用事業所を押さえた上で，そこで使用されている常用の被用者を包括的に把握して被保険者とするという仕組みが採られている．保険料については，事業主と被保険者とで（政府管掌健康保険では）2分の1ずつ負担させることとし，事業所単位で保険関係を築いていることから，事業主に被保険者負担分の保険料徴収義務および保険料納付義務を課している．このような制度の構造の下では，被保険者の家族・世帯員に同じ制度の保護の網をかけるとすれば，生計維持要件・生計同一要件によって被保険者とその家族・世帯員を結合させるのが合理的である．なぜなら，生計維持関係等によって家族・世帯員を被保険者と結びつける以上，被保険者のそうした家族・世帯の生計状況に鑑みれば，保険料負担能力を持つのは被保険者と考えるのが合理的であるし，事業主とは何ら直接的な法的関係にない被扶養者について，被保険者とは別個の保険料を事業主に徴収させることは妥当性を欠くからである．国民健康保険制度では，世帯に着目して保険関係の成否を考える法的構造になっている．これは，事業主体である市町村と被保険者である住民との関係を基礎づけているのが住民基本台帳制度であり，それに依拠して保険関係を捉えるのが行政事務の見地からはごく自然で，かつ他の行政事務との関

[13) ただし，本文中でも触れたように，その制度の沿革から，労災保険制度には「補償」という側面も多分にある．そのため，労災保険は民事損害賠償と相互に深い関わりがある．したがって，たとえば労災被災者遺族の就労促進という観点から遺族補償給付・遺族給付を縮減してみても（たとえば，現在終身である支給期間を有期にするなど），その代わりに遺族は使用者に対する損害賠償責任の追及に向かうだけであろう．

係でも整合的であるからである．保険料（税）についても，市町村住民に関する行政事務が世帯を単位としていること，社会通念上は世帯が生計の単位であること，強制徴収までを視野に入れると世帯を一体として把握しないと潜脱が容易になってしまうこと，被保険者ごとに徴収したのでは事務コストが膨らみ効率的でないこと等を考えれば，世帯単位としていることは合理性があるといえよう．

　介護や社会福祉サービスのうち，介護保険の適用は，第2号被保険者に関しては被用者保険制度の適用や国民健康保険の適用と連動する．したがって，先に医療について述べたところがほぼ当てはまる．被用者年金制度の被扶養者は第2号「被保険者」と性格づけられているものの，第2号被保険者の介護保険料相当分は被用者年金制度の保険料に含めて徴収するので，保険料負担の構造は実際には被用者保険制度の保険料負担と同じである．国民健康保険の被保険者たる第2号被保険者に関しては，介護納付金の納付に要する費用に充てる分を，第2号被保険者に該当する被保険者についてのみ賦課するが，徴収は国民健康保険料に含めて行うので，やはり国民健康保険と同じ構造になる．社会福祉サービスでは，支援費制度でも措置制度でも，受給者・被措置者の扶養義務者からの費用徴収に関して世帯という捉え方をするが，これも世帯が生計の単位であるという考え方に由来するものといえよう．

　最後に，公的年金，児童手当・児童扶養手当，生活保護などの所得保障制度を考えてみよう．公的年金制度の中の被用者年金制度（基礎年金の第2号・第3号被保険者を含む）は，適用および保険料の負担・徴収に関して，上述した被用者保険制度（介護保険の第2号被保険者を含む）と同じ法的構造になっており，したがって，そこで述べたことがおおむね当てはまる．基礎年金の第1号被保険者の適用に関しては，行政事務としては，住民基本台帳と連動する形になっているものの，職権適用などは個別的に行っている．第1号被保険者の保険料額は1人あたりの額で決められているが，徴収や免除では世帯や夫婦という捉え方である．これは，国民健康保険と同じ発想によるものといえよう．生活保護は，既に述べたように世帯単位の把握が基本である．児童手当等は，児童の養育・監護に着目して適用等が決まるので，世帯という把握の仕方とのつながりはあまり強くないとい

えよう（児童扶養手当制度では母子家庭という捉え方になる）．

2　社会保障と個人

　以上のように，現在の社会保障制度で見られる世帯単位（または家族単位）の制度設計には，各制度が提供する給付やサービスの性格，目的，水準設定にあたっての基本方針等の面で相当の理由があり，また各制度の適用や費用負担の点でも，保険関係の構造，行政事務の仕組み，費用（保険料を含む）徴収制度のあり方等の面でやはり相当の理由があるといってよい．しかし，社会保障制度の設計の単位を「世帯」（または家族）ですべて説明できるわけではない．個人単位で制度を組み立てているとみるべきものも存在する．

　(1)　個人単位の構造になっている側面を持つ制度の類型の一つは，市町村が事業主体である国民健康保険，介護および社会福祉サービスの各制度である．これらの制度では給付・サービスの支給の側面では個人単位の組み立てとなっているところがある（児童・母子福祉は除く）．市町村が行う国民健康保険および介護保険では，保険給付は被保険者に対して支給されるし（したがって一部負担金の支払い義務も被保険者が負う），支援費制度・措置制度では給付・サービスは障害者自身（児童福祉を除く）や被措置者自身に支給される．前者は，保険料の負担・徴収の側面では世帯という捉え方が入っていることと整合しないが，それは世帯員・被扶養者も被保険者に該当するという構成を採用したことに由来すると考えられる．後者は本来的に給付・サービスの支給については世帯単位という発想がないことによる[14]．

　給付の面で個人単位となっているもう一つのものは，公的年金制度，なかでも基礎年金制度である．基礎年金の第2号被保険者，第3号被保険者のいずれにも該当しない者から構成される世帯（夫婦2人の世帯を含む）は，世帯員個々人が第1号被保険者に該当し，法的には保険料納入義務を負い（ただし，既に述べたように夫婦は連帯納付義務を負い，世帯主も連帯納付義務を負うので，個人単位に徹底した法的制度となっているわけではない），65歳に達

---

[14]　注2）で述べた現在検討中の高齢者独立医療保険制度構想は，給付支給と適用・保険料徴収の両面にわたって個人単位の設計を採用している．

すれば，被保険者個々人が，その固有の権利として（いいかえれば，夫あるいは妻の受給権から派生する権利としてではなく）年金受給権を取得する．第2号被保険者，第3号被保険者もそれぞれ65歳に達すれば被保険者の固有の権利として受給権を取得する点では，第1号被保険者と同じである．ただ，第2号被保険者・第3号被保険者は，国民年金保険料という費目で保険料を負担はしないので（前述の通り，被用者年金制度の保険者が基礎年金拠出金を国民年金特別会計へ拠出するのみ），個人単位の設計は貫徹していない．これは第2号被保険者・第3号被保険者という被保険者資格およびこれらの者に対する基礎年金が，実際には1985-86年年金改革以前の職域年金時代の被用者年金を衣替えしたにすぎないためである（第2号被保険者の基礎年金は，それまでの老齢厚生年金の定額部分に，第3号被保険者の基礎年金は老齢厚生年金の被扶養配偶者のための加算部分に相当する）．とりわけ，第3号被保険者という資格の創設とこの被保険者への老齢基礎年金の受給権の付与は，被用者の配偶者（具体的には妻）が従前の制度では離婚すると（従前の国民年金の任意加入制度を利用していない限り）老齢年金について固有の受給権を取得しないという問題への対処のために，派生的な受益（夫の被用者老齢年金の加算部分）を個人権化（老齢基礎年金）することが狙いであった．したがって，被用者の配偶者については，この目的を達成するためだけの手直しにとどまった（したがって保険料負担のあり方に関しては従前の仕組みが維持された）のである（もっとも，それまでの国民年金の任意加入制度は廃止された）．公的年金制度では，既述の2004年の公的年金法改正によって，被用者年金制度に離婚時の年金分割制度が導入された結果，給付面での個人単位化がさらに進んでいる．

　（2）　しかし，社会保障制度全体としてみたときには，個人単位の制度設計はそれほど優越的ではなく，前述のように，むしろ世帯単位・家族単位という捉え方に依拠する制度の設計の方が目立つ．にもかかわらず，公的年金制度では個人単位の制度設計が強く主張され，それに沿うように個人単位化が進展している．制度設計の単位として世帯を据えるか，個人を据えるかという視点から見たとき，個人に重きを置く公的年金制度は，社会保障制度全体の中ではやや異例の存在となりつつあるといってもよい．

　こうした公的年金制度の個人単位の制度設計への傾斜には，つぎのよう

な背景がある．一つは，高齢化の進展の中で公的年金制度を今後どのように制度設計していくかが問題となり，経済学の視点から，現在の公的年金制度の分析が行われたことである．経済学は，いくつかの手法で現行制度を分析するが，その一つとして，個人が拠出する保険料の累計と受給する年金給付の累計とを比較するという手法がある．これが公的年金制度の見方に強い影響を及ぼし，個人単位の捉え方への傾斜を強めたといえよう．もう一つは，ジェンダーの視点から，第3号被保険者の制度に対する批判が強まったことである．すなわち，第3号被保険者の持つ，保険料負担面での世帯単位の捉え方と給付面での個人単位の捉え方との両面性が，女性の第2号被保険者との不公平や夫婦ともに第1号被保険者である世帯との不公平という批判を呼び起こしたし，第3号被保険者資格取得の要件である生計維持要件が主として専業主婦の就労を抑制し，女性の社会参加の途を狭めているという批判も喚起したのである．こうしたことから，公的年金制度に関しては，なお制度設計の単位を個人化するという主張が強い．さらには，近年，就業構造が大きく変化し，様々な就労形態（いわゆる正規従業員だけではなく，パートタイマー，派遣労働者，契約社員等）で働く女性が増え，公的年金制度，とりわけ被用者年金制度が制度設計にあたって想定してきた被用者世帯のモデル，すなわち夫のみが企業等で被用者（労働者）として働いて，世帯の生計に必要な所得を稼ぎ，妻は家庭で専業主婦として家事と子供の養育を担当するというモデルが崩れてきているということが挙げられる．

　とりわけ最後の点は重要であって，こうした家族の有り様の変化に公的年金制度が制度設計の面でどのように対応するかは，重要な課題である（もちろん公的年金制度にとどまらず，社会保障の他の諸制度も対応を迫られる）．他方で，前二者の主張を受け入れていくと，社会保障制度全体の中で，公的年金制度はますます他の制度と比べてある意味突出した形で個人単位化していくことになる．確かに，前述の経済学やジェンダーの立場からの指摘のように，個人単位の制度設計というのも一つの方向ではある．しかし，ここまでの検討でも示したように，世帯単位の制度設計には合理性もあるのであり，そうした側面も十分に考慮した上で，適切な制度設計の単位のあり方を考える必要があるように思われる．

4 おわりに

　本章は，社会保障制度における制度設計の単位として，世帯（または家族）を据えるのか，それとも個人を据えるのかという観点から，現行制度を概観し，社会保障制度を構成する各種の制度における世帯単位・個人単位の考え方の概況と，給付・サービスおよび適用・費用負担の両面について世帯単位・個人単位の制度設計の採用の背景を簡単に探ってきた．そして，社会保障制度全体としてみたときには，制度設計の単位としては世帯単位（または家族単位）か，個人単位かについては統一的な考え方があるわけではないものの，世帯単位（または家族単位）という捉え方が色濃く見られるということが明らかとなった．そのため，制度設計の個人単位化ということでは，公的年金制度に関する最近の法改正の動きや経済学・ジェンダーの立場からの批判もあって，公的年金制度が他の制度に比べて際立つ状況にあることが指摘できる．

　しかしながら，ここまでの検討から示唆されるように，①個人単位の制度設計のようにいわれる基礎年金の第1号被保険者の制度も，個人単位で徹底しているわけではない，②保険料負担・徴収の面での個人単位化は，それを徹底させると，所得・資力からみた保険料負担能力も個人を基礎に考えることになるが（たとえば，基礎年金第1号被保険者の学生がその例である），第3号被保険者たる専業主婦は所得がないので，保険料を負担させることができなくなり，他方で，第3号被保険者自身に負担能力がないのに保険料を賦課することは，結局，被用者保険の被保険者たる第2号被保険者の負担能力に着目して保険料を賦課するということを意味し，世帯単位の捉え方になる，③個人単位化して第3号被保険者からその名義で保険料を徴収するとすると，第2号被保険者の事業主に保険料徴収事務を行わせる名目がなく，第1号被保険者と同じ徴収方法によることにならざるをえないが，それは徴収行政事務のコストアップや徴収率の低下などの問題を生じさせる可能性が高い[15]，④給付面では，個人単位を貫徹すれば，

---

15) この問題への対処として，いわゆる基礎年金の税方式化（たとえば消費税を大幅に引き上げてそれを財源とする）が提案される．しかし，基礎年金の税方式化は，——ここで

給付水準は個人で老後の生活の基礎的部分（基礎年金）や基本的部分（被用者年金）をカバーできる水準となるはずであるが，そうだとすると，夫婦2人世帯では給付水準が高くなりすぎる．⑤この④の問題を回避しようとすると，夫婦がいずれも公的年金を受け取るときには夫婦間での併給調整を行うなどの仕組みを導入しなければならないが，そのことは給付水準に世帯単位の考え方を導入することを意味する上，個人単位で行った拠出に対して受け取る給付が見合わないという問題を引き起こす[16]，という点に留意が必要である[17]．

確かに，公的年金制度，とくに基礎年金制度の第3号被保険者の制度には指摘されるような問題があるものの，この仕組みには利点もあるし，女性の就労行動に影響を与えている要因には社会保障制度の他の局面（とりわけ社会保険の被保険者資格の問題）や他の制度（とくに所得税制）も存在し，実はそちらの要因の方が大きく影響を及ぼしている可能性も否定できない．また，パートタイマーと正規従業員との賃金格差の影響も無視すべきではない[18]．そして，以上の諸論点は，公的年金制度だけではなく，公的医療保険制度（それと密接に連結する介護保険制度）についても共通する部分がある．そのため，公的年金制度だけを切り離して議論することができないことにも留意しなければならない．こうした様々な要因にも目を配りつつ，

は詳論できないが——多くの問題を孕んでおり，慎重な検討を要する．まして，第3号被保険者問題の解決ということに主眼を置いて税方式化を主張するのであれば，政策目的に対する手段の選択が大きく均衡を失しており，にわかには賛成できない．

16) 夫婦単位の併給調整は，かつて老齢福祉年金について行われていたが，これについては憲法14条違反が問題とされ，裁判例は合憲とするもの（大阪高判昭和51・12・17行集27巻11＝12号1836頁）と違憲とするもの（東京地判昭和43・7・15行集19巻7号1196頁）とに分かれた．そして，こうした訴訟が提起されたことを契機に，結局この併給調整は廃止されたことが想起されるべきであろう．

17) 本文で指摘した点を考慮すると，現行の第3号被保険者の制度は，実は，被用者年金制度の被保険者の被扶養配偶者の個人名義の公的年金受給権を確保するかなり巧妙な仕組みという評価もあながち不当とはいえまい．しかし，そのことはこの仕組みに改善の余地がないということは意味しない．2004年改正の立法過程で議論されたように，パートタイマーの被保険者資格の拡大や生計維持要件の見直しによって，より適切な仕組みにしていくという検討は不可欠である．

18) 前注で指摘したように，パートタイマーの被保険者資格の拡大を実現し，加えて（たとえば，差別法理への間接差別の考え方の導入によって）パートタイマーと正規従業員との賃金格差が解消し，または少なくとも縮小すれば，第3号被保険者をめぐる問題のほとんどは解決すると思われる．

世帯単位か個人単位かについて，社会保障制度全体の整合性を損なわない形で，検討を進めていくことが望まれる．

編著者紹介

渡辺　浩（わたなべ　ひろし）　1946年生まれ．東京大学大学院法学政治学研究科教授（アジア政治思想史）．〔主要著作〕『東アジアの王権と思想』（東京大学出版会，1997），『近世日本社会と宋学』（東京大学出版会，1985）．

江頭憲治郎（えがしら　けんじろう）　1946年生まれ．東京大学大学院法学政治学研究科教授（商法）．〔主要著作〕『結合企業法の立法と解釈』（有斐閣，1995），『会社法人格否認の法理』（東京大学出版会，1980）．

岩村正彦（いわむら　まさひこ）　1956年生まれ．東京大学大学院法学政治学研究科教授（社会保障法）．〔主要著作〕『社会保障法　I 』（弘文堂，2001），『労災補償と損害賠償』（東京大学出版会，1984）．

大村敦志（おおむら　あつし）　1958年生まれ．東京大学法学部教授（民法）．〔主要著作〕『基本民法　I ～Ⅲ〔第2版〕』（有斐閣，2005），『生活民法入門』（東京大学出版会，2003）．

大串和雄（おおぐし　かずお）　1957年生まれ．東京大学大学院法学政治学研究科教授（ラテンアメリカ政治）．〔主要著作〕『ラテンアメリカの新しい風―社会運動と左翼思想―』（同文舘，1995），『軍と革命―ペルー軍事政権の研究―』（東京大学出版会，1993）．

末廣啓子（すえひろ　けいこ）　1952年生まれ．厚生労働省長崎労働局長．

横田光平（よこた　こうへい）　1966年生まれ．筑波大学人文社会科学研究科助教授（行政法・児童福祉法）．〔主要著作〕小早川光郎監修『市民と公務員の行政六法概説』（共著，行政管理研究センター，2004）．

福田素生（ふくだ　もとお）　1958年生まれ．岩手県立大学大学院社会福祉学研究科教授（社会保障論）．〔主要著作〕国立社会保障・人口問題研究所編『少子社会の子育て支援』（共著，東京大学出版会，2002），『社会保障の構造改革―子育て支援重視型システムへの転換―』（中央法規出版，1999）．

碓井光明（うすい　みつあき）　1946年生まれ．東京大学大学院法学政治学研究科教授（財政法）．〔主要著作〕『公共契約法精義』（信山社，2005），『要説　住民訴訟と自治体財務〔改訂版〕』（学陽書房，2002）．

久保野恵美子（くぼの　えみこ）　1971年生まれ．東北大学大学院法学研究科助教授（民法）．

融ける境 超える法 1　個を支えるもの
2005 年 9 月 15 日　初　版

［検印廃止］

編　者　　岩村正彦・大村敦志
　　　　　いわむらまさひこ　おおむらあつし

発行所　　財団法人　東京大学出版会
代表者　　岡　本　和　夫
　　　　　113-8654　東京都文京区本郷 7-3-1 東大構内
　　　　　電話 03-3811-8814　　Fax 03-3812-6958
　　　　　振替 00160-6-59964

印刷所　　株式会社理想社
製本所　　牧製本印刷株式会社

© 2005 Masahiko Iwamura, Atsushi Omura *et al.*
ISBN 4-13-035041-2 Printed in Japan

R〈日本複写権センター委託出版物〉
本書の全部または一部を無断で複写複製（コピー）することは，著作権法上での例外を除き，禁じられています．本書からの複写を希望される場合は，日本複写権センター（03-3401-2382）にご連絡ください．

渡辺 浩／江頭憲治郎──［編集代表］

融ける境 超える法【全5巻】

● A5判上製・カバー装・平均296頁／定価各巻5040～5250円（税込）

1 個を支えるもの　　岩村正彦／大村敦志 ［編］

I 個人をまもる
1. ペルーの人権NGO──その組織と活動　　　　大串和雄（東京大学）
2. 障害児の出生をめぐる法的言説　　　　　　　大村敦志（東京大学）
   ──ペリュシュ論議における民法学説の位相
3. 外国人雇用の現状と政策課題　　　　　　　　末廣啓子（厚生労働省）

II 子どもを育む
4. 児童福祉における介入と援助の間　　　　　　横田光平（筑波大学）
5. 保育サービスの供給システムとサービス供給の実態
   ──家族政策としての保育政策を考える　　　福田素生（岩手県立大学）

III 家族を開く
6. 行政組織を通じた養育費の取立て　　　　　　碓井光明（東京大学）
7. 児童虐待への対応における裁判所の役割　　　久保野恵美子（東北大学）
   ──イギリスにおける被ケア児童との面会交流問題を素材に
8. パクスの教訓　　　　　　　　　　　　　　　大村敦志
   ──フランスの同性カップル保護立法をめぐって
9. 社会保障における世帯と個人　　　　　　　　岩村正彦（東京大学）

2 安全保障と国際犯罪　　山口 厚／中谷和弘 ［編］

I 理論的基礎
1. 国際刑法の展開　　　　　　　　　　　　　　髙山佳奈子（京都大学）
2. 軍と警察　　　　　　　　　　　　　　　　　藤原帰一（東京大学）
   ──冷戦後世界秩序における国内治安と対外安全保障の収斂
3. 国際法における強迫の抗弁と「政策的考慮」　佐藤宏美（防衛大学校）
4. 「国家の国際犯罪」の責任主体　　　　　　　豊田哲也（東京大学（院））

II 現実の諸課題
5. サイバー犯罪に対する対応　　　　　　　　　山口 厚（東京大学）

6	テロリズムに対する諸対応と国際法	中谷和弘（東京大学）
7	日本の安全保障法制の検討	中村耕一郎（外務省）
	——最近の諸立法に共通する原則と限界	
8	9月11日の8時間	堀之内秀久（外務省）

Ⅲ　「安全保障要員」と刑事管轄権
- 9　国連要員の法的地位と保護を巡る課題　　　　　　山田哲也（椙山女学園大学）
- 10　アメリカの安全保障条約と米軍兵士による犯罪　　　　　　　　今井健一朗
  　　——米軍地位協定における刑事管轄権の国際比較

3　市場と組織　　江頭憲治郎／増井良啓［編］

Ⅰ　官と民の境
- 1　競争的市場のなかの政府　　　　　　　　　　　　碓井光明（東京大学）
- 2　所得税法からみた日本の官と民　　　　　　　　　増井良啓（東京大学）
  　　——寄付金控除を素材として
- 3　公共債のデフォルト——法制および契約のあり方　江頭憲治郎（東京大学）

Ⅱ　国と国の境
- 4　投資証券の国際的取引　　　　　　　　　　　　　神田秀樹（東京大学）
- 5　ボーダレス化時代のM＆A法制　　　　　　　　　中東正文（名古屋大学）
- 6　情報のデジタル化と課税　　　　　　　　　　　　渡辺智之（一橋大学）

Ⅲ　変容の諸相
- 7　会社法制と法分野間のボーダレス　　　　　　　　上村達男（早稲田大学）
- 8　会計基準の国際化と債権者保護　　　　　　　　　伊藤雄司（専修大学）
- 9　ボーダレス化する取引所と市場法制　　　　　　　大崎貞和（野村資本市場研究所）
- 10　金融検査マニュアルの法的性質　　　　　　　　　野村修也（中央大学）
- 11　保険・保険デリバティブ・賭博　　　　　　　　　山下友信（東京大学）
  　　——リスク移転取引のボーダー
- 12　実現主義の盛衰　　　　　　　　　　　　　　　　李昌熙（ソウル大学）

4　メディアと制度　　ダニエル・フット／長谷部恭男［編］

Ⅰ　日本社会の情報化と透明性
- 1　日本社会の透明性——アメリカとの比較で　　　　ダニエル・フット（東京大学）
- 2　「電子消費者契約」における消費者の意図しない意思表示について
  　　——情報化社会における法形成のあり方の観点から　森田宏樹（東京大学）
- 3　カナダにおける民間の個人情報保護　　　　　　　宇賀克也（東京大学）

4　サイバー犯罪条約への実体法上の対応　　　　　佐伯仁志（東京大学）

Ⅱ　メディア規制の諸相
　5　メディア・リテラシー研究から見た情報法制　　水越　伸（東京大学）
　6　ユビキタス時代における「サイバー法」概念の展開　山口いつ子（東京大学）
　　　——表現の自由の価値意識から
　7　公共放送の「役割」と「制度」　　　　　　　　宍戸常寿（首都大学東京）
　8　グローバル化の中の通信規制　　　　　　　　　長谷部恭男（東京大学）

5　環境と生命　城山英明／山本隆司［編］

Ⅰ　科学と社会のインターフェース
　1　リスク行政の手続法構造　　　　　　　　　　　山本隆司（東京大学）
　2　放射性廃棄物規制における社会的要因と科学的根拠
　　　——日欧米比較より　鈴木達治郎（電力中央研究所）／田邉朋行（電力中央研究所）
　3　食品安全規制の差異化と調和化　　　　　　　　城山英明（東京大学）
　　　——科学的知識，経済的利益と政策判断の交錯

Ⅱ　法的手法の多様化
　4　環境法における費用負担論・責任論　　　　　　大塚　直（早稲田大学）
　　　——拡大生産者責任（EPR）を中心として
　5　環境保護政策と市場　　　　　　　　　　　　　高村ゆかり（龍谷大学）
　6　医療における法化と規範の役割　　　　　　　　樋口範雄（東京大学）
　　　——法の過小と過剰
　7　ドイツ環境法及びヨーロッパ環境法における統合原則
　　　　　　　　　　　　ハンス・クリスティアン・レール（コンスタンツ大学）

Ⅲ　国際的動態
　8　国際環境枠組条約における条約実践の動態過程　鶴田　順（海上保安大学校）
　　　——1999年産業廃棄物輸出事件を素材にして
　9　オゾン層保護条約の国内実施体制と過程　　　　久保はるか（神戸大学（研究員））
　　　——国内事業者の取組みに焦点を当てて
　10　捕鯨問題　　　　　　　　　　　　　　　　　児矢野マリ（静岡県立大学）
　　　——海洋生物資源の管理をめぐる国際法制度の正当性と実効性に関する一考察